本著作是国家社会科学基金青年项目《基于双层效率评价的农村公共产品与服务供给模式》（13CGL084）的最终研究成果、国家社会科学基金重大招标项目《数字技术赋能公共服务高质量发展研究》（21&ZD125）的阶段性成果，并得到湖南师范大学政治学"十四五"省级重点建设学科资助

| 光明社科文库 |

农村公共产品与服务供给模式研究

胡扬名 ◎ 著

光明日报出版社

图书在版编目（CIP）数据

农村公共产品与服务供给模式研究 / 胡扬名著. --
北京：光明日报出版社，2025.5. -- ISBN 978-7-5194-
8736-2

Ⅰ. D669.3

中国国家版本馆 CIP 数据核字第 2025Z5U958 号

农村公共产品与服务供给模式研究
NONGCUN GONGGONG CHANPIN YU FUWU GONGJI MOSHI YANJIU

著　　者：胡扬名	
责任编辑：刘兴华	责任校对：宋　悦　李海慧
封面设计：中联华文	责任印制：曹　净

出版发行：光明日报出版社

地　　址：北京市西城区永安路 106 号，100050

电　　话：010-63169890（咨询），010-63131930（邮购）

传　　真：010-63131930

网　　址：http://book.gmw.cn

E – mail：gmrbcbs@ gmw.cn

法律顾问：北京市兰台律师事务所龚柳方律师

印　　刷：三河市华东印刷有限公司

装　　订：三河市华东印刷有限公司

本书如有破损、缺页、装订错误，请与本社联系调换，电话：010-63131930

开　　本：170mm×240mm	
字　　数：260 千字	印　　张：17
版　　次：2025 年 5 月第 1 版	印　　次：2025 年 5 月第 1 次印刷
书　　号：ISBN 978-7-5194-8736-2	

定　　价：95.00 元

版权所有　　翻印必究

目 录
CONTENTS

第一章 绪 论 1
  第一节 研究背景和研究意义 1
  第二节 农村公共产品与服务供给相关研究动态 4
  第三节 主要内容与研究方法 33
  第四节 创新与不足之处 36

第二章 "以人民为中心"的农村公共产品与服务供给模式基本理论分析 38
  第一节 核心概念界定 38
  第二节 理论基础 43
  第三节 "以人民为中心"的农村公共产品与服务供给模式的理论分析 51

第三章 中国农村公共产品与服务供给模式的历史演变 66
  第一节 封建时期中国农村公共产品与服务供给模式 ... 66
  第二节 民国时期农村公共产品与服务供给模式 70
  第三节 新中国时期农村公共产品与服务供给模式 72

第四章　中国农村公共产品与服务供给现状分析 …… 96
第一节　中国农村公共产品与服务供给进展与成就 …… 96
第二节　中国农村公共产品与服务存在的主要问题 …… 124
第三节　中国农村公共产品与服务存在问题的原因 …… 134

第五章　"以人民为中心"的农村公共产品与服务供给模式的双侧效率分析 …… 144
第一节　供给侧效率评价：基于三阶段 DEA 模型的宏观效率分析 …… 144
第二节　需求侧效率评价：基于 LOGISTIC 模型的农户满意度分析 …… 164
第三节　双侧效率综合分析 …… 192

第六章　"以人民为中心"的农村公共产品与服务供给模式优化路径研究 …… 197
第一节　优化"以人民为中心"的农村公共产品与服务供给模式的路径：供给侧改革 …… 197
第二节　深化"以人民为中心"的农村公共产品与服务供给侧改革的具体措施 …… 209

第七章　基本结论与研究展望 …… 239
第一节　基本结论 …… 239
第二节　研究展望 …… 243

主要参考文献 …… 247

第一章

绪 论

第一节 研究背景和研究意义

一、研究背景

（一）建构和完善"以人民为中心"的农村公共产品与服务供给模式是"两个一百年"奋斗目标的内在要求

一切从实际出发，理论联系实际，坚持在实践中检验真理和发展真理的实事求是思想是中国共产党治国理政的重要指导原则。在经济社会发展的不同阶段，党和国家面临着不同的任务和挑战，按照实事求是的方针，根据国内外发展形势和具体情况，提出与之相适应的战略目标以应对挑战和完成既定任务，是中国共产党执政兴国的重要经验。我们曾在改革开放之初提出了实现社会主义现代化的"三步走"战略目标。在这一重大战略的引领下，党和政府围绕人民温饱问题提供公共产品和服务，经过艰苦卓绝的努力和奋斗，提前实现了人民生活总体上达到小康水平的目标。在中国经济社会进入新时代之际，习近平指出："中国人民要过上美好生活，还要继续付出艰苦努力。发展依然是当代中国的第一要务，中国执政者的首要使命就是集中力量提高人民生活水平，逐步实现共同富裕。为此，我们提出了'两个一百年'奋斗目标，就是到2020年实现国内生产总值和城乡居民人均收入比2010年翻一番，全面建成小康社会；到本世纪中叶建成富强民主文明和谐的社会主义现代化国家，实现中华民族伟大复兴。"① "两个一百年"奋斗目标：第一个一百年，是到中国共产党成立100年时（2021年）全面建成小康社会；第二个一百年，是到新中国成立100年时（2049年）建成富强、民主、文明、和谐的社会主义现代化国家。

"两个一百年"奋斗目标蕴含着建构和完善"以人民为中心"的农村公共产品与服务供给模式的内在要求。首先，到中国共产党成立100年时（2021年）全面建成小康社会。这里我们所追求的小康社会，是全国亿万人民共同的小康。广大农村居民是全国亿万人民的重要构成，没有农村居民的全面小康，没有农村居民的全面发展，就没有中国人民的全面小康和中国人民的全面发展。没有农村社会的全面进步也就没有中国整个社会的全面进步。农村公共产品与服务供给是农村经济社会发展和农村居民生活质量提高的重要条件。农村公共产品与服务供给的城乡差距是全面建成小康社会的薄弱环节。加强农村公共产品与服务供给侧改革，突出抓重点、补短板、强弱项，建构和完善"以人民为中心"的农村公共产品与服务供给模式是全面建成小康社会的内在要求。其次，到新中国成立100年时（2049年）建成富强、民主、文明、和谐的社会主义现代化国家。这就要求必须坚持"以人民为中心"，始终把实现好、维护好、发展好最广大人民根本利益作为党和国家一切工作的出发点和落脚点，全面落实经济、政治、文化、社会、生态文明建设"五位一体"的总体布局。"以人民为中心"的农村公共产品与服务供给模式就是围绕广大农村居民在经济、政治、文化、社会和生态文明等方面的需求，着力提供公共产品与服务，"努力使全体人民学有所教、劳有所得、病有所医、老有所养、住有所居"②，进而促进我国物质文明、政治文明、精神文明、社会文明、生态文明全面提升，基本实现全体人民共同富裕，使我国人民享有更加幸福安康的生活。

---

① 习近平在华盛顿州当地政府和美国友好团体联合欢迎宴会上的演讲［EB/OL］.中国共产党新闻网，2015-09-23.
② 杨成平.党支部工作方法100例［M］.北京：解放军出版社，2010：306.

（二）建构和完善"以人民为中心"的农村公共产品与服务供给模式是解决新时代社会主要矛盾的重要任务

社会的主要矛盾不同，政府提供公共产品和服务的侧重点就不一样。从新中国成立到"文化大革命"结束（1949—1978），我国政府的农村公共产品与服务主要是"以政治为中心"的供给模式。公共财政主要用于国防、公共安全与社会秩序、外交及支撑国家独立所需的工业体系等。同时，由于公共资源的极度匮乏，政府主要向人口更集中、需求更迫切、供给效率更高的城市和城镇居民提供公共产品和服务。政府提供农村公共产品与服务极为有限，主要由农村集体提供和农村居民自我提供。这一阶段，初步形成了公共产品与服务的"城乡二元"供给态势。从改革开放到十九大前（1978—2017），我国政府农村公共产品与服务主要是"以经济为中心"的供给模式。党和政府的工作重心在于着力解决全社会物质的高度匮乏，公共财政主要用于提供基本的吃、穿、用等低层次需求方面的公共产品与服务。"城乡二元"供给结构的长期存在，使得城乡公共产品与服务供给不平衡，农村公共产品与服务供给不充分的现象日益严重和突出。党的十九大报告提出，"我国社会主要矛盾已经转化为人民日益增长的美好生活需要和不平衡不充分的发展之间的矛盾"，这也是中国特色社会主义进入新时代的标志。社会主要矛盾转化必然要求政府公共服务职能转型，相应的政府农村公共产品与服务由围绕经济发展转变为"以人民为中心"的供给模式，这必然要求着力解决农村公共产品与服务供给不平衡不充分问题。

二、研究意义

（一）建构和完善"以人民为中心"的农村公共产品与服务供给模式有利于实施供给侧改革促进农业的繁荣发展

新形势下我国农业发展的主要矛盾已经由总量不足转变为结构性矛盾。实施农业供给侧结构性改革，促进农业结构升级转型是当前极为重要的任务。大力加强农业补贴政策、农田水利基础设施建设、农业职业技能教育、农业科技服务等农村公共产品与服务供给，能为促进农业供给侧结构性改革，促进农业繁荣发展提供重要支撑作用。

（二）建构和完善"以人民为中心"的农村公共产品与服务供给模式是大力推进新时代乡村全面振兴的必然要求

在我国，城乡发展的不平衡和乡村发展的不充分主要表现为城乡公共产品与服务供给的不平衡和农村公共产品与服务供给的不充分。在长期实施的城乡二元经济社会发展体制作用下，农村公共基础设施、基础教育、科技服务、公共文化、医疗卫生服务、社会保障等几乎所有的公共产品与服务领域的供给水平都滞后于城市。在"重城市，轻乡村""乡村支持城市""农业支持工业"等理念的指导下，公共财政在农村公共产品与服务供给的投入严重不足。推进新时代乡村全面振兴，是实现中国整体均衡发展，实现城乡统筹发展的重要举措。建构和完善"以人民为中心"的农村公共产品与服务供给模式是推进乡村全面振兴，促进农村社会全面进步的重要突破口。

（三）建构和完善"以人民为中心"的农村公共产品与服务供给模式是满足广大农村居民对美好生活向往的需要

随着经济社会的发展和进步，广大农村居民多样化多层次多方面的需求日益增长，如广大农村居民期盼更高质量的教育公共服务；期待更可靠更完善的社会保障；期待更加丰富多彩的文化生活；期待告别脏乱差，建设更高品质的"美丽乡村"；等等。广大农村居民的需求就是当前和今后农村公共产品与服务供给的目标，建构和完善"以人民为中心"的农村公共产品与服务供给模式是满足广大农村居民对美好生活向往的需要，是增强获得感、幸福感、安全感，促进广大农村居民全面发展的重要途径。

第二节 农村公共产品与服务供给相关研究动态

一、国内农村公共产品与服务供给研究进展[①]——基于文献计量的分析

我国学者从"三农"国情出发，对农村公共产品与服务进行了大量理论

[①] 本部分已作为本课题阶段性成果公开发表，收入本书时内容有更新。胡扬名，陈欣怡. 国内农村公共产品与服务供给研究现状、进程与热点：基于CNKI期刊文献（1996—2017）的计量分析[J]. 农业经济，2019（2）：23-25.

研究，一些学者以"农村公共产品"（又称"农村公共物品"或"农村公共品"）为研究对象，有的学者把"农村公共服务"作为研究对象。实际上，学者们在研究时对这些概念并没有进行严格区分，"农村公共产品"往往也包括农村公共服务，而"农村公共服务"中也有农村公共产品，故有学者将两者合称"农村公共产品与服务"[①]，本研究也采用"农村公共产品与服务"这一概念以涵盖上述各概念的含义及其研究的范畴。本研究采用文献计量分析法和内容分析法，收集1996—2022年内"农村公共产品与服务供给"研究相关论文，在数据真实可靠的基础上研究分析农村公共产品与服务供给的研究现状与进展。

（一）数据来源与研究方法

本研究选用的数据统计来源于CNKI的"中国期刊全文数据库"，该数据库是大规模集成整合知识信息资源、建设知识资源互联网传播扩散与增值服务的平台，在国内具有较高的学术权威性。为了能够全面、综合地研究我国"农村公共产品与服务供给"，分析该领域的相关文献，本研究根据文章篇名的高度相关性，对1996—2022年在CNKI上公开发表的论文反复进行检索和筛选。通过分析研究主题发现，农村公共产品既可以称为"农村公共物品"，也可简称为"农村公共品"，因此本研究最终以"篇名＝农村公共产品 and 篇名＝供给（精确匹配）""篇名＝农村公共物品 and 篇名＝供给（精确匹配）""篇名＝农村公共品 and 篇名＝供给（精确匹配）""篇名＝农村公共服务 and 篇名＝供给（精确匹配）""篇名＝农村公共产品与服务 and 篇名＝供给（精确匹配）"为查询条件进行检索，剔除一稿多发以及征稿通知等文献，最终筛选出3266篇与农村公共产品与服务供给密切相关的文献（其中，期刊文献2742篇，博士论文59篇，硕士论文465篇）。同时，为了比较和分析该领域具有代表性和权威性的研究成果，用相同的检索方法和检索式，在CNKI数据库中选择核心期刊和CSSCI期刊进行样本检索，共筛选出核心期刊文献和CSSCI期刊文献978篇，以上数据样本检索截止时间为2022年12月31日。本研究的研究采用文献计量分析法和内容分析法，并运用EXCLE2016

---

① 贾康，孙洁. 农村公共产品与服务提供机制的研究[J]. 管理世界，2006（12）：60-66.

和CNKI的E-Study对检索所得的有关文献进行分析研究，依次从文献年代分布分析、研究主题分析、学科领域分析、引文分析、期刊分布分析以及作者情况分析等，对最终筛选所得的3018篇文献进行分析研究，客观科学地得到农村公共产品与服务供给研究现状及发展趋势等信息，并进一步揭示文献的数量关系与其变化规律。

(二) 国内农村公共产品与服务供给研究现状分析

1. 期刊分布分析

"农村公共产品与服务供给"研究的2742篇期刊文献中，发表在《北大核心》以及CSSCI级别以上的文献共计834篇。通过表1-1，我们发现，刊文量前十位的核心期刊中，有8个期刊属于经济与管理科学类，可见"农村公共产品与服务供给"研究是经济学与管理学的研究热点，其研究有较强的专业性。

表1-1 刊文量前十位核心期刊信息表

排名	期刊名称	数目	占比	排名	期刊名称	数目	占比
1	农村经济	67	8%	6	财政研究	17	2%
2	安徽农业科学	41	5%	7	中国行政管理	15	2%
3	农业经济	40	5%	8	改革与战略	14	2%
4	商业时代	20	2%	9	商业研究	14	2%
5	农业经济问题	18	2%	10	特区经济	14	2%

根据布拉德福定律，将"农村公共产品与服务供给"期刊刊文数量由高到低排序，依据刊文总量大体相同的原则将其分为三个区域，即核心区、相关区和边缘区，在三个区域的论文数量大体相同的前提下，若三个区域各自的期刊数量比值近似$1:n:n^2$，则表明"农村公共产品与服务供给"研究已形成核心期刊领域。根据表1-2可知，"农村公共产品与服务供给"研究不满足布拉德福定律条件，尚未形成核心期刊领域。

表1-2 期刊分区表

分区	每种期刊刊文数	期刊数量	论文数量
1	8~67	50	912

续表

分区	每种期刊刊文数	期刊数量	论文数量
2	3~8	166	915
3	1~3	564	915

2. 学科领域分析

对所发表的文献进行学科领域分析有助于把握重点研究内容，了解核心研究内容。表1-3为刊载该领域研究论文的期刊学科分布统计表，检索到"农村公共产品与服务供给"研究的2742篇文献中，有2054篇刊载于农业经济学科领域，占论文总量74.91%；318篇刊载于政党及群众组织，占发文总量的11.61%；其余文献依次刊载于财政与税收、农业基础科学、行政学及国家行政管理、宏观经济管理与可持续发展、经济理论及经济思想史等学科领域。农村公共产品与服务供给属于应用型领域，已涉及多个学科，从经济学角度对农村公共产品与服务供给进行研究占据着重要地位。

表1-3 学科领域前十位刊文信息表

学科	载文篇数（篇）	载文比例（%）
农业经济	2054	74.91%
政党及群众组织	318	11.61%
财政与税收	98	3.59%
宏观经济管理与可持续发展	77	2.79%
行政学及国家行政管理	67	2.44%
农业基础科学	52	1.9%
数学	17	0.62%
经济理论与经济思想史	14	0.51%
中国政治及国际政治	11	0.4%
社会学及统计学	9	0.33%

3. 作者情况分析

（1）作者合著分析

所发表文献署名作者的多少直接体现科研合作程度的高低，署名作者的合作程度进一步体现了相关研究领域的研究水平。笔者通过对检索到的3077篇文献进行统计分析得知：1人独著的文献共计2073篇，2人合著的文献共计784篇，3人合著的文献共计157篇，4人及以上合著的文献共计63篇，分别占到统计论文的67.37%、25.48%、5.10%和2.05%。合作度和合作率反映了某一种期刊或者某一学科的论文作者的合作发挥程度，数值越高，合作智能发挥越充分，具体计算方法如下：合作度＝（某种期刊在一定时期内）作者总数/（某种期刊在一定时期内）论文总数；合作率＝（某种期刊在一定时期内）合作论文数/（某种期刊在一定时期内）论文总数。① 其中，作者总数是每篇论文署名的作者数相加得出的总和，合作论文数是所有论文中合著论文的数量。② 由此可见目前"农村公共产品与服务供给"研究的合作度和合作率均不高，但有趋于合作研究的趋势，其研究的合作度以及合作率还有很大的进步空间，日后需加强合作研究。

表1-4　1996—2017年农村公共产品与服务供给研究作者合著情况

著作类型	1人独著	2人合著	3人合著	4人及以上合著
篇数（篇）	2073	784	157	63
所占比重（%）	67.37%	25.48%	5.10%	2.05%

（2）核心作者测定

文献计量学三大定律之一的洛特卡定律描述的是科学工作者人数与其所著论文之间的关系：写两篇论文的作者数量约为写一篇论文作者数量的1/4，写三篇论文的作者数量约为写两篇论文作者数量的1/9……写N篇论文的作者数量约为写一篇论文作者数量的$1/N^2$，而写一篇论文的作者数量占所有作者数量的60%。③ 作为对洛特卡定律的发展，普莱斯定律更加针对论文高产作者的研究，依据普莱斯所提出的核心作者计算公式：

---

① 邱均平，温芳芳. 作者合作程度与科研产出的相关性分析：基于"图书情报档案学"高产作者的计量分析［J］. 科技进步与对策，2011，28（5）：1-5.
② 张倩，蔡文伯. 基于文献计量分析的现代大学制度研究［J］. 高教探索，2014（2）：30-35.
③ 邱均平. 信息计量学（六）第六讲文献信息作者分布规律：洛特卡定律［J］. 情报理论与实践，2000（6）：475-478.

$$M = 0.749(N_{max})^{1/2} \quad (式1-1)$$

式1-1中M为论文篇数，Nmax为所统计的年限中最高产的那位作者的论文数，只有那些发表论文数在M篇以上的作者，才能称为核心作者，也就是多产作者。① 从统计结果来看，发表论文最多的作者的发文数量为35篇，即Nmax=35，代入上式得，M≈4.43，取得最大的整数为4，即发表论文数大于4篇的作者为农村公共产品与服务供给研究的核心作者。

表1-5 前30位核心作者排名及相关信息统计表（按发文量排名）

排名	作者	发文量	h指数	排名	作者	发文量	h指数	排名	作者	发文量	h指数
1	匡远配	27	13	11	董明涛	9	6	21	林万龙	6	5
2	曲延春	24	11	12	孙钰	9	5	22	廖清成	6	4
3	刘鸿渊	17	11	13	张要杰	9	4	23	廖红丰	5	5
4	汪三贵	13	9	14	王静	8	5	24	尹效良	5	5
5	曾福生	12	9	15	鄢奋	8	7	25	王俊霞	5	5
6	李燕凌	11	11	16	吕云涛	8	6	26	吴春梅	4	4
7	睢党臣	11	6	17	于水	7	7	27	胡志平	4	3
8	朱玉春	10	9	18	涂圣伟	7	4	28	秦庆武	4	4
9	叶文辉	10	7	19	刘蕾	6	5	29	韩鹏云	4	4
10	楚永生	9	8	20	张军	6	4	30	赵宇	2	2

（三）国内农村公共产品与服务供给研究进程与热点分析

1. 国内农村公共产品与服务供给研究进程

统计不同年份的发文数量后，能够直观地从时间轴上了解农村公共产品与服务供给研究领域的发文情况。同一主题不同阶段的发文情况直接反映出相关学者对该领域的重视程度以及该领域的理论研究情况。从发文数量来看，1996—2022年，在CNKI的"中国期刊全文数据库"上共发表3266篇篇名与农村公共产品与服务供给相关的文章，平均每年发表120.96篇。

---

① 史书侠，李海亮，杨华．2005—2010年《情报科学》刊出论文作者分析［J］．情报科学，2012，30（2）：277-281.

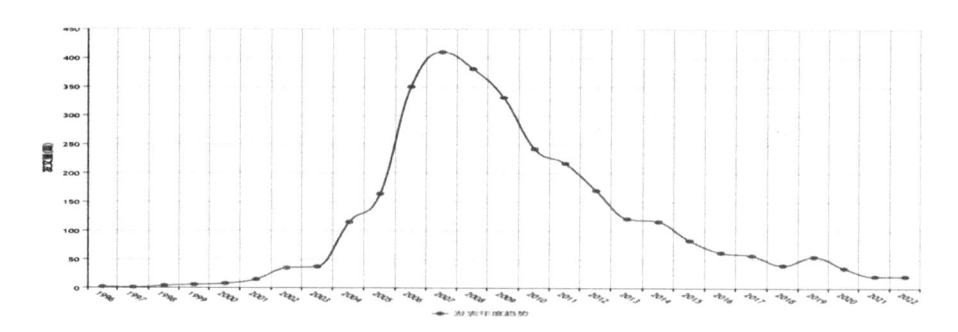

图 1-1　1996—2022 年我国农村公共产品与服务供给研究文献数量年度分布折线图

结合图 1-1，可将我国农村公共产品与服务供给的研究大致分为三个阶段。

第一阶段（1996—2002），1996 年发表在《经济研究参考》上的《改革后中国农村公共产品供给的变迁》，是我国农村公共产品与服务供给研究领域的第一篇文章。第一阶段的发文总数不到 30 篇，发文数量少，每年发文数量基本持平，文献研究主要围绕我国农村公共产品供给体制改革与变迁等方面，此阶段各学者对该领域的研究持有不同的观点和看法。由图 1-1 可以看出，从 2003 年开始，农村公共产品与服务供给研究逐渐受到广大学者重视，论文发表数量增长较快。

第二阶段（2003—2008），该阶段发文总量高达 1093 篇，占 1996—2017 年总发文量的 36.22%。在此阶段，国务院于 2003 年发布《关于全面推进农村税费改革试点工作的意见》，同年年底试点工作在全国范围全面铺开，规范了地方政府行为，同时减轻了农民的税费负担；在 2005 年党的十六届五中全会上，"三农"问题被正式提出，农村、农业、农民的相关问题受到了党和国家的高度重视，农村公共产品与服务供给的研究迅速成为研究热点。2006—2008 年对该领域的研究达到了高潮，分别发文 320 篇、451 篇和 367 篇，共计发文 1138 篇，图 1-2、图 1-3 分别反映出 2007 年和 2008 年农村公共产品与服务供给研究的关键词主要是以"需求表达"为中心，围绕供给体制、供给制度、供给效率、供给结构等方面展开，为后续研究和供给体制的完善奠定了研究基础。

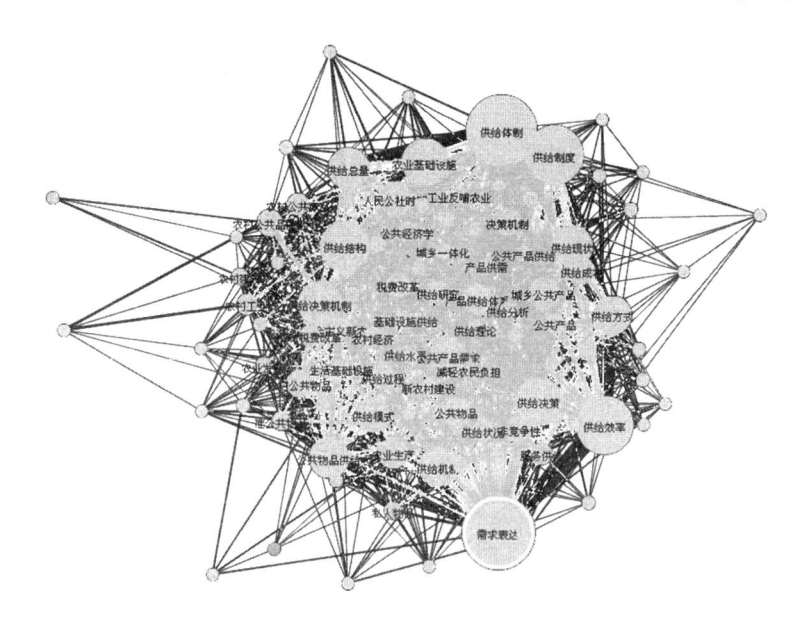

图 1-2 2007 年我国农村公共产品与服务供给论文关键词共现网络图

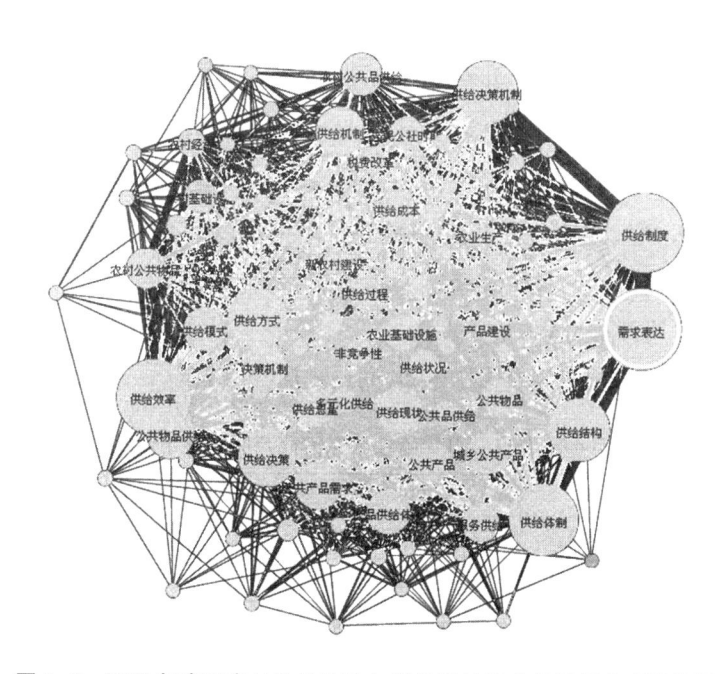

图 1-3 2008 年我国农村公共产品与服务供给论文关键词共现网络图

第三阶段（2009 年至今），该阶段的总发文量1565 篇，占 1996 年至今总发文量的51.86%，发文量仍然可观。由图1-1可知，自2009年起，每年的发文量出现下降趋势，发文量虽有所下降，但这一阶段相关主题论文的质量却有增无减。在这个阶段，相关领域的研究方向发生了巨大转变："多元主体协同机制""多中心治理模式"等研究方向备受学者关注，这个阶段的研究大力促进了农村公共产品与服务供给体制的完善。随着农村公共产品与服务供给制度的日渐完善和丰富，该阶段的研究也更加深入和更加成熟。

2. 国内农村公共产品与服务供给研究热点分析

（1）高频关键词分析

关键词是文献的核心灵魂，能直接体现研究领域的研究热点。因2003年之前本领域只有极为零散的论文被发表，绝大多数论文发表于2003—2017年，因此选取2003—2017年内文献作为关键词分析的对象，并将这一时期等分为三个阶段，每五年组成一个阶段，即第一阶段为2003—2007年，第二阶段为2008—2012年，第三阶段为2013—2017年。利用中国医科大学开发的BICOMB 2.0系统分别对这三个阶段进行关键词的提炼和统计，统计各阶段全部文献关键词出现的频次，并把出现频次排名前20的关键词所反映的研究对象和研究领域作为研究热点，表1-6列举了三个阶段关键词统计结果。由于关键词的来源为期刊和学位论文等不同的文献，关键词存在同义或表达不规范现象，在统计过程中，合并了同义的关键词，以出现频次最高的为代表，如"农村公共产品""农村公共品"和"农村公共物品"合并成"农村公共产品"；"公共产品"和"公共物品"合并成"公共产品"，去掉"供给""农村""农民"这样适用范围广泛的词，具体情况如表1-6所示。

表1-6 2003—2017年我国农村公共产品与服务供给研究关键词

2003—2007年		2008—2012年		2013—2017年	
关键词	频次	关键词	频次	关键词	频次
农村公共产品	404	农村公共产品	524	农村公共产品	274
供给体制	100	农村公共服务	105	公共产品	98
供给制度	85	供给机制	98	农村公共服务	64
供给机制	68	农村公共产品供给	68	农村公共产品供给	43
税费改革	59	新农村建设	63	供给机制	38

续表

2003—2007年		2008—2012年		2013—2017年	
新农村建设	52	供给体制	53	农村公共服务供给	29
农村公共产品供给	47	供给模式	50	供给效率	26
制度创新	40	对策	49	公共服务	24
供给效率	39	有效供给	46	供给模式	25
需求表达	38	供给主体	44	公共产品供给	19
供给模式	36	供给效率	41	城乡一体化	17
社会主义新农村	35	需求表达	30	有效供给	13
供给决策	30	创新	30	需求表达	13
非竞争性	29	供给决策机制	29	供给主体	12
供给决策机制	28	制度创新	26	乡镇政府	11
城乡公共产品	27	供给结构	26	参与方式	11
供给方式	27	公共财政	26	供给制度	10
创新	26	供给决策	23	公共服务供给	10
供给现状	25	税费改革	22	多中心治理	10
农业基础设施	24	多元化	22	对策	10

作为农村公共产品与服务供给的研究领域，如表 1-6 中数据显示，"农村公共产品""供给机制""供给效率""供给模式"等是贯穿每个阶段的高频词，这些方面一直备受学界重点关注。因农村税费改革于 2003 年在全国范围内推行，减轻了农民负担的同时也改变了农村公共产品和服务供给的模式，"税费改革"这一关键词一直是前两个阶段的研究热点；"对策"一词在第一阶段的高频关键词中尚未出现，在第二阶段和第三阶段却持续保持在高频关键词前二十位，反映农村公共产品与服务供给的问题一直存在，相关研究学者持续关注着这些问题，并且一直寻求解决问题的对策。

（2）关键词共现分析

尽管关键词分析有助于把握研究热点、了解研究发展趋势，然而简单的频数统计很难看出关键词之间、热点之间的关系。表 1-7 是农村公共产品与服务供给研究中高频关键词的共现矩阵，统计过程中，合并了同义的关键词，以出现频次最高的为代表，统计了两个高频关键词同时出现在同一篇文章里的频次，进一步把握当前农村公共产品与服务供给研究的热点和趋势。

表 1-7 高频关键词共现矩阵

	农村公共产品	供给机制	供给制度	农村公共服务	供给体制	农村公共产品供给	新农村建设	供给模式	供给效率	税费改革	对策	需求表达	供给主体	制度创新	有效供给	创新	供给决策机制	供给结构
农村公共产品	1087	443	352	349	341	326	320	247	231	192	196	187	174	178	169	183	129	104
供给机制	443	205	87	92	76	54	65	54	49	40	42	44	30	45	30	35	29	23
供给制度	352	87	173	67	78	45	43	39	50	35	28	39	20	35	24	35	40	29
农村公共服务	349	92	67	167	44	38	36	49	22	23	22	18	19	23	32	21	13	8
供给体制	341	76	78	44	162	47	51	34	35	30	29	50	21	19	20	35	32	30
农村公共产品供给	326	54	45	38	47	136	45	23	33	20	22	25	20	24	20	17	25	20
新农村建设	320	65	43	36	51	45	121	30	25	23	25	34	30	25	20	25	17	12
供给模式	247	54	39	49	34	23	30	105	30	22	20	25	15	21	20	20	19	15
供给效率	231	49	50	22	35	33	25	30	97	16	14	30	20	17	16	14	20	29
税费改革	192	40	35	23	30	20	23	22	20	14	12	11	7	13	11	6	10	11

续表

	农村公共产品	供给机制	供给制度	农村公共服务	供给体制	农村公共产品供给	新农村建设	供给模式	供给效率	税费改革	对策	需求表达	供给主体	制度创新	有效供给	创新	供给决策机制	供给结构
对策	196	42	28	22	29	22	25	20	14	30	81	15	6	15	16	8	7	8
需求表达	187	44	39	18	50	25	34	25	30	20	15	75	7	13	7	14	35	15
供给主体	174	30	20	19	21	20	30	15	18	17	6	7	72	13	6	9	9	10
制度创新	178	45	35	23	19	24	25	21	15	16	15	13	13	71	9	9	7	6
有效供给	169	30	24	32	20	20	20	20	16	14	16	7	6	9	67	7	2	10
创新	183	35	35	21	35	17	25	20	11	20	8	14	9	9	7	60	7	4
供给决策机制	129	29	40	13	32	25	17	19	18	29	7	35	9	7	2	7	59	14
供给结构	104	23	29	8	30	20	12	15	28	11	8	15	10	6	10	4	14	53

由表1-7我们可以看出,关键词"农村公共产品"与关键词"供给机制""供给制度""农村公共服务""供给体制""农村公共产品供给""新农村建设"在同一篇文章中同时出现的次数均大于300次,共同出现的频次相对较高,由此可见我国学者已经不是单一地研究农村公共产品自身问题了,而是把农村公共产品与其供给机制、供给体制、供给制度以及农村公共服务结合起来同时进行研究。关键词"供给效率"与关键词"供给机制""供给制度""供给体制""供给模式"以及"需求表达"共同出现的频次较高,可见学者们普遍认为供给机制、供给制度、供给体制、供给模式以及公共产品与服务享用者的自我需求表达在一定程度上影响着农村公共产品与服务的供给。

(3)引文分析

文献的被引用数量在内容和主题上反映了文献的学术价值及其对其他研究的影响力度。因此,对一个研究领域的文献进行引文分析有利于确定该领域的权威学术研究成果和核心文献。由于我国对于农村公共产品和服务供给的研究主要集中于2003—2017年,图1-4反映了2003—2017年各年份的被引用文章的数量,农村公共产品与服务供给研究在2003—2007的热度呈现逐年上升的趋势,2007—2017年的热度呈现逐年递减趋势,由此可见我国在该领域的研究投入正在减少。

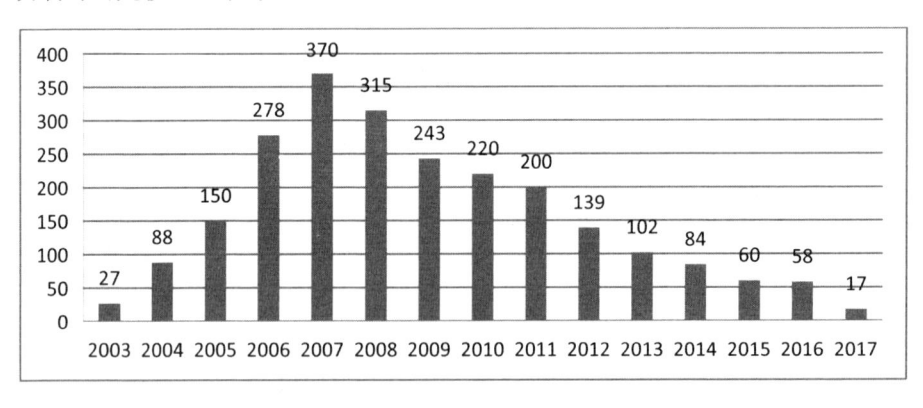

图1-4 2003—2017年被引用文章的数量

表1-8列举了"农村公共产品与服务供给"研究文献中被引频次排名前十位的文献,这十篇文献均来自CSSCI期刊和核心期刊,且被引次数均超过

百次，由此可见这十篇文章在该研究领域的质量以及对相关领域的研究贡献都相对较高。被引频次最高的文献是于 2002 年发表在《中国农村经济》上的《我国农村公共产品供给分析与模式选择》，文章根据我国国情结合公共产品最优供给理论，对我国农村公共产品供给决策进行假设前提认证后发现，当时我国的农村根本无法实现公共产品的最优供给。① 同时还对中国农村公共产品供给问题进行解析，提出了对应的解决思路和对策，为后续的研究提供了新颖的思考点和切入点。

表1-8 被引频次排名前十的文献信息表

文献名称	期刊名称	发表时间	被引量	下载量
《我国农村公共产品供给分析与模式选择》	《中国农村经济》	2002 年 7 月 25 日	897	5489
《论农村公共产品供给体制的改革》	《经济研究》	1997 年 6 月 5 日	771	3224
《中国农村的公共产品供给：改革后的变迁》	《改革》	1996 年 10 月 30 日	644	2672
《农村公共产品供给与农民收入问题研究》	《财政研究》	2003 年 1 月 5 日	417	2607
《中国农村文化建设的现状分析与战略思考》	《华中师范大学学报》（人文社会科学版）	2007 年 7 月 27 日	360	11248
《农村公共产品供给与农民负担问题探索》	《财贸经济》	2001 年 10 月 25 日	346	1586
《建构农民需求导向的公共产品供给制度——基于一项全国农村公共产品需求问卷调查的分析》	《华中师范大学学报》（人文社会科学版）	2006 年 3 月 10 日	344	4123
《试论农村公共产品供给体制的改革与完善》	《农业经济问题》	2002 年 7 月 23 日	330	1456
《农村公共产品供给制度：历史、现状与重构》	《学术研究》	2005 年 1 月 20 日	305	2720

---

① 熊巍. 我国农村公共产品供给分析与模式选择 [J]. 中国农村经济，2002 (7)：36-44.

续表

文献名称	期刊名称	发表时间	被引量	下载量
《农村公共产品与服务提供机制的研究》	《管理世界》	2006年12月15日	296	5031

(四) 总结与思考

通过对1996—2022年我国"农村公共产品与服务供给"研究的期刊分布、学科领域、作者情况、发文情况、引文情况等方面进行计量分析，基本描述了这期间我国"农村公共产品与服务供给"研究的进展，根据分析结果，从研究主体、研究对象以及研究成果这三方面进行总结和思考。

1. 从研究主体来看

(1) 研究力量合作较少

通过上文分析后发现，现有的研究者较多，分析能力较强，大部分研究者缺乏合作研究，普遍处于独自研究的状态，该研究领域缺乏跨学科领域的研究力量。

(2) 研究作者分层明显

通过普莱斯定律的测算，对"农村公共产品与服务供给"的研究已有匡远配、朱玉春、曲延春、李燕凌等一批研究成果显著的核心作者，同时也有一批研究成果相对较少的新生研究者。

(3) 研究投入周期短

通过分析发现，短期研究的研究者占多数，能保持持续稳定跟进研究的研究者甚少。研究者需要投入更多方向稳定的长期研究，进行更深层次的研究，形成科研能力和科研素质较高的研究团队，从而进一步发展成稳定的核心作者群。

2. 从研究对象来看

(1) 研究热点集中

经统计发现，"农村公共产品与服务供给"研究中，对"供给体制""供给模式""供给制度""需求表达"以及"供给结构"的关注度较高，其余关键词的出现频次相对较低，可见该领域的研究视角、关注点和切入点基本一致，研究热点集中。

（2）研究学科专一

仅就刊文量前十的期刊而言，大部分期刊均属于经济与管理科学类，这体现了农村公共产品与服务研究的学科专一性。

3. 从研究结果来看

（1）成果分布具有分散性

从1996年至今，我国"农村公共产品与服务供给"研究所涉及的期刊种类较多，3266篇期刊文献共发表在780种期刊上，研究成果分布较为分散。

（2）研究成果具有滞后性

学术研究及学术成果的发表往往集中于政策调整变化之后，预测性的研究及研究成果普遍较少。

（3）研究成果缺乏实践性

"农村公共产品与服务供给"研究大都是现状、问题及对策探讨的理论研究，实证性的探索研究极其有限。停留于理论探讨层面的研究往往难以切实有效地投入具体实践中。

立足当前我国"农村公共产品与服务供给"研究的现状和存在的不足，未来的研究需考虑从以下几方面完善：第一，加强合作，稳定研究方向，在合作研究中学习新知、改进不足、创新研究视角，维持长久的、稳定的、深入的跟进研究；第二，吸收其他领域知识，接受其他学科领域的思想碰撞，为"农村公共产品与服务供给"研究注入更多新观点和新思维，产出更多高质量、高水准研究成果；第三，创建核心主题专栏，及时更新发展动态的同时最大限度地汇集高质量、高水平研究成果，为研究者了解动态信息、最新热点和发展趋势提供便利；第四，发展实证研究，促进规范研究与实证研究的结合。顺应大数据时代背景，实证研究是未来学术研究的发展趋势，学者应在"农村公共产品与服务供给"研究中大力发展实证研究，丰富、完善该领域的研究方法。

二、农村公共产品与服务供给效率研究进展

（一）农村公共产品与服务供给效率评价理论和方法研究

国内学者在借鉴国外相关研究经验的同时结合中国实际，探索农村公共

产品与服务供给效率评估理论模型的建构。主要内容如下。

一是对农村公共产品与服务投入产出效率的评价。许多学者基于萨缪尔森规则，从农村公共产品与服务投入产出关系构建效率评价理论分析框架。主要运用数据包络分析法（DEA）测算同一决策系统中各决策单元（Decision Making Units，DMU）的相对效率。DEA是分析具有多种投入和多种产出的相同类型部门（地区或单位）间相对效率的有力工具，其基本原理是将每一个被评价的样本视为一个决策单元（DMU），在这里DMU是一种约定，它可以是政府，也可以是企业或非营利组织，也可以是具体的某个组织或单位，如医院、学校、班组等，每个DMU都具有相同的"投入"和"产出"变量。通过对各DMU投入和产出比率的综合分析，得出每个DMU的综合效率指标，并以此为依据来对其进行分类和排序，然后判断DMU是否为DEA有效。由于DEA方法注重测量个体而非观测量的平均值，因此对个体的差异，尤其是DMU效率的考察有着独特优势。DEA是一种非参数估计方法，可以规避参数方法的多种限制，所以，用DEA方法测评公共部门绩效以及公共品生产函数效率是非常恰当的。[①] 学者们纷纷利用DEA模型来测算我国农村公共产品供给效率。徐崇波将基于DEA的二次相对效益模型应用于我国农村公共产品供给制度直接绩效评价，分别从农村公共产品供给资金的投入产出效率和公共管理水平提升状况效率两方面来评价农村公共产品的供给绩效。[②] 余凌运用DEA方法对2006—2008年我国31个省（区、市）农村生产性公共产品供给进行效率测算。[③] 杨辉等运用DEA模型分析研究黑龙江省农村公共产品的供给效率。[④] 崔治文等采用2006—2010年我国农村公共产品投入和产出的面板数据，通过非参数的DEA方法和Malmquist指数方法，对我国农村公共产品

[①] 魏权龄. 输入和输出DEA模型中弱DEA有效与弱Pareto之间的等价性 [J]. 系统工程理论与实践，2002（10）：72-80；张宁，胡鞍钢，郑京海. 应用DEA方法评测中国各地区健康生产效率 [J]. 经济研究，2006（7）：92-105.

[②] 徐崇波. 基于DEA的我国农村公共产品供给绩效评价研究 [J]. 财政研究，2010（10）：53-55.

[③] 余凌. 我国农村生产性公共产品投入效果评价及政策建议 [J]. 农村经济，2012（4）：69-72.

[④] 杨辉，李翠霞. 农村公共产品供给的效率问题研究：基于黑龙江省13地市面板数据分析 [J]. 云南民族大学学报（哲学社会科学版），2013，30（6）：107-112.

的生产效率进行实证研究。① 罗芳等基于非参数 DEA 模型,评估了湖北近 20 年的农村生产性公共产品供给效率。② 周红梅等以 2008—2013 年湖南省 14 个市(州)财政支农支出面板数据为样本,运用 DEA 模型分析全省和市(州)层面财政支农支出的效率。③

  基于前沿生产函数理论计算出的不同地区农村公共产品供给效率系数(DEA 系数),可以排除大量因为数据的局限性而产生的干扰。在宏观层面,DEA 方法能够方便而准确地评价不同地区农村公共产品供给的相对效率。但是,利用 DEA 方法得到的是一个系统内部各因素之间相对的规模效率。况且,DEA 方法并不能找到影响效率的因素,这是 DEA 方法的不足之一。在目前的研究中,一个普遍的观点是,Tobit 模型适用于解决效率分布问题且能得出改进的方向和途径。为此,在运用 DEA 方法进行效率分析时往往还需要引入 Tobit 模型④,以进一步分析影响农村公共产品供给绩效的分布特征,从而为改进绩效提供基本依据。李燕凌等利用 DEA-Tobit 模型对县乡政府财政支农支出效率进行实证分析。⑤ 邓宗兵等利用 DEA-Tobit 模型对重庆市农村公共产品供给效率及其影响因素进行实证分析。⑥ 王谦、张兴荣基于 DEA-Tobit 模型,以山东省为例研究财政支农支出效率问题。⑦ 姚林香、欧阳建勇基于 DEA-Tobit 两步法的分析框架,运用 DEA 模型对我国农村公共文化服务的财政政策绩效进行定量评价,并运用 Tobit 模型从经济、社会、文化等视角对影

---

① 崔治文,毛斐斐,周毅. 我国农村公共产品供给效率研究:基于 DEA 和 Malmquist 指数的实证分析 [J]. 理论探讨, 2013 (5): 78-82.
② 罗芳,马卫民,周业旺,等. 农村生产性公共产品供给效率评价:以湖北省为例 [J]. 浙江农业学报, 2015, 27 (2): 307-314.
③ 周红梅,李明贤. 基于 DEA 模型的湖南省财政支农支出效率评价 [J]. 农业现代化研究, 2016, 37 (2): 284-289.
④ STOCK J H, WATSON M W. Has the Business Cycle Changed and Why? [J]. NBER Macroeconomics Annual, 2002, 17: 159-218.
⑤ 李燕凌,欧阳万福. 县乡政府财政支农支出效率的实证分析 [J]. 经济研究, 2011, 46 (10): 110-112, 149.
⑥ 邓宗兵,张俊亮,封永刚. 重庆市农村公共产品供给效率评价和影响因素研究 [J]. 四川农业大学学报, 2013, 31 (2): 233-238.
⑦ 王谦,张兴荣. 基于 DEA-Tobit 模型的财政支农支出效率评价与影响因素:以山东省为例 [J]. 系统工程, 2017, 35 (4): 91-100.

响农村公共文化服务财政政策绩效的主要因素进行实证分析。①

作为效率评价的主要方法，运用 DEA 存在一定的缺陷。DEA 模型在测算效率时隐含了无随机误差的假定，且在处理影响因素上有很大的局限性。一些学者开始尝试利用可以有效剥离环境因素的三阶段 DEA 方法来进行研究，以期测算出我国农村公共产品供给更为真实的效率水平。冷哲等利用 2011—2013 年 28 个省份的统计数据，通过三阶段 DEA 和超效率 DEA 方法对我国农村公共产品供给效率进行评估。② 王谦等运用三阶段 DEA 模型对我国 28 个省（市）1995—2014 年财政支农支出效率进行了测度。③

二是农户对农村公共产品需求的满意度评价方法研究。顾客满意度理论是 20 世纪八九十年代美国学者费耐尔（Fornell）博士提出来的，该理论提出顾客期望、购买后的感知、购买价格等多方面因素组成的指数，就是顾客满意度指数（Customer Satisfaction Index，CSI）。近二十年来，顾客满意度被广泛运用于各个领域，越来越多的学者使用"顾客满意度"评价政府服务质量和公共产品效率。④ 近年来，国外学者运用 CSI 方法评价公共物品效率的文献日益增多，例如，Douglas S. Noonan⑤ 和 David Throsby⑥ 都采用 CSI 方法评估文化资源和项目的经济价值。Henrik（2008）用 CSI 评估法，采用来自伊朗全国 2139 个农户的数据，研究了伊朗政府通过健康保险项目提高农村医疗药品服务的效率。Rongen（2009）也使用 CSI 方法实证分析了挪威地方公共物品

---

① 姚林香，欧阳建勇．我国农村公共文化服务财政政策绩效的实证分析：基于 DEA-Tobit 理论模型 [J]．财政研究，2018（4）：86-97．

② 冷哲，黄佳民，仲昭朋．我国农村公共产品供给效率区域差异研究 [J]．农业技术经济，2016（5）：81-91．

③ 王谦，李超．基于三阶段 DEA 模型的我国财政支农支出效率评价 [J]．财政研究，2016（8）：66-77，90．

④ WALKER R M, BREWER G A. An Organizational Echelon Analysis of the Determinants of Red Tape in Public Organizations [J]. Public Administration Review, 2008, 68（6）: 1112-1127；李成威．公共产品的需求与供给：基于评价与激励理论的分析框架 [J]．财政研究，2005（5）：30-32；杨兰品，任昭．公共物品理论研究新进展 [J]．经济学动态，2007（4）：72-76．

⑤ NOONAN D S. Contingent Valuation and Cultural Resources: A Meta-Analytic Review of the Literature [J]. Journal of Cultural Economics, 2003, 27（34）: 159-176.

⑥ THROSBY D. Economic Analysis of Artists' Behaviour: Some Current Issues [J]. Revue d'économie politique, 2010, 120（1）: 47-56.

的提供效率，即是否满足了人们的需要和偏好。近年来，CSI方法在我国公共产品效率评价研究中也得到越来越广泛的应用，不少学者将这一理论引入农村公共产品供给效率评估研究之中。研究文献普遍采用农户对农村公共产品需求的满意度为测评指标，按照CSI方法设计问卷。李强、罗仁福、刘承芳、张林秀等应用CSI理论和全国2400多个村的数据，对新农村建设中农民的农村公共物品投资意愿进行了实证分析。[1] 李燕凌等采用湖南省126个乡（镇）农户对农村公共产品供给满意度评价（CSI）抽样调查数据，运用CSI-Probit回归模型对农户的农村公共产品供给满意度及其影响因素进行了实证分析。[2] 张立荣、方堃、肖微针对（湖北）咸安区"以钱养事"的农村公共服务改革，采用问卷调查方式进行了农民满意度研究。[3] 王良健、罗凤（2010）运用满意度测评方法在我国粮食主产区部分省份进行抽样问卷调查，对我国惠农政策实施绩效进行实证分析。朱玉春等利用西北五省40个县（市）的实地调研数据，采用因子分析法和二元离散选择模型，对农村公共产品投资满意度影响因素进行了实证研究。[4] 方凯、王厚俊（2012）以湖北省农户的调查数据为依据，用因子分析法对被调查地区的农村公共品农民满意度进行了评价。

还有一些学者实际上采用了CSI方法的基本理论，如何精华、岳海鹰、杨瑞梅，综合世界银行和国际上通行的公共服务满意度的测评方法，结合我国实际，进行了农村公共服务满意度及其差距的实证分析。他们通过对7大项21个子项农村公共服务满意度进行里克特量表问卷测评后发现，长江三角洲地区平均得分刚刚达到国际标杆水平（0.4）。[5] 孔祥智、涂圣伟，以现有

---

[1] 李强，罗仁福，刘承芳，等．新农村建设中农民最需要什么样的公共服务：农民对农村公共物品投资的意愿分析 [J]．农业经济问题，2006（10）：15-20，79．
[2] 李燕凌，曾福生．农村公共品供给农民满意度及其影响因素分析 [J]．数量经济技术经济研究，2008（8）：3-18．
[3] 张立荣，方堃，肖微．农村公共服务新模式："以钱养事"+"无缝隙服务"——基于湖北省咸宁市咸安区的调查与研究 [J]．中国行政管理，2009（7）：83-86．
[4] 朱玉春，唐娟莉．农村公共品投资满意度影响因素分析：基于西北五省农户的调查 [J]．公共管理学报，2010，7（3）：31-38，123-124．
[5] 何精华，岳海鹰，杨瑞梅，等．农村公共服务满意度及其差距的实证分析：以长江三角洲为案例 [J]．中国行政管理，2006（5）：91-95．

农田水利设施农民满意度测评为例,选择受访者社会人口统计变量,开展了新农村建设中农村公共产品需求偏好及影响因素研究。① 陈俊红、吴敬学、周连第等在对北京市新农村建设与公共产品投资需求分析过程中,采用参与式快速评估法(DIY调查表),让农民根据自身所在社区需要对政府投资建设农村公共产品的紧迫程度进行排序,按"顾客满意度"来衡量需求效率。②

(二)农村公共产品与服务供给效率水平现状及影响因素研究

1. 农村公共产品与服务供给效率水平现状研究

随着社会主义新农村建设的推进、美丽乡村建设的不断深化以及乡村振兴战略的实施,国家对农村公共产品与服务供给力度不断加大,农村公共产品与服务供给水平有了很大提升。但当前我国县乡财政运行仍存在较多困难和问题,并在很大程度上制约着农村公共产品与服务供给效率。我国农村公共产品与服务供给效率偏低主要表现为以下几点。

第一,农村公共产品与服务供给不足与过剩并存。③ 由于长期实行的城乡二元社会体制,国家对农村基本建设严重不足,农村的农田水利设施、公共交通设施等公共基础设施年久失修,严重影响农村经济社会文化等方面的发展,同时农村社会保障、农村教育、医疗卫生等基本公共服务供给严重不足。与此形成鲜明对比的是,在一些领域农村公共产品与服务存在着供给过剩的现象,如对于农村道路、防洪防涝设施、农村文化广场、旅游景观设施等容易在短期内彰显效果的公共工程建设,地方政府和官员们乐此不疲,如国家级贫困县甘肃省榆中县斥巨资"造景""造门";陕西省韩城市西禹高速韩城出入口景观提升工程;国家级贫困县广西凤山县原县委书记,动用国家防治地质灾害资金5350万元,在出入县城的山壁上雕刻"凤凰壁画";尚未脱贫

---

① 孔祥智,涂圣伟.新农村建设中农户对公共物品的需求偏好及影响因素研究:以农田水利设施为例[J].农业经济问题,2006(10):10-16,79.

② 陈俊红,吴敬学,周连第.北京财政支农现状分析及政策建议[J].北京市经济管理干部学院学报,2007(1):15-20.

③ 睢党臣.工业反哺农业条件下农村公共产品供给问题研究[J].兰州大学学报,2006(1):124-129;蒋金法,欧阳明.农村公益事业发展与公共品供给研究[J].财政研究,2008(12):34-37;郭泽保.地方治理视域下的农村公共产品供给[J].行政论坛,2008(3):18-21;刘华安.农村公共产品供给:现实困境与机制创新[J].国家行政学院学报,2009(3):56-59.

摘帽的国家级贫困县湖南省汝城县举债修建的爱莲广场,仅6株银杏树就花了285万元,8根图腾石柱花了120万元;等等。① 而这些公共设施利用率往往非常低下,造成公共资源的浪费。

第二,农村公共产品与服务质量较差。② 在长年累月的"评比""达标"等压力型管理体制下,在缺乏科学的绩效考核和监督机制的情况下,对于农村公共产品与服务的供给,基层政府与官员趋于应付了事,形式主义盛行。在不了解农民实际需求情况下,草率决策,农村公共产品与服务质量较差,配套服务跟不上,甚至出现"豆腐渣"工程。

第三,农村公共产品与服务供给效率地区差异较大。③ 我国长期实行的不平衡的经济发展战略,各地区经济社会发展阶段不同,各地公共财政支出能力也不同,导致东部中部西部等不同地域之间农村公共产品与服务供给差异大,这种差异不仅表现为供给总量的差异,还表现为供给效率差异。

2. 农村公共产品与服务供给效率影响因素研究

大量研究表明,我国农村公共产品与服务供给效率始终难以达到预期目标。归纳起来,影响农村公共产品与服务供给效率的因素主要有以下几点。④ 一是财政经济因素。学者们普遍认为其根源在于长期以来形成的城乡二元经济社会发展体制,城市公共产品与服务由政府公共财政供给,而农村公共产品与服务由农村集体和个人供给,随着农村集体经济的瓦解和农民收入增长缓慢,农村公共产品与服务供给水平长期处于低水平状态。政府公共财政对

---

① 国家级贫困县的面子工程:顾"面子"、伤了"里子" [EB/OL]. 中国经济网,2018-08-05.
② 郭泽保. 政府在社会保障中的职能定位及现存问题分析 [J]. 广东行政学院学报,2010,22 (6):19-23.
③ 贾凌民,吕旭宁. 创新公共服务供给模式的研究 [J]. 中国行政管理,2007 (4):22-24;冉光和,张明玖,张金鑫. 公共服务供给与经济增长关系区域差异的实证研究 [J]. 财经问题研究,2009 (11):116-122;董明涛,孙钰. 我国农村公共产品供给模式选择研究:基于地区差异的视角 [J]. 经济与管理研究,2010 (7):110-115,128.
④ 谷洪波,王建军. 农村公共产品供给体制效率分析及模式选择 [J]. 商业研究,2005 (21):33-36;张红宇,杨春华,张海阳,等. 当前农业和农村经济形势分析与农业政策的创新 [J]. 管理世界,2009 (11):74-83,102;张开云,张兴杰,李倩. 地方政府公共服务供给能力:影响因素与实现路径 [J]. 中国行政管理,2010 (1):92-95;曹菲. 基于农民增收的农村公共产品供给机制创新研究 [J]. 农业经济,2017 (8):43-44.

农村公共产品与服务投入不足是导致农村公共产品与服务供给效率低下的直接因素。财政资金分配按少数人控制的"长官意志"实行而不是按三农发展的实际需求实行,导致农村公共产品与服务财政资金使用效率低,而且财政资金使用过程的监管缺失,也使得农村公共产品与服务绩效评估困难。二是管理与决策因素。在农村公共产品与服务过程中,农民话语权不足,农民公共产品与服务需求表达机制不健全,农民的需求偏好无法有效传递和进入政府农村公共产品与服务供给决策议程,地方政府往往疏于了解农民需求,自上而下的农村公共产品供给决策机制导致供需结构失调,非生产性公共产品供给过多过滥,导致公共产品资源浪费。目标责任制是政府考核官员的主要方式,在一些指标的考核上实行的是"一票否决制",如GDP增长率、维稳等。地方的经济增长速度越快,财政收入也就越高,相应可支配的资源也就越多。加之,政治晋升在本质上是一种"零和博弈",对该官员的任用将会直接减少对另一名官员任用的机会。因此,在"任期制"的约束和"政治锦标赛"驱动下,作为理性"经济人"的地方政府和官员会将实现任期内的经济增长和在"政治锦标赛"中脱颖而出作为目标,地方政府和官员显然更愿意在短期内能彰显政绩的公共产品和服务领域上下功夫,"面子工程""形象工程""政绩工程"层出不穷。此外,缺乏公共资源配置的科学管理制度,政府垄断社会事业发展,忽视社会力量对农村公共产品与服务供给的作用,缺乏鼓励社会力量参与农村公共产品与服务供给的激励约束制度,农村公共产品与服务管理主体专业化程度不高、管理过程中的寻租行为不当等均有可能导致农村公共产品与服务供给效率低下。

此外,地理因素、城市化水平、农户经济状况,甚至包括农户的某些个体特征(如年龄、性别)等,都会对农村公共产品与服务供给效率产生某种影响。[1]

---

[1] 樊胜根,张林秀,张晓波. 中国农村公共投资在农村经济增长和反贫困中的作用[J]. 华南农业大学学报(社会科学版),2002(1):1-13;黄季焜. 中国农村社区公共物品投资的决定因素分析[C]//中国农业经济学会. 2005年中国农业经济学会年会论文集. 中国科学院农业政策研究中心,2005:19;张晓山. 简析中国乡村治理结构的改革[J]. 管理世界,2005(5):70-76.

(三) 农村公共产品与服务供给效率实现途径研究

有研究表明，改善农村公共产品与服务的供给状况应选择均衡化发展路径。① 主要通过逐步废弃城乡二元经济社会发展体制，建构城乡统一的公共财政体制，由过去的牺牲农村支援城市发展，转变为城市反哺农村，以城带乡，以工带农，最终实现城乡统筹发展。主要分两个阶段进行：第一阶段，实现贫困县与周边一般水平的县市农村公共产品协调供给；第二阶段，实现农村公共产品与城市公共产品协调供给，最终消除公共产品消费中的"城乡二元结构"。

多数观点认为②，科学地界定农村公共产品与服务的供给范围，完善农村公共产品与服务的供给结构，加大公共财政对农村公共产品与服务的投入力度，逐步扩大农村公共产品与服务供给规模、优化供给主体结构，改进供给模式，通过财政分权明确各级政府对农村公共产品供给的财权和事权，逐步实现公共服务均等化，是提高农村公共产品与服务供给效率的重要途径。

上述研究成果为深入探讨农村公共产品供给与服务效率测算和评价理论及方法，改进农村公共产品与服务供给模式拓宽了视野。同时有必要指出，大部分文献局限于对农村公共产品供给效率问题进行归纳总结或是简单地引用数据，定性分析较多而定量研究少，提出的建议较为零散、缺乏系统性，可操作性不强。大部分研究多从某个单一层面（政府层面或农户层面）进行

---

① 李秉龙，张立承，曹暕. 中国贫困地区县乡财政不平衡对农村公共物品供给影响程度研究 [J]. 中国农村观察，2003（1）：23-30，36-80；李周. "十二五"时期农村发展若干战略问题分析与思考 [C]//湖南省新农村建设促进会，衡阳市人民政府，中国社会科学院农村发展研究所，湖南省人民政府农村工作办公室，湖南省农业厅. 第四届湖湘三农论坛论文集. 中国社会科学院农村发展研究所，2011：11.

② 徐双敏. 提高农村公共品供给效率研究：以湖北咸安乡镇站所改革为例 [J]. 财政研究，2006（5）：47-49；蒋金法，欧阳明. 农村公益事业发展与公共品供给研究 [J]. 财政研究，2008（12）：34-37；林万龙. 不同级层财政主体的农村公共服务供给能力分析 [J]. 甘肃行政学院学报，2009（1）：21-25；张开云. 农村社区公共服务：现实困境与理性选择 [J]. 马克思主义与现实，2010（1）：101-104；李燕凌. 农村公共产品供给侧结构性改革：模式选择与绩效提升——基于5省93个样本村调查的实证分析 [J]. 管理世界，2016（11）：81-95；辛波，张姝，耿殿明. 基于供给主体视角的农村社区公共产品供给影响因素研究：来自中国劳动力动态调查数据 [J]. 财政科学，2018（6）：45-55.

深入分析，而从政府农村公共产品与服务供给和农民对农村公共产品与服务需求目标实现程度（或满意度）两方面，全面客观地测评农村公共产品与服务供给效率，并进行效率影响因素、影响方式的定量分析的文献较少，在效率评价的基础上改进其供给模式研究的文献更为鲜见。因而，有必要从统筹城乡发展、实现农村基本公共服务均等化目标出发，对农村公共产品与服务供给效率进行定量与定性综合评估方法研究，改进农村公共产品与服务供给模式。

三、农村公共产品与服务供给模式研究进展

农村公共产品与服务的供给关系着农村的生产发展以及农民的生活水平，有效的农村公共产品与服务供给模式不仅可以提高农民的生活质量、促进农村经济的发展，而且能够加快新农村的建设步伐以及促进社会的和谐稳定。因此，研究农村公共产品与服务供给模式成为必然的趋势。

（一）农村公共产品与服务供给模式的动因研究

国内学术界对于研究农村公共产品与服务供给模式的动因主要可以分为以下四类。

1. 现存模式与农民需求存在矛盾

随着社会的不断发展进步，农民的公民意识不断增强，他们对于农村公共产品与服务的数量与质量两方面都有新的需求，希望政府能够为其提供更多、更好的公共产品与服务，而且他们的需求不仅仅局限于生产型的公共产品与服务，对发展性的公共产品与服务也提出了相应的诉求。[①] 然而，目前我国农村公共产品与服务供给模式单一，缺乏有效的决策机制、竞争机制和监督机制，各级政府对于农村公共产品与服务供给的责任界限不清，等等，导致农民对于公共产品与服务的需求得不到很好的满足。现阶段农村公共产品与服务的供给模式和农民实际需求之间存在较大的差距，因此需要对农村公共产品与服务的供给模式进一步研究与优化，使得农村公共产品与服务能够更好地为"三农"服务。

---

① 姜岩，陈通，窦艳芬. 政府提供农村公共服务过程中的模式选择 [J]. 中国农机化，2009（1）：52-55.

2. 适应国家政策的发展

我国政府自2006年全面取消农业税以来，高度重视"三农"的发展，而研究农村公共产品与服务的供给模式对于加快解决"三农"问题有着不可或缺的作用。农民使用公共产品与服务是他们的权利，因此研究与优化其供给模式以实现农村公共产品与服务有效供给是必然的举措。研究农村公共产品与服务供给模式不仅仅是贯彻落实科学发展观与建设和谐社会的实践，还是解决"三农"难题的重大举措，也是建设社会主义新农村的有力保障，是农村经济社会发展的前提和基础，同时是适应我国实施工业反哺农业、城市反哺农村政策的需要。[1]

3. 是发展"三农"的重要途径

研究农村公共产品与服务供给模式以便发现现有模式存在的不足，从而进一步优化其模式，一方面，将有利于满足农民对于农村公共产品与服务数量和质量方面的需求，进而改善农民的生活水平以及增加农民的收益，使农民消费成为可能，从而拉动内需，促进农村经济的发展。[2] 另一方面，能够提高农业生产力，加快农业现代化进程。

4. 应对风险社会的需要

有的学者认为现阶段我国仍是风险社会，存在农村群体性事件逐渐增多而导致的基层政府治理能力不足、城乡差距过大而导致的社会不公平感、民族众多易激化社会矛盾、农村恶劣的自然环境而导致的农村治理难度加大等风险。[3] 而研究与优化农村公共产品与服务供给模式将有利于保护农村生态环境，有利于缩小城乡之间的差距，在一定程度上改善城乡公共产品供给二元体制，有利于社会稳定发展。[4]

（二）农村公共产品与服务供给模式的具体类型

目前农村公共产品与服务供给模式多样，整理与归纳学者们的已有研究，

---

[1] 叶文辉，姚永秀. 新农村建设中公共产品供给模式研究：以云南为例 [J]. 经济问题探索，2009（5）：41-46.

[2] 刘小利. 新形势下农村公共产品供给模式研究 [J]. 商业时代，2009（36）：53-55.

[3] 谢治菊. 论风险社会下西部少数民族农村公共产品供给模式创新 [J]. 前沿，2010（21）：137-140.

[4] 闫丙金. 基于新农村建设的农村公共品供给模式探析 [J]. 特区经济，2007（2）：147-148.

发现国内农村公共产品与服务的供给模式主要可以按照以下标准进行类型划分。

1. 按照供给的主体分类

现有的研究按照农村公共产品与服务供给的主体，将农村公共产品与服务供给模式主要分为政府供给模式、市场供给模式、第三部门供给模式和多中心主体供给模式四种，其中第三部门供给模式又依据其供给组织的性质分为三类：社会组织供给、农村民间组织供给和村委会供给。① 并且，国内还有一部分研究者在此基础之上从供给主体中投资者与生产者之间的关系入手，将农村公共产品与服务供给模式更为细致地划分为"政府投资、政府生产""政府投资、社会生产""政府与社会共同投资"以及"政府制定政策、社会投资"。② 其中，政府与社会共同投资的供给模式在实践中又可以分为两类：一是政府和农村集体共同投资，二是政府与社会组织共同投资。有学者从农村公共产品供给投资方式与生产方式的相互匹配形式来区分农村公共产品供给模式，认为农村公共产品供给模式主要有政府垄断、市场配置、社会自治和混合供给四种基本模式。③

2. 按照发展的侧重点分类

根据发展侧重点的不同，有关研究者将农村公共产品与服务供给模式划分为以城带乡的城乡统筹供给模式、优先发展基本社会公共服务的社会事业优先发展供给模式、允许引入市场机制的市场机制诱导供给模式、建立农村剩余劳动力培训与就业机制的农务输出供给模式以及动员社会各方力量的全员协作供给模式五种。也有学者把政府供给农村公共产品的模式细分为教育优先的供给模式，以社会公共服务为主体的供给模式，广覆盖、低水平、基本公共产品均等化模式以及多中心供给模式。教育优先的模式是在提供农村公共产品的过程中，将教育放在优先发展的位置。而"广覆盖、低水平、基本公共产品均等化"的模式则保障了各地区都能够享受到公共服务，同时政

---

① 谭琪. 我国中部地区农村公共物品供给创新模式研究：基于河北保定安新实地调研[J]. 云南财经大学学报，2008（5）：101-106.
② 李圣军. 农村公共产品的政府供给模式及其演变[J]. 江汉论坛，2012（5）：57-60.
③ 李燕凌. 农村公共产品供给侧结构性改革：模式选择与绩效提升：基于5省93个样本村调查的实证分析[J]. 管理世界，2016（11）：81-95.

府在提供公共产品时也要根据各地的经济条件、自然因素等方面的不同使用符合该地的供给制度。

3. 其他模式

全国各农村地区对于农村公共产品与服务供给模式都有所探索，经整合各地区的实践经验，发现除以上两种分类方法之外还主要有"三个集中"、镇村同治、"一事一议"和农村公共产品分类供给四种供给模式。以上海为典型的"三个集中"模式，其核心价值理念是工业向园区集中形成产业化、土地集中经营形成规模化以及农民向城镇集中促进城镇化。镇村同治是指各个乡镇政府以周围村庄为对象，对其公共基础设施进行共同管理，以缩小城乡公共基础设施建设的差距。[①] "三个集中"和镇村同治这两种农村公共产品与服务供给模式的实质都是为了推进城乡统筹，而"一事一议"和农村公共产品分类供给的模式则主要是通过村民议事制度，在充分发挥其自治功能的基础之上提供满足农民需求的公共产品与服务。

还有一些学者研究了某种具体的农村公共产品与服务供给模式。如有学者提出通过实施投入反哺工程、政策反哺工程、精神反哺工程等三大工程建构城市反哺农村公共物品供给模式。[②] 张益丰、刘东提出发展农村综合型合作社，构建"公司+综合型合作社+农户"准公共产品供给模式。[③] 有学者提出通过构建规范的制度体系，强化利益驱动机制、农户资金投入机制等制度体系与运行机制，完善支撑农户参与供给的乡村治理和培育能强化农户参与合作供给的农户社会资本，来建构和健全农户参与农村公共服务供给模式。[④]

（三）农村公共产品与服务供给模式的选择与制度设计

当前我国正处于全面的社会转型期，农民对公共产品与服务的需求日益增长且多样化。农村公共产品与服务供给模式的选择，应以不同地区农村的

---

① 刘祖云，韩鹏云. 乡村社区公共品供给模式变迁：历史断裂与接合：基于乡村秩序演进的理论视角 [J]. 南京农业大学学报（社会科学版），2012, 12 (1)：1-8.
② 张志刚，高全梅. 城市反哺农村公共物品供给模式探讨 [J]. 党政干部学刊，2009 (11)：58-59, 16.
③ 张益丰，刘东. 农村微观组织架构跃迁与准公共产品供给模式创新：基于山东农村综合性合作社发展经验的实证分析 [J]. 中国农村观察，2011 (4)：55-64, 95.
④ 方建中. 农户参与农村公共服务供给模式研究 [J]. 江苏行政学院学报，2011 (6)：55-60.

实际情况为出发点，选择能够满足其发展需要的供给模式。①

有学者研究了决定农村公共产品与服务供给模式的因素。邓蒙芝以农村道路为例进行了研究，提出村庄规模、经济收入水平等村庄社会、经济特征，农户以及劳动力特征，村庄的资源禀赋状况等是决定农村公共产品与服务供给模式的因素，不同供给模式的影响因素具有明显的差异化特征，村庄规模较小、收入水平低、耕地资源较少的地方常常采用农村公共产品与服务的政府供给模式，与之相对的地方则更多地采用村庄自我供给。② 农村公共产品与服务的等次类型不同，那么其供给模式就不一样。吴春梅、高韧分析了农业技术类公共品的等次划分和等次转化的依据，探索了政府支持型与政府推动型农业技术类公共品供给模式。③ 高宁泽提出细化公共产品的分类，合理分配各级政府的权限④，探索更为具体有效的农村公共产品与服务供给模式。吴永明、许莉提出中国农村所处的经济发展阶段决定了农村公共产品与服务的供给模式，但现阶段政府依然是农村公共产品供给的绝对主体。⑤

有学者提出通过完善利益代表机制、利益表达机制、利益产生机制、利益协调机制、利益保障机制等，建构农村公共产品与服务多元化供给模式，充分发挥政府、市场、社区和第三种力量在农村公共产品供给中的合力作用。⑥ 有学者提出通过厘清各级政府在农村公共产品与服务供给中的职责，引入市场机制，促进农村非营利组织发展，建立"自上而下"和"自下而上"相结合的供给决策机制，以及搭建多元化合作供给平台来建构农村公共产品

---

① 董明涛，孙钰. 我国农村公共产品供给模式选择研究：基于地区差异的视角 [J]. 经济与管理研究，2010（7）：110-115，128.
② 邓蒙芝. 农村公共物品供给模式及其决定因素分析：基于100个行政村的跟踪调查数据 [J]. 农业技术经济，2014（3）：16-25.
③ 吴春梅，高韧. 农业技术类公共品供给的等次分析与供给模式探索 [J]. 科学学与科学技术管理，2003（9）：30-33.
④ 高宁泽. 农村公共产品分类视角下的供给模式探究 [J]. 行政事业资产与财务，2012（17）：45-47.
⑤ 吴永明，许莉. 农村公共产品供给模式选择实证分析：基于经济发展阶段的判断 [J]. 价格月刊，2014（4）：81-85.
⑥ 陈朋. 农村公共产品的供给模式与制度设计思考 [J]. 教学与研究，2006（10）：19-25.

与服务多元化供给模式。①

第三节 主要内容与研究方法

一、主要研究内容

本书以习近平新时代中国特色社会主义理论为指导，以"以人民为中心"的发展思想为支撑，结合我国"两个一百年"奋斗目标和社会主要矛盾转变的时代背景，以满足广大农村居民日益增长的美好生活需要为直接目标，针对当前我国农村公共产品与服务供给不平衡不充分的重大现实展开研究，着眼于建构和优化"以人民为中心"的农村公共产品与服务供给模式，主要有以下方面。

（一）"以人民为中心"的农村公共产品与服务供给模式基本理论分析

主要有三方面的内容：厘清农村公共产品与服务供给模式的相关概念，寻求农村公共产品与服务供给模式研究的理论支撑和对"以人民为中心"的农村公共产品与服务供给模式进行理论阐释。这些是本文展开研究的基本前提。

涉及农村公共产品与服务供给模式的相关概念主要有农村公共产品与服务、农村公共产品与服务供给效率、农村公共产品与服务供给模式等。这些概念内涵丰富，在实际研究中由于研究视角的差异和时代背景的变迁等原因，人们容易产生理解上的偏差，进行概念梳理和明确界定是本书展开研究的基础。

公共产品理论、绩效评价理论、满意度理论、协同治理理论、"以人民为中心"理论、供给侧改革理论等相关理论是本书展开研究的理论依据和基本分析工具。本部分对所要研究的"以人民为中心"的农村公共产品与服务供给模式形成的背景、基本概念、功能特征、基本逻辑和框架进行了理论阐释。

（二）中国农村公共产品与服务供给模式的历史演变

矛盾是事物发展的根本动力，是社会发展进步的源泉。辩证认识新中国

---

① 李武，胡振鹏. 农村公共物品供给模式及对策研究［J］. 江西社会科学，2012，32（3）：58-61.

不同时期社会主要矛盾并对其适时做出科学判断，是中国共产党的优良传统。社会主要矛盾转化是政府职能转型的主要依据。社会主要矛盾不同，政府提供公共产品和服务的侧重点不一样。根据新中国成立以来社会主要矛盾的演变，我国农村公共产品与服务供给模式可分为"以政治为中心"的农村公共产品与服务供给模式、"以经济为中心"的农村公共产品与服务供给模式和"以人民为中心"的农村公共产品与服务供给模式。本部分分别对三个不同时期农村公共产品与服务供给模式的内容和侧重点进行了梳理和分析。

（三）中国农村公共产品与服务供给的基本现状分析

优化农村公共产品与服务供给对于促进农业产业结构转型升级、推进农村社会繁荣发展和保障农村民生发展进而实现人的全面发展具有十分重要的作用。本部分主要从农村社会保障、农村公共卫生服务、农村义务教育、农村科技服务、农村公共基础设施、农村扶贫开发等方面较为系统地梳理新中国成立以来关系"三农"发展的主要农村公共产品与服务供给进展与成就。在此基础上，系统分析了中国农村公共产品与服务供给过程中存在的各种问题，并深入剖析其原因。

（四）中国农村公共产品与服务供给的双侧效率分析

本书认为"以人民为中心"的农村公共产品与服务供给模式的绩效是政府和服务对象（农村居民）互动的结果。一方面，评价"以人民为中心"的农村公共产品与服务供给模式绩效高低要看政府农村公共产品与服务投入产出效率，"以人民为中心"的农村公共产品与服务供给模式的绩效评价遵循的是效率逻辑，要求效果精准，达到"少花钱、多办事、办好事"；另一方面，评价"以人民为中心"的农村公共产品与服务供给模式的绩效必须考察服务对象（农村居民）对农村公共产品与服务效用的感知，衡量"以人民为中心"的农村公共产品与服务供给模式的绩效需要看服务对象（农村居民）"满意不满意"，要准确评价"以人民为中心"的农村公共产品与服务供给模式的绩效必须对这两方面进行综合分析。本书根据绩效评价相关原理，综合运用三阶段 DEA 模型与 CSI-Logistic 模型，构建"以人民为中心"的农村公共产品与服务供给模式的绩效"双层综合分析模型"，为分析优化"以人民为中心"的农村公共产品与服务供给模式提供分析工具。

（五）"以人民为中心"的农村公共产品与服务供给模式优化路径

主要从三方面进行研究。首先，厘清建构和优化"以人民为中心"的农村公共产品与服务供给模式的基本思路。社会主要矛盾的转化要求在新时代建构和优化"以人民为中心"的农村公共产品与服务供给模式，需要从根本上进行战略调整，从过去着眼于满足人民的政治需求、经济需求转变为满足人民全面发展的各类型、各层次、多样化的需求，要转变过去"重城市，轻乡村"的观念，克服农村公共产品与服务供给中滋生的"重政绩，轻民生""重短期，轻长期"的错误观念，系统地对"以人民为中心"的农村公共产品与服务供给模式进行顶层设计。其次，明确优化"以人民为中心"的农村公共产品与服务供给模式的基本方向。主要是以农村公共产品与服务供给侧结构性改革为抓手，推进农村公共产品与服务供给主体结构优化，着力形成"一主多元"的政府主导、多主体协同供给格局；以需求为导向优化供给内容结构；优化供给方式结构，实现供给方式创新。最后，主要从政策创新、机制优化和平台建设等方面提出优化"以人民为中心"的农村公共产品与服务供给模式的具体措施。

二、主要研究方法

（一）文献研究法

本书通过图书资料、网络等各种形式，广泛查阅近五年来公共管理学、经济学、社会学、政治学等相关学科领域的权威学术期刊，如《公共管理学报》《中国行政管理》《经济研究》《农业经济问题》《社会学》《政治学研究》等期刊上的相关文献资料，运用国内外农村公共产品与服务供给研究的理论与方法，对中国农村公共产品与服务供给进行相关分析。

（二）规范分析法

本书综合运用公共产品理论、绩效评价理论、满意度理论、多中心治理理论、以人民为中心理论、供给侧改革理论等对"以人民为中心"的农村公共产品与服务供给现状、双层效率评价、优化路径等进行了规范分析。

（三）历史分析法

历史分析法是具体分析方法的一种，即运用发展、变化的观点分析客观事物和社会现象的方法。本书以历史分析法对农村公共产品与服务供给模式的时代背景、历史演进和具体特征进行了分析，并依据历史分析法对建构"以人民为中心"的农村公共产品与服务供给模式的时代背景和基本逻辑等进行了归纳分析。

（四）社会调查法

本书招募大学生志愿者500余人次，于2013—2017年寒暑假返回生源地进行了多次社会调查和补充调查，取得了大量的一手资料。本课题通过实地收集样本数据和相关信息，建立完善的数据库，为展开论证分析与定量研究提供了数据支持。

（五）计量研究法

一方面，运用三阶段DEA模型对政府农村公共产品与服务供给效率进行测算。作为效率评价的主要方法，DEA模型仍然存在一定缺陷。DEA模型在测算效率时隐含了无随机误差的假定，且在处理影响因素上有一定的局限性。因此，本书利用可以有效剥离环境因素和随机误差的三阶段DEA方法来进行研究，以期弥补DEA模型的缺陷，更加客观地测算我国农村公共产品与服务真实效率水平，为进一步完善该制度提供政策建议。另一方面，采用满意度分析法测算了农户对农村公共产品与服务供给的满意度。本书在前期研究基础上，科学设计农户对农村公共产品与服务满意度调查问卷，进行分阶段多层次抽样调查，通过实地收集样本数据和相关信息，建立完善的数据库，并分析各变量之间的数量关系、经济关系和社会关系。运用Logistic模型分析影响农户满意度的因素。

第四节　创新与不足之处

一、创新之处

（一）研究视角新

主要体现在两方面，一是根据社会主要矛盾的转化划分农村公共产品与服务供给模式。本书认为社会主要矛盾不同，政府提供公共产品和服务的侧重点不一样。根据新中国成立以来社会主要矛盾的演变，本书将我国农村公共产品与服务供给模式分为"以政治为中心"的农村公共产品与服务供给模式、"以经济为中心"的农村公共产品与服务供给模式和"以人民为中心"的农村公共产品与服务供给模式。二是从供给侧和需求侧系统分析和评价农村公共产品与服务供给效率。农村公共产品与服务供给效率由两方面构成：一是政府农村公共产品与服务供给投入产出效率，即"好钢用在刀刃上"，讲求稀缺的公共资源效用最大化；二是农户对农村公共产品与服务供给的获得感，主要通过农户的满意度来评价农村公共产品与服务供给的效果。本书提出从"双侧效率评价"的角度对农村公共产品与服务供给效率进行分析。

（二）研究内容新

本课题的研究是对中国共产党提出的"两个一百年"奋斗目标和新时代社会主要矛盾转化的时代背景下农村公共产品与服务供给模式提出新要求的积极回应。主要研究新的时代背景下"以人民为中心"的农村公共产品与服务供给模式这一新的内容，综合运用"以人民为中心"发展思想和供给侧改革理论等崭新的理论对农村公共产品与服务供给模式的优化进行深入分析和研究。

（三）研究方法新

三阶段 DEA 模型，将非参数的 DEA 模型和参数方法的 SFA（随机前沿分析）模型结合使用，能得到更加真实的效率值。CSI-Logistic 模型能有效测算满意度。这两者均是很典型、很成熟的计量模型，已在其他领域得到了广泛应用。本书综合运用三阶段 DEA 模型与 CSI-Logistic 模型综合分析农村公共产品与服务供给效率及其影响因素，是在借鉴国内外经验基础上对研究方法的有益尝试。

二、不足之处

由于研究时间与经费的限制，本书研究的不足也显而易见。本书提出了一系列建构和优化"以人民为中心"的农村公共产品与服务供给模式的政策建议，由于缺乏实践渠道而难以进入政策程序。同时，一些观点和提法属于探索性的研究成果，得出的结论或许会存在不少谬误。毫无疑问，这些都是本课题研究需要进一步探索、修正、深化和完善的新命题。

第二章

"以人民为中心"的农村公共产品与服务供给模式基本理论分析

第一节 核心概念界定

一、农村公共产品与服务

农村公共产品与服务的概念伴随着公共产品概念的演变而演变。"公共产品"的内涵最先是林达尔在1919年提出来的,随后各经济学家分别从不同方面对其内涵做出解释。在国外,学者们对公共产品这一概念的针对性研究是在20世纪50年代,之后公共产品受到学者们的广泛关注,成为学术圈关注的"公共问题"。公共产品成为公共问题最本质的原因是它与私人产品之间存在供给效率上的差别。萨缪尔森[1]认为公共产品在其消费上不仅具备非排他性,还同时具备非竞争性,也就是说当一个人对这类公共产品进行消费时,并不会减少别人对这类产品的消费。这个定义得到国外学者普遍认同,被认为是对公共产品最经典的定义。之后,马斯格雷夫[2]以非排他性、非竞争性为判别标准,创造性地提出了物品的"三分法",即把物品分成公共物品、有益物品以及私人物品。布坎南[3]认为存在着一种"混合物品",介于纯公共产品

---

[1] SAMUELSON P A. The Pure Theory of Public Expenditures [J]. The Review of Economics and Statistics, 1954, 36 (4): 387-389.

[2] 奥斯特罗姆. 公共事物的治理之道:集体行动制度的演进 [M]. 余逊达,陈旭东,译. 上海:上海译文出版社,2012:52-55.

[3] BUCHANAN J M. An Economic Theory of Clubs [J]. Economica, 1965, 32 (125): 6-11.

与纯私人产品中间,他将这种物品命名为"俱乐部产品",也就是公共产品应该是放在俱乐部里边的东西。当俱乐部的人数越来越多时,会带来两种影响:一种是有利影响,即有更多的人来平摊生产成本,平均生产成本就会降低;另一种是不利影响,俱乐部会因为人数的增加而变得非常拥挤,以致不能正常经营。

关于农村公共产品与服务的定义国外学者对其研究较少,国内学者大部分是将农村公共产品与农村公共服务分开研究。在农村公共产品的研究方面,王俊敏[1]认为,农村公共产品存在于农村村组及农村社区里,每个农民都能够享用它,并且可以满足社会的某种特殊公共消费愿望。也有学者认为[2],农村公共产品可以由层级不同和性质不同的主体来供给,它具有一般性公共产品的本质特点,即在效果上不可分割、在消费上不可竞争、在收益上不可排他,并且它和农民的生活、劳作息息相关。在农村公共服务的研究方面,徐小青[3]认为,农村公共服务的目标是通过一定的方式来供给社会服务,使农村各方面的发展以及农民的生产生活需求得到满足,它并不通过产品的物质形态表现出来,而是通过科学技术、信息、劳动事务等服务形式展现出来,农村公共服务也是一种农村公共产品。在方堃[4]看来,农村公共服务是为实现农村、农业、农民发展的要求,政府以及其他的管理主体运用多种手段和方式,在农村范围内提供的物质形式或者是意识形式的公共产品与服务。

从需求导向来看,农村公共产品与农村公共服务都是以农村居民的需求为导向;从服务对象来看,农村公共产品与农村公共服务的服务对象都是农村、农业和农民;从供给主体来看,农村公共产品与农村公共服务都是以政府供给为主,私营部门或非营利组织参与供给。因此,也有学者将农村公共产品与农村公共服务放在一起来研究。张平军[5]认为农村公共服务包含于农村

---

[1] 王俊敏. 经济学视角下的农村水环境治理[J]. 学海, 2016 (6): 24-27.
[2] 江晨玲. 中国农村公共产品供给研究:基于新公共服务理论视角[J]. 劳动保障世界, 2018 (17): 62-63, 65.
[3] 徐小青. 中国农村公共服务[M]. 北京:中国发展出版社, 2002: 47.
[4] 方堃. 当代中国新型农村公共服务体系研究:基于"服务三角"模型的分析框架[M]. 北京:中国社会科学出版社, 2010: 25.
[5] 张平军. 农村公共产品与服务的理论问题:农村公共产品与农村公共服务问题研究(之二)[J]. 甘肃农业, 2014 (6): 25-27.

公共产品之中，农村公共服务和农村公共产品一样，都是通过公共权力的使用和公共资源的消耗来进行社会生产的过程。盛荣[①]认为农村公共服务和农村公共产品的关系是密不可分的，并将农村公共服务分为准公共产品、具备纯公共产品特性的准公共产品和具备私人产品特性的准公共产品三种类型。

实际上，学者们在研究时对这些概念并没有进行严格区分，"农村公共产品"往往也包括农村公共服务，而"农村公共服务"中也有农村公共产品，故有学者将两者合称"农村公共产品与服务"[②]，本书采用"农村公共产品与服务"这一概念以涵盖上述各概念的含义及其研究的范畴。综合学术界对公共产品与公共服务的相关界定，并结合我国学者的研究，本书认为农村公共产品与服务是指为了满足大众的需求，遍及农村范围内，与农民日常生活、劳动紧密相连，由不同主体供给并且可以在同一时间被许多农村居民共同享用的产品和服务，涉及农村公共基础设施、农村公共事业以及农村公共福利等多方面。

二、农村公共产品与服务供给效率

公共产品供给效率最开始是萨缪尔森[③]提出来的，他指出，要实现公共产品供给有效率，就要实现公共产品供给的帕累托最优，也就是要求私人产品的边际替代率（MRS）之和与公共产品和私人产品的边际转换率（MRT）要相等。在农村公共产品供给与服务方面，效率是多元主体在供给农村公共产品与服务时，最大限度地整合各种资源来改善公共产品的供给形态，通过投入产出最大化来满足受益者的不同需求。[④]

[①] 盛荣. 关于农村公共产品与服务研究现状的思考 [J]. 中国农业大学学报（社会科学版），2004（3）：32-35.

[②] 贾康，孙洁. 农村公共产品与服务提供机制的研究 [J]. 管理世界，2006（12）：60-66.

[③] SAMUELSON P A. The Pure Theory of Public Expenditure [J]. The Review of Economics and Statics，1954，36（4）.

[④] 李燕凌. 农村公共产品供给效率论 [M]. 北京：中国社会科学出版社，2007.

<<< 第二章 "以人民为中心"的农村公共产品与服务供给模式基本理论分析

在评价农村公共产品与服务供给是否有效率时，农民作为评价的主体，当农民觉得提供的农村公共产品与服务对其本身是有好处的，这时才可能是有效率的。然而，就算是供给主体政府觉得是有用的并且去推行的农村公共产品与服务，若农民觉得没有好处，那它仍是没有效率的。[1] 在提供农村公共产品与服务时，必须要同时考虑其投入和产出，还有农民对农村公共产品与服务的利用程度。[2] 本书将农村公共产品与服务供给效率定义为，为使农民的相关需求得到满足，政府、社会组织或者个人在提供农村公共产品与服务时，在最大限度上使用有限的资源，从而达到最优的供给规模和结构。换言之，就是为了达到农村公共产品与服务供给投入产出最大化，而采取一系列供给模式优化、供给结构升级等举措。

在实际管理中，评价农村公共产品与服务的供给效率是很有难度的。国外学者们大多利用 DEA 方法及在其基础上的优化方法来研究农村公共产品与服务供给效率。Prior Diego 等[3]使用超效率 DEA 来探究公立医院这一公共产品的供给效率，通过计算迭代过程获得公共产品的合理前沿效率。Slater Rachel 等[4]使用 DEA 后发现，在供给公共产品与服务时如果能加入第三方组织，那么总体的供给效率会有所增加。Worthington Andrew[5] 使用 DEA 研究了当地公共图书馆这一公共产品的供给情况，结果表明仅仅 9.5% 的基层政府为全部技术效率。Geys Benny 等[6]分别使用 SFA 方法、FDH 方法、DEA 方法来

---

[1] 李燕凌. 农村公共品供给效率实证研究 [J]. 公共管理学报，2008（2）：14-23，121-122.

[2] 李丽莉，张忠根. 农村公共产品供给的影响因素与经济效应：国内研究进展与深化 [J]. 西北农林科技大学学报（社会科学版），2019，19（1）：96-103.

[3] PRIOR D, SURROCA J. Performance Measurement and Achievable Targets for Public Hospitals [J]. Journal of Accounting, Auditing&Finance, 2010, 25（4）：749-765.

[4] SLATER R, AIKEN M. Can't You Count? Public Service Delivery and Standardized Measurement Challenges The Case of Community Composting [J]. Public Management Review, 2015, 17（8）：1085-1102.

[5] WORTHINGTON A. Performance Indicators and Efficiency Measurement in Public Libraries [J]. Australian Economic Review, 1999, 32（1）：31-42.

[6] GEYS B, MOESEN W. Measuring Local Government Technical (in) Efficiency: An Application and Comparison of FDH, DEA, and Econometric Approaches [J]. Public Performance & Management Review, 2009, 32（4）：499-513.

评价基层政府在供给公共产品时的效率高低，研究表明 DEA 方法比其他两种方法更占优势。

在国内，学者们主要从两方面入手来研究农村公共产品与服务供给效率。一方面是认为农村公共产品与服务的直接受益者是农民，立足农民的需要，以农民对其满意程度为标准，根据需求来进行供给以评价其供给效率。李燕凌[1]根据实地调查公共服务接收者农民的满意度结果，发现农民受教育程度、农村有效灌溉面积率、农民的收入等因素会对农民的满意程度起作用，进而影响评价结果。朱玉春等[2]使用有序 Probit 方法，认为农民对农村公共产品供给的参与满意程度、参与形式对其评价效率的高低起重要影响。另一方面是认为政府是农村公共产品与服务的供给主体，优化供给结构、提升供给效率有利于农村公共产品与服务的供给，也有利于提高农民的受益水平，因此主要是从供给角度来评价农村公共产品与服务的供给效率。李燕凌[3]使用 DEA-Tobit 模型，根据湖南省的实地调查数据，研究发现遍及规模较小、城镇化程度较低不利于提高农村公共产品供给效率。刘天军等[4]运用 DEA-Malmquist 指数法研究发现陕西省的人均地区生产总值、人口数量、公共产品行管政策等变量使得农村公共产品供给效率存在地域差别。

三、农村公共产品与服务供给模式

党的十九大报告提出了关于深入推进农业供给侧改革的要求，在这个新形势下，政府采取哪种方式、哪些手段来提升农村公共产品与服务供给方面的效用，怎样发扬农村公共产品与服务供给的优势，以及怎样获得别的社会组织的协助供给对于农村公共产品与服务供给模式的构建都是十分有意义的。农村公共产品与服务供给模式对农村公共产品与服务供给效率起关键作用，

---

[1] 李燕凌. 农村公共品供给效率实证研究 [J]. 公共管理学报, 2008 (2): 14-23, 121-122.

[2] 朱玉春, 唐娟莉, 罗丹. 农村公共品供给效果评估：来自农户收入差距的响应 [J]. 管理世界, 2011 (9): 74-80.

[3] 李燕凌. 基于 DEA-Tobit 模型的财政支农效率分析：以湖南省为例 [J]. 中国农村经济, 2008 (9): 52-62.

[4] 刘天军, 唐娟莉, 霍学喜, 等. 农村公共物品供给效率测度及影响因素研究：基于陕西省的面板数据 [J]. 农业技术经济, 2012 (2): 63-73.

在一样的供给水平上,供给模式的差异也会带来供给效率上较大的差异。

从农村公共产品与服务供给事权来看,农村公共产品与服务供给模式可以被认为是决策来源,也就是谁来决定做这件事情;从农村公共产品与服务供给财责来看,农村公共产品与服务供给模式可以被认为是资金来源,也就是谁对这种公共产品和服务的资金来源负责。① 从平均分配生产成本的角度来看,农村公共产品与服务供给模式被认为是特定某一种农村公共产品与服务是如何产出的。供给主体不同,相应的供给模式也不同。政府供给模式是政府这一供给主体采取直接提供的方式,然后利用相关税收来收回其提供的公共产品与服务的成本。民间供给模式是民间组织或者个人作为供给主体来提供某项农村公共产品与服务,然后利用该项公共产品与服务获得效益。② 邓蒙芝③以资本的筹措为出发点,把我们国家农村公共产品的供给模式分成乡村自行供应模式、政府供应模式、政府和乡村协同供应模式。

本书认为农村公共产品与服务供给模式是农村公共产品与服务供给具有较为固定的资金来源、生产方式以及提供方式的总称,它既包括农村公共产品与服务供给所必需的资金从何而来,也包括农村公共产品与服务如何生产以及农村公共产品与服务如何提供。

第二节 理论基础

一、公共产品理论

公共产品理论源于经济学领域,随着对其研究与应用的逐步推广,在公共管理领域也占有相当地位。亚当·斯密是较早在经济学层次研究公共产品

---

① DONG X. Public Investment, Social Services and Productivity of Chinese Household Farms [J]. Journal of Development Studies, 2000, 36 (4): 100-122.
② FOCK A, WONG C. Extending Public Finance to Rural China [Z]. Background for Presentations at the MOF-World Bank International Seminar on Public Finance for Rural Areas. 2005.
③ 邓蒙芝. 农村公共物品供给模式及其决定因素分析:基于100个行政村的跟踪调查数据 [J]. 农业技术经济, 2014 (3): 16-25.

的学者。1776年，他在《国富论》中指出了国家的不可或缺性，并将公共支出与市场失效联系起来。① 经济学家埃里克·罗伯特·林达尔提出的"林达尔均衡"是学界公认的公共产品理论最早的一大成果。② 美国经济学家保罗·萨缪尔森指出纯粹公共产品或劳务具有这样的属性：任何一人对其消费或使用并不会减少其他人对该物的使用。③ 美国经济学家斯蒂格利茨认为公共产品的特殊性就在于：无论共享该公共产品的人数如何增长，它的成本是固定的，但减少共享人数时却要为之花费更多的成本。④ 布坎南在1965年时指出，在现实中，有些产品或服务的属性介于公共物品与私人物品之间，难以进行绝对化定义，只能部分人使用，这样的产品和服务可称为俱乐部产品。同时，由于俱乐部成员的最优数量是有限的，俱乐部可以通过接受愿意支付费用的新成员而达到规模与效益最优。⑤

我国学者柏良泽主张"打破西方经济学用传统思维逻辑来理解公共服务的观念，以多学科的理论为基础，通过利用公共管理的实践逻辑和角度思考问题，跨多学科来定义公共服务的内涵"⑥。公共产品或服务不是只限制于某一领域，其在实际使用时无法避免地会跨越多学科、多领域，当我们对其加以研究时，就需要结合其不同属性进行全面、科学分析。秦颖认为："社会共同需要决定了公共产品的存在，要建立健全公共产品的制度设计、监督决策机制等方面的内容。"⑦ 公共产品的出现有其必然性，它的社会属性影响了它的不可替代性。

公共产品的主要特征是非竞争性和非排他性。⑧ 纯公共产品完全满足和具

---

① 斯密. 国富论［M］. 富强，译. 北京：群言出版社，2015.
② DOUGHERTY K L. Public Goods Theory from Eighteenth Century Political Philosophy to Twentieth Century Economics［J］. Public Choice，2003，117（3）：239-253.
③ SAMUELSON P A. The Pure Theory of Public Expenditure［J］. Review of Economics and Statistics，1954，36（4）：387-398.
④ 斯蒂格利茨. 经济学［M］. 北京：中国人民大学出版社，1997：147.
⑤ BUCHANAN J M. An Economic Theory of Clubs［J］. Economica，New Series，1965，32（125）：1-14.
⑥ 柏良泽."公共服务"界说［J］. 中国行政管理，2008（2）：17-20.
⑦ 秦颖. 论公共产品的本质：兼论公共产品理论的局限性［J］. 经济学家，2006（3）：77-82.
⑧ 柏良泽."公共服务"界说［J］. 中国行政管理，2008（2）：17-20.

备消费上的非竞争性和非排他性，代表产品有国防、外交、公共治安等。消费的非竞争性即一个消费者对该物品或产品的消费不会影响到其他消费者的消费，如灯塔。受益的非排他性即消费者不能被排除在对该物品或产品的消费之外，此时易出现"搭顺风车"现象。与此同时，具备公共产品和私人产品特征的混合产品在公共领域得到广泛应用，如教育、卫生等。只有特定地区的对象才能消费的公共产品称为"地方性公共产品"，如城市基础设施、社区服务、地方性政策等。

二、绩效评价理论

绩效评价是指运用建立在数理方法上的统一的评价标准，对某个地区或部门的工作业绩和效益进行客观、全面、科学的评价。国内外诸多学者对公共部门的绩效评价展开了大量而广泛的研究。美国学者詹姆斯·Q.威尔逊认为，公共部门绩效评估是一种制度层面的设计——把部门取得的结果而不是投入的要素作为判断公共部门成绩的标准。同时，以美国为代表的西方国家在公开文件中对公共部门绩效评估的内涵做出了界定。如1983年，英国在公布的《英国国家审计法》中把公共部门绩效评估定义为，对某公共组织在整合利用多方资源时产生的效率和效益情况进行审查的方式。1993年，美国的《政府绩效和结果法案》，强调公共部门重视行动的结果并为之负责，充分发挥公共部门的积极性。

我国学者王乐夫、蔡立辉指出："公共部门绩效评估就是依据制定好的组织绩效目标，运用综合的评估指标体系和科学、客观的评估方法，遵照严格的评估程序之下对公共部门履行职能时所产生的结果及其社会效果进行分级评定、改进提升的活动。"[1] 卓越提出对公共部门进行绩效评估，需要分别对垂直与横向的相关组织及人员展开综合评估。[2] 说明公共部门绩效评价不能简单对结果的效益进行分析，还要将活动参与的不同对象按一定比例进行分层次评估。

---

[1] 王乐夫，蔡立辉.公共管理学［M］.北京：中国人民大学出版社，2008：456.
[2] 卓越.公共部门绩效评估的主体建构［J］.中国行政管理，2004（5）：17-20.

绩效评价理论主要有关键绩效指标法、平衡记分卡法和360度绩效考评法等多种方法。关键绩效指标法是指用量化的指标对组织内部流程的关键部分进行管理，战略目标可分解、操作化，是达到绩效管理目标的首要任务。关键指标根据组织的战略目标、组织所处的不同阶段有动态变化。在20世纪90年代末，Robert Kaplan与David Norton首先提出了平衡记分卡法。平衡记分卡的评价设计主要包括财务、顾客、内部营运、学习和成长这四大层面。360度绩效考评法也可称为"全方位考评"，其考核的主体构成较全面、合理，主要包括被考核者的垂直上司、直属下级、同级和外部考核者四个部分，考核结果为定性与定量相结合，公平有效。

公共部门需要根据其战略目标、组织规模、组织发展阶段等因素综合考虑绩效评估方法，将目标结果的经济、效益、效率和公平科学公平地体现。

三、满意度理论

满意度理论也称为"顾客满意度理论"，由卡多佐在1965年首次提出的"用户满意度"这一概念发展而来，现今对顾客满意度的研究已经超过了50年。1989年，在美国经济学家Claes Fornell的帮助下，瑞典成为首个建立系统完善的顾客满意度体系的国家。该体系结合顾客对所使用产品和服务质量的各方面不同评价，通过在模型中输入各评价值而获得一个指数，作为体现顾客满意程度的经济指标。此后，美国、加拿大、欧盟、日本等国家先后建立符合国情的顾客满意度指数。我国对顾客满意度体系的研究时间明显晚于发达国家。1997年，我国在多方的共同努力下展开相关研究和实践工作。我国的满意度指数参考了美国用户满意度指数方法，并结合我国的国情和发展特点建立了质量评测方法。

当前，学界对于顾客满意度的概念有不同的阐释。霍华德和舍茨认为满意度强调的是一种评价其付出与收益是否合理的心理情况；普法夫认为满意度是顾客对产品的理想化与实际情况之间差异的反映；营销学者库特勒认为，满意是人们对产品或服务的产出与期望进行比较而产生的一种感觉状态。我国学者梁燕认为："顾客满意度是指顾客在使用一个产品或服务后产生的直接或间接感受与原有期待之间的落差，会形成不同的心理感受，用不同等级的数值或指标来区分顾客的满意程度,即顾客满意度就是对满意水平的可视化评价。"[1] 罗贝宁、邓胜利认为用户满意度是用户在自身使用过某产品或体验过某服务后,期望值与对该产品或服务的实际价值的认可度之间的心理反差,此反差值越低,用户满意度越高。[2] 从上可知,顾客满意度是指顾客对其所消费的产品或服务的满意程度,现实情况与期待值之间的差异越小,顾客满意度越高。

顾客满意度在全球范围内得到了政府和企业的广泛关注与应用,纵观其发展过程,可知政府和企业并不会盲目提供产品或服务,而是在降低服务成本的同时尽可能多地提高顾客满意度,以期实现长期发展。

四、"以人民为中心"理论

习近平在党的十九大报告中及重大活动中多次提及"以人民为中心"的思想,由此可以看出,习近平新时代中国特色社会主义思想的核心理念即"以人民为中心"。中国共产党只有选择全心全意为人民服务,才能提升人民生活的幸福感和对国家的自豪感,才能得到人民的长久拥戴。

"以人民为中心"理论作为党和国家领导集团的治党治国理念、人民生存发展的首要价值取向,有其丰厚的理论基础。

第一,中国传统文化思想中的民本思想是其重要基石。无论是先秦时期的"民者君之本也"的君民关系阐述,还是汉唐时期的"民水君舟",抑或是明清时期的"民主君客"等思想,民本思想在数千年的淘洗中得到革新。"以人民为中心"的发展思想在优秀传统文化中辩证地选择符合当今时代所需的坚持人民群众的主体地位的观点。

第二,马克思主义为"以人民为中心"理论的发展提供重要指导。马克思主义群众观中明显体现了人民群众是推动社会发展的动力这一理论观点,以及历史是人民群众的历史而非单个的英雄人物的历史这一理论思想,这些

---

[1] 梁燕. 顾客满意度研究述评 [J]. 北京工商大学学报(社会科学版),2007(2):75-80.
[2] 罗贝宁,邓胜利. 用户满意度理论发展与应用研究 [J]. 图书情报工作,2005(4):23-25.

思想都被中国共产党继承，并结合我国实际情况以及历史中的精华思想发展为适应现代社会、服务人民群众的思想。① 人民是历史实践的主体，是历史的创造者，中国共产党对马克思主义中国化的科学合理应用，助推中国人民走向小康生活，助推国家早日实现中华民族伟大复兴和建设社会主义现代化强国的宏伟蓝图。

第三，马克思主义中国化的理论成果为"以人民为中心"理论的发展提供基础。毛泽东思想始终坚持以人民为主体的价值观念和价值取向，有助于人民群众树立正确的"人民观"。邓小平理论强调通过改革开放，释放市场经济活力，改善人民的生活条件，提高人民生活水平。"三个代表"重要思想，强调中国共产党始终坚持代表最广大人民的根本利益，将人民的实际需求再次放在党和国家发展的重要位置。"科学发展观"着重进行以人为本的全面、协调、可持续发展。十八大以来，以习近平同志为核心的党中央结合中国实际，顺应中国特色社会主义新时代发展的要求，在继承马克思主义中国化理论成果的基础上，进一步提出了"以人民为中心"的理论。

"以人民为中心"是人民地位在新时代的重要体现，是我国人民坚定走"中国道路"的自信之源，是实现全面建成小康社会、建成社会主义现代化强国的关键理论指导。

五、供给侧改革理论

供给侧结构性改革在调动市场新活力、提高生产要素效益、激发市场和企业创新力、满足人民日益提升的新需求等方面提供不竭支持，进而实现转变经济增长方式、形成经济增长新动力和将经济发展提升到中高端水平的目标。② 简而言之，供给侧改革就是在新时代社会主要矛盾发生转变的背景下，通过调整经济结构，使经济活动中各要素得到最优化配置，以构建中国经济高质量发展的新局面。

---

① 李抒望. 坚持人民主体地位是一种执政能力：学习十八大精神有感 [J]. 现代人才，2013（1）：24-27.
② 贾康. "十三五"时期的供给侧改革 [J]. 国家行政学院学报，2015（6）：12-21；邓磊，杜爽. 我国供给侧结构性改革：新动力与新挑战 [J]. 价格理论与实践，2015（12）：18-20.

中国从十一届三中全会后，经济水平得到明显提升，这得益于党和国家对中国经济实情客观、清晰的判断。因而，中国经济发展进程具有典型的中国特色，进行供给侧改革也需要在我国经济理论与具体实践中不断探寻。中国经济改革开放40周年，在过去的改革红利逐渐耗尽时，亟须新一轮再改革，这个再改革应该是通过顶层设计进行综合性的配套经济体制改革，为实体经济提供一个稳定、连续的现代化市场经济制度环境，让经济活动的参与者，尤其是创新者和创业者对未来有明确的预期，有安全感。①

西方国家已展开过供给侧结构性改革，为我国进行改革提供了经验和启示。在20世纪80年代，美国的经济发展陷入了严峻的处境，为了挽救美国经济，1981年，里根政府采取了一系列措施，如降低征税比例、减少政府对经济的干预、推行经济复苏计划等，并在数年时间里通过供应经济改革及相关措施，使得美国的经济逐渐恢复，并为美国"新经济"在全球崛起奠定了难以超越的基础。因此，美国当时供给侧改革所取得的成功被称为"里根经济学"。英国大伦敦地区公共服务供给侧改革也为我国提供了重要启示，其举措包括以下几方面：一是战略调整，探索更加开放的公共服务供给新路径；二是规划引领，依法强调公共服务供给改革的战略地位；三是投入保障，努力稳定或扩大公共服务供给规模；四是多维度合作，全面提升公共服务供给效率。② 发达国家的经济发展不是一成不变的，中国的经济增长也不可能一蹴而就，中国作为实力越来越强大的发展中国家，需要不断借鉴成功经验并结合自身实情进行供给侧改革。

六、多中心治理理论

多中心治理是指无绝对单一化的中心，而是以政府、市场和社会三方共同参与社会治理的新时期国家治理模式，在这一模式下，治理活动的主体充分利用所拥有的资源，提供能满足人民日益增长的需求的公共产品和服务。

---

① 文建东，付姗姗. 中国供给侧改革背景下的经济增长潜力研究 [J]. 学术研究，2018 (10)：76-83.
② 陶希东. 英国大伦敦地区公共服务供给侧改革的经验与启示 [J]. 国家行政学院学报，2018 (6)：148-152，192.

英国学者迈克尔·博兰尼在其著作中首先提出了"多中心"来分析社会行为与秩序的治理。埃利诺·奥斯特罗姆指出"'多中心'意味着具有独立性的决策中心在展开合作性的活动或运用核心机制来解决冲突与问题时，大城市范围内的政治管理组织可进行具有衔接性、前瞻性的协调有序运作"[①]。他认为多中心治理有助于在集体活动中遏制机会主义，实现公共利益的长远发展。博兰尼和奥斯特罗姆在多中心治理理论的建树，为来自不同领域的各地学者展开多中心治理理论的研究奠定了坚实基础。迈克尔·麦金尼斯则认为："许多独立要素能在多中心组织中得到相互调试，在一个一般的规则体系中归置其相互之间的关系。"[②]皮埃尔·卡蓝默强调在服务型社会治理模式中需要重视行动主体之间的关系，即要建立多中心治理结构。

我国学者在研究时，将多中心治理理论与我国不同领域的具体治理情况相联系。李平原和刘海潮强调多中心治理实质上是构建政府、市场与社会三方共同参与的"多元共治"模式。[③]同时，两位学者也指出多中心治理理论在研究对象、理论环境、实践运用等方面的局限性。李明强通过梳理多中心治理理论的发展脉络，认为在后工业文明时代，服务型社会管理模式将会得到普遍运用。[④]王兴伦认为多中心治理能为公民提供更多的选择权和更好的服务，降低"搭便车"现象的出现，并可以提高决策的科学度。[⑤]王雪梅强调多中心治理的系列研究和应用，为我国地方政府展开社会管理模式的创新工作提供启示和借鉴。[⑥]孔繁斌从承认政治的角度，认为多中心治理理论是使得平等主体能够实现伦理关照的交往理性。[⑦]

---

① 奥斯特罗姆，帕克斯，惠特克. 公共服务的制度建构 [M]. 宋全喜，任睿，译. 上海：上海三联书店，2000.
② 麦金尼斯. 多中心体制与地方公共经济 [M]. 上海：上海三联书店，2000：95.
③ 李平原，刘海潮. 探析奥斯特罗姆的多中心治理理论：从政府、市场、社会多元共治的视角 [J]. 甘肃理论学刊，2014（3）：127-130.
④ 李明强，王一方. 多中心治理：内涵、逻辑和结构 [J]. 中共四川省委省级机关党校学报，2013（6）：86-90.
⑤ 王兴伦. 多中心治理：一种新的公共管理理论 [J]. 江苏行政学院学报，2005（1）：96-100.
⑥ 王雪梅. 地方政府多中心治理模式探析 [J]. 人民论坛，2011（14）：54-56.
⑦ 孔繁斌. 多中心治理诠释：基于承认政治的视角 [J]. 南京大学学报（哲学·人文科学·社会科学版），2007（6）：31-37.

<<< 第二章 "以人民为中心"的农村公共产品与服务供给模式基本理论分析

国内外相关学者对多中心治理的研究，是对国家治理新方式的探索，也是对公共管理理论的创新，为我国进行行政体制改革和供给侧改革提供理论基础和借鉴经验。同时，我国政府对多中心治理的应用，有助于调动非政府资源，提高决策的科学性和质量，为公众提供更优质的公共产品与服务。

第三节 "以人民为中心"的农村公共产品与服务供给模式的理论分析

一、"以人民为中心"的农村公共产品与服务供给模式的概念内涵

（一）"以人民为中心"的农村公共产品与服务供给模式形成的背景

矛盾是事物发展的根本动力，是社会发展进步的源泉。辩证认识新中国不同时期社会主要矛盾并对其适时做出科学判断，是中国共产党的优良传统。社会主要矛盾转化是政府职能转型的主要依据。社会主要矛盾不同，政府提供公共产品和服务的侧重点不一样。根据新中国成立以来社会主要矛盾的演变，我国农村公共产品与服务供给模式可分为"以政治为中心"的农村公共产品与服务供给模式、"以经济为中心"的农村公共产品与服务供给模式和"以人民为中心"的农村公共产品与服务供给模式。

从新中国成立到"文化大革命"结束（1949—1978），我国政府的农村公共产品与服务主要是"以政治为中心"发展时代的供给模式。这是由当时的社会主要矛盾决定的。在这一时期，我国社会主要矛盾主要有三次小幅变化。

表2-1 "以政治为中心"发展时代的政府公共产品与服务供给模式

发展阶段	矛盾变迁	供给内容
从新中国成立到土地改革完成前（1949—1952）	人民大众同帝国主义、封建主义和国民党残余势力之间的矛盾	政府公共产品与服务供给的主要侧重点就是提供国防、外交、公共安全与社会秩序及政治权利等，农民变为统治阶级，获得土地等生产资料

续表

发展阶段	矛盾变迁	供给内容
从土地改革完成到社会主义改造基本完成前（1953—1956）	无产阶级同资产阶级的矛盾	开展农业社会主义改造，互助组、初级社和高级社合作供给农村公共产品与服务，如购买大型农机具、大兴水利、农业技术推广等
社会主义基本制度建立到"文化大革命"结束（1956—1978）	先确立"人民对于建立先进的工业国的要求同落后的农业国的现实之间的矛盾、人民对于经济文化迅速发展的需要同当前经济文化不能满足人民需要的状况之间的矛盾"，后异化为阶级矛盾，开展阶级斗争	由于"以阶级斗争为纲"的指导思想，导致政府公共产品与服务供给未能走向正轨，农村公共产品与服务缓慢发展

这一时期，政府的主要职能是政治统治，公共服务职能处于从属地位。同时，由于国家实行工业优先发展战略，要求农业支持工业发展，在农村公共产品与服务供给方面形成了政府决策、农民集体筹资与生产的政府供给模式，供给内容以生产性农村公共产品与服务为主，如兴修农田水利基础设施、初步建立农业技术推广组织体系等，民生性农村公共产品与服务有所发展，如组织扫盲识字、开办农村中小学和农业技术职业学校、初步建立了"五保户"制度等。

从改革开放到21世纪初（1978—2003），我国政府农村公共产品与服务主要是"以经济为中心"发展时代的供给模式。该模式形成的主要标志：1978年党的十一届三中全会明确将党和国家的工作重心从"以阶级斗争为纲"转向"以经济建设为中心"。"以经济为中心"发展时代的政府农村公共产品与服务供给模式确立的根本原因是"人民日益增长的物质文化需要同落后的社会生产之间的矛盾"。物质的高度匮乏要求政府必须想方设法发展经济，千方百计满足人民的需求。这种定位是解决当时社会主义主要矛盾的必由之路，符合社会发展潮流并取得了重大成绩。但是，与城镇相比，农村公共产品与服务供给处于次要地位，农村公共产品与服务供给水平滞后于经济社会发展总水平。

第二章 "以人民为中心"的农村公共产品与服务供给模式基本理论分析

从21世纪初开始，我国政府农村公共产品与服务逐步转变为"以人民为中心"的供给模式。主要有三个发展阶段。第一，从新世纪首个"三农"中央一号文件发布到农业税取消阶段（2004—2006）。2003年12月31日发布了2004年中央一号文件，该文件是改革开放以来自1986年起中央的第六个关注"三农"的"一号文件"，也是新世纪第一个关注"三农"问题的中央一号文件，这标志着中央把解决"三农"问题重新纳入了国家发展战略高度。2004年中央一号文件提出"全党必须从贯彻'三个代表'重要思想，实现好、维护好、发展好广大农民群众根本利益的高度，进一步增强做好农民增收工作的紧迫感和主动性"。提出要按照"多予、少取、放活"的方针，促进农民增收。自此，中国从农村居民需求的角度开启了关注"三农"发展的新进程，农村公共产品与服务供给进入了新的发展阶段。第二，从全面取消农业税到十九大前夕（2006—2017）。2006年我国正式废止《中华人民共和国农业税条例》。[1] 至此，我国实行了两千多年的农业税全面取消，同时也标志着我国步入了工业反哺农业、城市带动农村发展的阶段。免征农业税不仅极大地减轻了农民的负担，维护了农民的权益，加快了农村发展的步伐，而且进一步调整了政府和农民群体之间的关系。因此，农村公共产品与服务供给模式也随之改变。第三，从十九大至今（2017年至今）。党的十九大报告提出"我国社会主要矛盾已经转化为人民日益增长的美好生活需要和不平衡不充分的发展之间的矛盾"，这也是中国特色社会主义进入新时代的标志。社会主要矛盾转化必然要求政府公共服务职能的转型，相应的政府农村公共产品与服务由围绕经济发展转变为"以人民为中心"的供给模式。经过改革开放近40年的发展，我国的各项事业均发生了历史性变革，我国社会生产力水平总体上显著提高，公共产品与服务供给水平早已今非昔比，确已脱离"落后的社会生产"局面，但公共产品与服务供给不平衡不充分的发展依然广泛，如公共产品与服务供给存在着城乡不平衡现象，供给能力和水平同人民的高层次需求、多样化需求和个性化需求之间存在着差距。因此，党的十九大提出"我们要在继续推动发展的基础上，着力解决好发展不平衡不充分问题"。

---

[1] 取消农业税［EB/OL］. 中国政府网，2006-03-06.

"以政治为中心"的农村公共产品与服务供给模式、"以经济为中心"的农村公共产品与服务供给模式及"以人民为中心"的农村公共产品与服务供给模式均是中国共产党及其领导下的人民政府"全心全意为人民服务"宗旨的体现，是由不同历史阶段的社会主要矛盾所决定的。"以人民为中心"的农村公共产品与服务供给模式顺应了我国社会主要矛盾的转变，是满足人民需要的层次不断提高、内涵不断拓展的必然要求，是中国特色社会主义进入新时代发展的必由之路。"以人民为中心"的农村公共产品与服务供给模式是"以政治为中心"的农村公共产品与服务供给模式、"以经济为中心"的农村公共产品与服务供给模式的丰富与发展，升级与升华。在新时代，人民的需要已经主要从政治权利、经济发展扩展到物质文明、精神文明、社会文明、制度文明和生态文明各领域。美好生活不仅包括吃饱穿暖，更是要吃好穿好行好住好，在告别了短缺经济时代后，人民追求质量更高的生活，比如，期待有更好的教育、更稳定的工作、更满意的收入、更可靠的社会保障、更高水平的医疗卫生服务、更舒适的居住条件、更优美的环境、更丰富的精神文化生活。而这些需求，是多样化、个性化、多变性、多层次的。[①] "不平衡不充分的发展"的现实国情则要求必须建构"以人民为中心"的农村公共产品与服务供给模式来满足农村居民"日益增长的美好生活需要"，这是实现人的全面发展和社会全面进步的必然要求。"以人民为中心"的农村公共产品与服务供给模式的提出，为农村、农业和农民发展提供了前所未有的历史机遇，是解决"三农"问题，全面实现乡村振兴的重要基石。

（二）"以人民为中心"的农村公共产品与服务供给模式的基本概念

党的十九大报告指出，人民日益增长的美好生活需要和不平衡不充分的发展之间的矛盾已经成为我国社会的主要矛盾。习近平指出："我们的人民热爱生活，期盼有更好的教育、更稳定的工作、更满意的收入、更可靠的社会保障、更高水平的医疗卫生服务、更舒适的居住条件、更优美的环境，期盼孩子们能成长得更好、工作得更好、生活得更好。人民对美好生活的向往，

[①] 陈晋. 全面深入理解我国社会主要矛盾的变化 [J]. 中国政协, 2018 (2): 40-43.

<<< 第二章 "以人民为中心"的农村公共产品与服务供给模式基本理论分析

就是我们的奋斗目标。"① 进入新时代,广大农村居民对美好生活的向往尤为迫切,具体表现为广大农村居民非常期待在工作收入、民主法治、公平正义、社会保障、科教文卫、村居环境、公共安全与社会秩序等方面的多样化需要得到满足,这些需要涉及经济、政治、文化、社会、生态等方方面面,这些农村群众的日益丰富和多样化的需要绝大多数在公共产品与服务供给的范畴。就供给方面而言,包括政府、社会力量、个体等在内的供给主体结构不平衡,主要由政府投入且投入不足;在地区间、城乡间存在着供给不平衡;不同的公共产品与服务项目间存在着不平衡不充分供给。供需匹配失衡,广大农村居民日益增长的需要与长期以来的不平衡不充分的发展之间的矛盾是当前农村公共产品与服务供给的主要困难。在中国特色社会主义新时代,面对农村居民的需要,只有建构"以人民为中心"的农村公共产品与服务供给模式才能应对这一重大时代变局。

我们认为"以人民为中心"的农村公共产品与服务供给模式指的是"以人民为中心"满足农村居民对经济、政治、文化、社会和生态等五位一体需求的公共产品和服务。"以人民为中心"的农村公共产品与服务供给模式是新中国成立后"以政治为中心"的农村公共产品与服务供给模式和"以经济为中心"的农村公共产品与服务供给模式的升级和升华,是因长期被忽视的农村居民多方面需求,促进其全面发展和推动农村社会全面进步的客观要求,是农村公共产品与服务供给"人民性"的价值回归,是新时代中国特色社会主义发展的具体内容。

"以人民为中心"的农村公共产品与服务供给模式可以总结为"一个中心,五位一体"供给模式。公共产品与服务供给模式从"以政治为中心""以经济为中心"到"以人民为中心"是跨时代的重大飞跃。在"五位一体"供给实践中,必须坚持"以人民为中心",其供给目的是人的全面发展和社会的全面进步。广大农村居民是人民的重要构成,没有农村居民的全面小康,没有农村居民的全面发展,就没有中国人民的全面小康和中国人民的全面发展。没有农村社会的全面进步也就没有中国整个社会的全面进步。"以人民为

---

① 中共中央宣传部. 习近平总书记系列重要讲话读本 [M]. 北京:学习出版社,2014:108.

55

中心"的"人"不是抽象的人而是具体的"人"①,"以人民为中心"的农村公共产品与服务供给模式要求从过去的"大水漫灌"转变为"精准滴灌",必须从过去的管制思想转变为服务思想,必须在实践中精准了解广大农村居民"多样化""个性化"的现实需求,以"需求侧响应"驱动"供给侧改革"。"以人民为中心"的农村公共产品与服务供给模式既要遵循理性的效率逻辑,兼顾成本与收益,争取"少花钱、多办事、办好事";也要遵循感性的情感逻辑,必须考察服务对象(农村居民)对农村公共产品与服务效用的感知,"金杯银杯不如老百姓的口碑",以服务对象(农村居民)"满意不满意"来衡量农村公共产品与服务的供给效果。

(三)"以人民为中心"的农村公共产品与服务供给模式的功能特征

1. 人民性

"不忘初心、牢记使命"是贯彻党的十九大精神的重要举措,是新时代中国共产党和各级政府执政兴邦、施政为民的基本原则。党的十九大是在全面建成小康社会决胜阶段、中国特色社会主义进入新时代的关键时期召开的一次十分重要的大会。"为中国人民谋幸福,为中华民族谋复兴"的"初心"和"使命",是学习贯彻党的十九大精神的重要举措,是激励各级党政部门和干部群众不断前进的根本动力。新时代中国农村公共产品与服务供给应紧紧围绕提升人民的"获得感、幸福感、安全感",完善农村公共产品与服务体系,保障农村群众基本生活,不断满足广大农村居民日益增长的美好生活需要。"人民性"是执政党和政府的"初心"和"使命"的精神内核,故而也是新时代中国农村公共产品与服务供给模式的本质属性和首要特征。

2. 基础性

公共产品与服务是指那些为整个社会或一定区域内大多数人共同消费或享用的产品或服务,是经济社会存在和发展的基础。向社会提供公共产品与服务是政府的一项基本职能。农村公共产品与服务的供给水平和效率事关农村经济社会发展程度。"以人民为中心"的农村公共产品与服务供给模式以农村居民生产和生活需要为导向,着力化解广大农村居民对美好生活的向往同

---

① 胡鞍钢,杭承政.论建立"以人民为中心"的治理模式:基于行为科学的视角[J].中国行政管理,2018(1):13-17

公共产品与服务供给不平衡不充分的矛盾，是农村经济发展、社会稳定和广大农村居民安居乐业的重要基石。

3. 服务性

服务性是"以人民为中心"的农村公共产品与服务供给模式的基本表征，是其最鲜明的特征。"以人民为中心"的农村公共产品与服务供给模式真正关注广大农村居民的利益、需要和愿望，致力于改善广大农村居民生活质量、农村义务教育、农村基本公共卫生服务、农村社会保障、农村公共基础设施、农村公共安全和社会秩序等，为农村政治、经济、文化生活正常进行提供社会服务支持。

4. 实践性

实践性是马克思主义理论的基本原则，也是其保持持久生命力的源泉。"以人民为中心"的农村公共产品与服务供给模式坚持以发展中的马克思主义——习近平新时代中国特色社会主义思想为指导，必然带有实践性的显著特征，从实践中发现和了解广大农村居民对公共产品与服务的真实需求，在实践中掌握新时代农村公共产品与服务供给变化趋势，探索优化农村公共产品与服务供给水平和效率的途径，着力解决实践中出现的新问题，精准供给农村公共产品与服务。

5. 效率性

效率性是指组织或个人在活动过程中投入资源与产出成果之间的对比关系。简单说就是要用尽量少的成本（投入），获得尽可能多的成果（产出）。农村公共产品与服务主要来源于公共财政和农村居民的自我供给，供给总量不足历来就是农村公共产品与服务供给存在的主要问题，究其原因在于公共财政投入不足及公共资源的稀缺性。同时，公共财政主要来源于广大公民。这就要求稀缺的农村公共产品与服务资源配置效用最大化，即"好钢用在刀刃上"，"以人民为中心"的农村公共产品与服务供给模式必须遵循效率逻辑，要求效果精准，达到"少花钱、多办事、办好事"。同时，"以人民为中心"的农村公共产品与服务供给模式是为广大农村居民服务的，对享用农村公共产品与服务的农村居民而言，只有对其有用的农村公共产品与服务是有效率的，从这个角度而言，衡量农村公共产品与服务绩效还需要看服务对象"满意不满意"。

6. 发展性

中国共产党人的初心和使命，就是为中国人民谋幸福，为中华民族谋复兴。"以人民为中心"的农村公共产品与服务供给模式就是以人民对美好生活的向往为奋斗目标，以发展的眼光和方式解决好农村公共产品与服务供给不平衡不充分问题，在发展中满足广大农村居民日益增长的生产和生活需要，推动广大农村居民的全面发展和农村社会的全面进步。

二、"以人民为中心"的农村公共产品与服务供给模式的基本逻辑

（一）历史逻辑："以人民为中心"的农村公共产品与服务供给模式是中国共产党执政兴邦的秘密武器

中国古代具有非常丰富的"民本"思想意蕴，在中国漫长的历史长河中形成的"民贵君轻""顺民""得民""利民""富民""养民"等"民本"思想，历经检验而成为中国古代国家治理思想的重要内容，也为新时代国家治理提供了重要历史借鉴。

"人们自己创造自己的历史"的马克思主义群众史观，深刻揭示了人类社会的历史唯物主义发展规律。中国共产党是马克思主义群众史观的忠实信仰者，自1921年建党以来，中国共产党在不同的历史发展阶段始终坚持以人民为中心，在广大人民群众的支持和拥护下不断地谱写中国发展历史新篇章。农民则在中国共产党及中国发展进程中起到了特殊的作用。以毛泽东为代表的中国共产党开辟的农村包围城市的革命道路，通过土地革命满足农民土地需求，以农民为主体发展革命军队使中国革命力量不断强大，最终取得革命的伟大胜利。以邓小平为代表的中国共产党结合国情在农村先行先试的改革探索，调动农民生产积极性，解放农村生产力，吹响了中国全面改革开放的号角，为中国的富强和崛起奠定了扎实的基础。以习近平同志为代表的中国共产党深刻认识到农村、农业、农民问题是关系国计民生的根本性问题，提出必须始终把解决好"三农"问题作为全党工作的重中之重，实施乡村振兴战略，坚持党管农村工作，坚持农业农村优先发展，坚持农民主体地位。乡村全面振兴战略实施是关系全面建设社会主义现代化国家的全局性、历史性

任务,是新时代"三农"工作总抓手。"以人民为中心"的农村公共产品与服务供给模式是解决新时代我国社会主要矛盾、实现"两个一百年"奋斗目标和中华民族伟大复兴中国梦的必然要求,具有重大现实意义和深远历史意义。

(二)理论逻辑:"以人民为中心"的农村公共产品与服务供给模式是中国特色社会主义思想的具体体现

就理论逻辑而言,中国共产党秉承马克思主义的群众史观,始终坚持以人民为中心,以人民性为本质属性,将最广大人民群众视为立党之本、执政之基。马克思主义关于人民主体地位、实现人的全面发展和解放等思想为中国共产党开展工作提供了理论指导。中国共产党在长期的革命、建设和工作中结合中国实际,对马克思主义群众史观进一步丰富和发展,不同时期"以人民为中心"的思想成为中国共产党开展工作的理论指南。毛泽东明确提出"全心全意地为人民服务,一刻也不能脱离群众;一切从人民的利益出发……这些就是我们的出发点"[①]。毛泽东等中国共产党人放手发动人民、紧紧依靠人民、激发人民热情,领导中国革命取得胜利。以邓小平为核心的中国共产党人顺应历史潮流,尊重人民意愿,调动人民群众的积极性和创造性,追求民富国强,并在实践中提出了"三个有利于",将是否有利于提高人民的生活水平作为衡量工作成败的标准之一。以江泽民为核心的中国共产党人明确中国共产党"代表最广大人民群众的根本利益"的人民属性,扩大了党的阶级基础和群众基础。以胡锦涛为核心的中国共产党人提出以人为本是科学发展观的核心要义,强调执政为民,提出把"权为民所用、情为民所系、利为民所谋"作为开展工作的理论指导。以习近平同志为主要代表的中国共产党人深刻认识到"我们党来自人民、植根人民、服务人民,党的根基在人民、血脉在人民、力量在人民"[②]"坚持人民性,就是要把实现好、维护好、发展好最广大人民根本利益作为出发点和落脚点,坚持以民为本、以人为本"[③]"把

---

① 毛泽东. 论联合政府(1945年4月24日)[M]//毛泽东选集:第3卷. 北京:人民出版社,1991:1095.
② 习近平. 必须坚持人民至上[J]. 求是,2024 (7).
③ 习近平. 各级党委要负起政治责任和领导责任不断提高领导宣传思想工作能力和水平[J]. 党建,2013 (9):1.

以人民为中心的发展思想体现在经济社会发展各个环节,做到老百姓关心什么、期盼什么,改革就要抓住什么、推进什么,通过改革给人民群众带来更多获得感"①,庄严承诺"人民对美好生活的向往,就是我们的奋斗目标"。"以人民为中心"是习近平新时代中国特色社会主义思想的核心内容,是对马克思主义群众史观和中国共产党人民观的丰富和发展。"以人民为中心"的农村公共产品与服务供给模式是"不断实现好、维护好、发展好最广大人民根本利益,努力使全体人民学有所教、劳有所得、病有所医、老有所养、住有所居"② 中国特色社会主义思想人民观的具体体现。

(三) 实践逻辑:"以人民为中心"的农村公共产品与服务供给模式是新时代实现乡村振兴的可靠保障

当前,我们正处于实现中华民族伟大复兴中国梦的实践进程,在这个过程中,中国共产党及其领导的各级人民政府面临着诸多风险和难题,任务复杂而艰巨。在工作实践中,中国共产党及其领导的各级人民政府必须坚持"以人民为中心"的初心,把人民需要不需要、人民支持不支持、人民满意不满意作为衡量工作成败与得失的重要标准,这才能充分激发广大人民群众的积极性和创造性,集中广大人民群众的智慧和力量致力于实现"两个一百年"的奋斗目标。

当前,我国正处于由先富带后富发展阶段向全面建成小康社会、实现共同富裕的新阶段转变的伟大征程。我们所要建成的全面小康社会,是包括广大农村区域在内的全域小康社会,一点都不能少;在实现共同富裕的途中,要包括广大农村居民在内,一个也不能掉队。在新时代实践要求下,中国共产党及其领导的各级人民政府必须牢记"人民对美好生活的向往,就是我们的奋斗目标",建构和完善"以人民为中心"的农村公共产品与服务供给模式,抓重点、补短板、强弱项,努力改进农村公共产品与服务供给机制、方法,不断增强包括广大农村居民在内的全体人民的获得感、幸福感、安全感,

---

① 为了人民而改革("2016年4月18日,习近平在中央全面深化改革领导小组第二十三次会议上的讲话")[EB/OL].党建网微平台,2024-07-19.
② 习近平.在学习《胡锦涛文选》报告会上的讲话[EB/OL].国务院新闻办公室网站,2016-09-30.

实现全体人民共同富裕。

从群众中来，到群众中去的群众路线是中国共产党及其领导的各级人民政府开展各项工作的生命线，是人民性在实践中的直接体现。在当前及今后深入实施乡村振兴战略、全面深化农村改革、加快农业供给侧结构性改革、持续推进脱贫攻坚等具体实践中，要坚持以群众路线为指导，丰富和完善"以人民为中心"的农村公共产品与服务供给模式，切实满足广大农村居民的实际需求，促进全体人民的全面自由发展和全社会的进步。

三、"以人民为中心"的农村公共产品与服务供给模式的基本框架

我国党和政府历来重视"三农"工作，农业农村发展取得了历史性成就，城乡发展一体化迈出新步伐，脱贫攻坚开创新局面，为党和国家事业全面开创新局面提供了有力支撑。同时，我们应清醒看到，当前我国农业农村基础差、底子薄、发展滞后的状况尚未根本改变，经济社会发展中最明显的短板仍然在"三农"，现代化建设中最薄弱的环节仍然是农村农业。建构和完善"以人民为中心"的农村公共产品与服务供给模式是新时代抓重点、补短板、强弱项的战略性举措，是实现乡村振兴的重要保障。新时代"以人民为中心"的农村公共产品与服务供给模式应形成"党的领导、政府主导、多元协同、需求导向、协调发展"的具体机制，为"以人民为中心"的农村公共产品与服务供给模式的落地生根提供保障机制。

第一，"以人民为中心"的农村公共产品与服务供给模式要坚持党的领导。"以人民为中心"是党的本质属性的体现，无论是在顶层规划还是在具体实践中，党在农村公共产品与服务供给模式中总揽全局、协调各方的领导地位是确保"以人民为中心"的重要保证。党的领导是"以人民为中心"的农村公共产品与服务供给模式的组织保障，也是落实党的领导责任的必然要求。

第二，"以人民为中心"的农村公共产品与服务供给模式要坚持政府主导。为广大农村居民提供生产、生活和发展所需的公共产品与服务是政府责任所在。政府在"以人民为中心"的农村公共产品与服务供给模式中发挥主要作用，是人民需求得以满足的有力保障。不过，需要指出的是，强调政府的主导作用并不是要求政府在农村公共产品与服务中包揽一切。政府是一些

核心基本公共产品与服务的生产者和提供者,政府主导作用体现在,作为整个农村公共产品与服务的统筹规划者,是农村公共产品与服务的设计者和决策者,在农村公共产品与服务供给过程中谁是供给主体,谁是供给对象,应达到什么样的供给水平和标准,付费机制如何等均应由政府决定。

第三,"以人民为中心"的农村公共产品与服务供给模式要坚持多元协同。根据有限政府理论,在农村公共产品与服务供给中,政府并不是也不可能是唯一的供给主体,其他市场力量、社会组织,甚至是公民个人都可以参与到农村公共产品与服务供给中来。"以人民为中心"的农村公共产品与服务供给模式应当是包括政府、市场、社会组织、公民个人等各种力量在内的多主体协同供给模式。各级政府应通过制度创新,鼓励和支持各类社会力量参与到农村公共产品与服务供给中来,引导和促进多元主体在农村公共产品与服务供给中各负其责、有效合作,形成农村公共产品与服务供给的多元协同供给机制。

第四,"以人民为中心"的农村公共产品与服务供给模式要坚持需求导向。"以人民为中心"的农村公共产品与服务供给模式意味着在农村公共产品与服务供给过程中要坚持"以人民为中心"这一基本立场。一切为了人民、一切依靠人民、为了一切人民、为了人民一切以及一切由人民检验得到切实彰显和有效落实。[①] 保障和改善民生是以人民为中心发展的第一要义。在农村公共产品与服务供给过程中,要以满足人民群众多元化的民生需求为导向,确定农村公共产品与服务供给内容和优先序。

第五,"以人民为中心"的农村公共产品与服务供给模式要促进协调发展。在农村公共产品与服务供给过程中要实现城乡之间,区域之间,政治、经济、文化、社会、生态五大文明领域之间的协调,在薄弱环节攻坚克难,在补齐短板上取得进展,增强发展的均衡性[②],实现人的全面发展和社会的全面进步。

---

① 江必新. 以党的十九大精神为指导加强和创新社会治理 [J]. 国家行政学院学报, 2018 (1): 23-29, 148.
② 胡扬名. 协调发展是可持续发展的要求 [N]. 湖南日报, 2015-11-17 (15).

四、"以人民为中心"的农村公共产品与服务供给模式的典型评价方法

本书认为"以人民为中心"的农村公共产品与服务供给模式的绩效是政府和服务对象（农村居民）互动的结果。一方面，评价"以人民为中心"的农村公共产品与服务供给模式绩效高低要看政府农村公共产品与服务投入产出效率的高低，"以人民为中心"的农村公共产品与服务供给模式不同于过去的供给模式，其绩效不能通过"撒胡椒面""大水漫灌"的方式取得，而是追求稀缺的公共财政资源配置效用最大化，即"好钢用在刀刃上"，对政府而言，"以人民为中心"的农村公共产品与服务供给模式的绩效评价遵循的是效率逻辑，要求效果精准，达到"少花钱、多办事、办好事"；另一方面，评价"以人民为中心"的农村公共产品与服务供给模式的绩效必须考察服务对象（农村居民）对农村公共产品与服务效用的感知，"金杯银杯不如老百姓的口碑"，对服务对象（农村居民）而言，只有对其有用的公共产品与服务才是有效率的，从这个角度而言，衡量"以人民为中心"的农村公共产品与服务供给模式的绩效需要看服务对象（农村居民）"满意不满意"，要准确评价"以人民为中心"的农村公共产品与服务供给模式的绩效必须对这两方面进行综合分析。本书根据绩效评价相关原理，综合运用三阶段 DEA 模型与 CSI-Logistic 模型，构建"以人民为中心"的农村公共产品与服务供给模式的绩效"双层综合分析模型"（如图 2-1 所示），为分析优化"以人民为中心"的农村公共产品与服务供给模式提供工具。

首先，运用三阶段 DEA 模型测算政府农村公共产品与服务投入产出效率。从数据可获得性考虑，将重点选择各种农村公共产品与服务的投入与产出数据，计算并分析农村公共产品与服务供给效率。本书将采用三阶段 DEA 模型进行效率测算。第一阶段：传统 DEA 模型，本阶段将跨期的面板数据整理成截面数据，同一决策单元在不同的年份视为不同的决策单元，得出各决策单元的投入松弛值。本书拟构建投入导向下基于规模报酬可变的 BCC 模型。在 BCC 模型下，综合技术效率＝纯技术效率×规模效率。

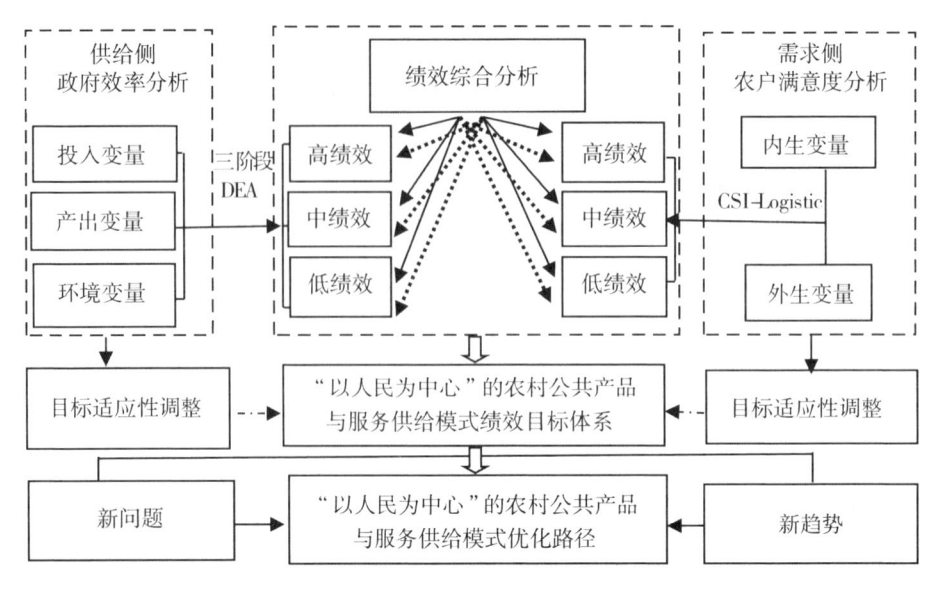

图 2-1 "以人民为中心"的农村公共产品与服务"双层效率"综合评价模型

第二阶段：构建面板 SFA（随机前沿分析）模型，把第一阶段计算出的松弛值分解为含有环境因素、随机因素和管理无效率三个自变量的函数，从中剔除环境因素和随机扰动的影响，构建 SFA 回归方程表达式为 $s_{ik} = f_i(z_k; \beta_i) + v_{ik} + \mu^{ik}$，式中，$s_{ik}$ 表示第 k 个决策单元的第 i 项投入的松弛变量（i=1, 2, …, m; k=1, 2, …, n）；$z_k = (z_{1k}, z_{2k}, …, z_{pk})$ 表示 P 个可观测的环境变量，β_i 表示所选环境变量的待估参数；$f_i(z_k; \beta_i)$ 表示环境变量对松弛变量 s_{ik} 的影响，一般令 $f_i(z_k; \beta_i) = z_k \beta_i$。其中，$v_{ik} + \mu^{ik}$ 表示混合误差项，v_{ik} 表示随机干扰项，且 $v_{ik} \sim N(0, \sigma_{vi}^2)$；$\mu^{ik}$ 表示管理无效率项，假设其服从截断正态分布，即 $\mu^{ik} \sim N^+(\mu_i, \sigma_{ui}^2)$。

第三阶段：调整后的 DEA 模型（BCC 模型），使用调整后的投入值 x_{ik}^* 和原始产出再次对效率值进行测算分析，这一阶段的效率值结果即为排除环境因素和随机误差之后的效率值，更能反映决策单元的真实效率水平。

其次，农户对农村公共产品与服务的满意度实证分析。本书借鉴 Fornell "顾客满意度"测评方法，以农户从受益者层面对农村公共产品与服务的"满意度"（CSI），来评价农村公共产品与服务供给效果。重点分析农户的各种个体特征变量对农户满意度的内生影响，并估计经济效应、地理效应、心理效应等外生变量对农户满意度的干预作用，对农户满意度评价结果所产生的影响。

最后，双层综合分析农村公共产品与服务供给效率。政府和农户两个层面农村公共产品与服务供给效率的评价结果不可直接进行比较。这需要我们对政府农村公共产品与服务供给投入产出效率和农户对农村公共产品与服务供给满足（意）评价两个绩效形成系统，进行系统协调性分析。较为成熟的方法是将两组效率结果进行无量纲化处理，然后进行Z分数值排序，以判断农村公共产品与服务供给在政府与农户两个主体间的效率评价差异。更详尽的分析需要通过建立两个层面的多系统协调度计算分析。在进行上述分析的基础上，进一步综合分析国内外成功经验，准确把握我国农村公共产品与服务供给发展新趋势，提出提高农村公共产品与服务供给绩效的政策建议等。

第三章

中国农村公共产品与服务供给模式的历史演变

早在我国夏商时期,便出现了商业、手工业以及农业分工发展的趋向。伴随着社会不断向前推进,物与物之间的贸易日益频繁,慢慢地导致了许多以村镇为单位的聚集点的存在,传统意义上的城镇与乡村开始分离,二者对于公共产品与服务的需求与供给也随之出现差异。在过去两千多年的历史中,我国农村公共产品与服务供给模式经历了从无到有,从零散到逐步规范化、制度化的漫长演变历程。

第一节 封建时期中国农村公共产品与服务供给模式

一、封建时期政府职能:以政治统治为主,无公共服务职能

"普天之下,莫非王土;率土之滨,莫非王臣"的封建社会私有制决定了封建时期政府的一切制度安排和政府管理都是为了维护以皇帝为代表的封建地主阶级的政治统治,是为以皇帝为核心的统治阶级提供私人服务的,广大农民都是被统治、被压迫和被剥削的对象,政府没有公共服务制度安排。当然,在实际的政府管理过程中,客观上农民享受的微弱的公共产品与服务是政府为统治阶级提供私人服务的派生品。

尽管"重农抑商"的理念深受历朝历代封建统治者的推崇,在我国两千多年的封建历史长河之中农业在全国经济中占据了举足轻重的地位,是封建王朝主要的财政支柱,然而,在自给自足的自然经济小农生产模式下,政府的人力、

物力、财力均十分有限,无法对广大的乡村地区实现全面管理,其治理的层面停留于县级政权,这就是所谓的"皇权不下县",而对于县级以下的地区则主要以"简约主义"的形式进行管理。① 所谓"简约管理",主要是指由地主、乡绅等乡村精英以及宗族组织对乡村地区实施的管理②,而这种管理模式多是自发形成的,并不属于经过政府认定的、合法的组织管理机构,其随意性非常强。同时,在农村公共产品与服务供给方面也缺乏相应的财政机制,其资金来源十分零散,无法得到稳定的物质支撑。③ 因此,在封建时期,我国农村公共产品与服务供给一直是处于没有固定机构管理,也没有固定资金来源的状态。

二、封建时期中国农村公共产品与服务供给的具体模式

在封建时期,客观上形成的农村公共产品与服务供给模式按照供给主体主要分为政府供给模式、宗族自治供给模式、以士绅为主的乡村精英供给模式以及其他公益组织供给模式等。

（一）政府供给模式

在封建时期,国家的主要经济来源是农业。自给自足的小农经济,不但是国民的支柱产业,也是封建王朝的主要税收来源。政治统治是政府管理的主要职能,公共服务职能没有被纳入政府职能之中。但是,在政府管理实践中,统治者们为了稳定民心从而达到维护其统治的目的,他们仍在一定程度上或多或少地向农村地区提供公共产品和服务。④ 但是,必须指出的是,政府为农民提供的公共产品和服务十分有限,这是由于落后的小农经济使得政府征收到的税款十分有限,更为重要的原因是封建统治者为了更好地巩固其政权,一般将绝大部分的财政用于行政、军事领域。在这种情势下,政府主要负责供给其他主体无力提供的、大型的农村公共产品与服务⑤,如重大灾难救

---

① 黄宗智. 集权的简约治理:中国以准官员和纠纷解决为主的半正式基层行政 [J]. 开放时代, 2008 (2): 10.
② 刘祖云, 韩鹏云. 乡村社区公共品供给模式变迁:历史断裂与接合:基于乡村秩序演进的理论视角 [J]. 南京农业大学学报（社会科学版）, 2012, 12 (1): 1-8.
③ 李圣军. 农村公共产品的政府供给模式及其演变 [J]. 江汉论坛, 2012 (5): 57-60.
④ 李华. 中国农村:公共品供给与财政制度创新 [M]. 北京:经济科学出版社, 2005: 47-52.
⑤ 郭瑞萍. 我国农村公共产品供给制度研究 [D]. 咸阳:西北农林科技大学, 2005: 50-54.

助、驿道、水利工程等基础设施建设等。

封建时期实行君主专制制度，以人治为主，这使得农村公共产品供给制度具有很大的不确定性。除此之外，政府向农民提供公共物品还受到当时社会经济环境以及政府财政状况等因素的影响，具有较大的易变性。[1] 因此，封建政府所提供的公共产品非常有限，且具有相当大的不确定性，但是农民却要为此承受较大比例的赋税以及各种徭役。

（二）宗族自治供给模式

在封建时期，农村地区基本处于一个与外界完全隔离的状态，它逐渐演化为一个高度自治的乡村社会，在这种状态下广大乡村地区形成了众多较为独立的、以村庄为单位的宗族聚居点，宗族组织在农村居民的生活、生产中占据了主导性的地位。[2] 在儒家的孝文化以及等级理念的影响下，宗族组织依据血缘关系形成了所谓的村社共同体，利用"家法""族规"等多种方式对同一宗族组织内族人的行为举止进行严格规定，此外，还设立一系列的互帮互助的措施以保障族人的基本生活。因此，宗族组织具有非常强大的组织凝聚功能，能够充分有效地调动农村居民（族人）以人力或者财力等形式参与村庄内部集体事务建设。[3]

（三）以士绅为主的乡村精英供给模式

在"皇权止于县"的行政理念下，封建时期的农村地区一直处于村庄自治的状态当中。在这种村庄自治的结构中，以地主、乡绅以及商人等组成的乡村精英为了提高自身的地位与声望和获取更多的利益，主动承担了部分农村公共产品和服务供给的责任。[4] 这些乡村精英主要通过自身投资、集资或者与宗族组织合作等方式筹措资金，再依靠自身的权威或者人格魅力组织农村居民参与供给。除此之外，由于乡村精英本身出自农村，他们对农民迫切需求的

---

[1] 何建春.中国农村公共产品供给制度变迁研究［M］.南昌：江西人民出版社，2011：68.

[2] 戚学祥.组织竞争视角下农村公共产品供给的理论基础及其模式转变［J］.安徽农业科学，2011，39（18）：11271-11272.

[3] 刘祖云，韩鹏云.乡村社区公共品供给模式变迁：历史断裂与接合：基于乡村秩序演进的理论视角［J］.南京农业大学学报（社会科学版），2012，12（1）：1-8.

[4] 李锦伟.论明清商人供给农村公共产品的模式和目的［J］.商业时代，2011（10）：144-145.

公共物品更为了解，还能够同当地的宗族和农村居民进行有效的沟通交流，从而有利于构建一个带有民主色彩的需求表达与决策机制，在此基础之上提供符合农村居民意愿的公共物品，进而提高供给效率。并且，在农村公共产品与服务供给当中，由于乡村精英主要是利用自身的社会声望而实现其目的，是以，他们对于所在组织提供的农村公共产品与服务的后续发展也会持续关注，他们可以利用"熟人社会"内部的传统伦理与惩戒措施来管理与监督这些公共物品的使用与发展，不仅在一定程度上满足了农村居民的需要，还有效地保证了这些公共物品的使用效率。

乡村精英为农村居民提供公共物品可以大体上分为独自提供与合力提供两种形式。独自提供，是指完全依靠地主、乡绅以及商人等主导的乡村精英力量来提供，主要针对那些成本较低、规模较小的公共产品；合力提供，是指乡村精英与其他阶层力量共同协商供给，或者直接参与由政府主导的农村公共产品与服务供给，主要针对那部分规模比较大、所需费用比较多的公共产品。①

（四）其他公益组织供给模式

在封建社会当中，除以上农村公共产品与服务供给主体之外，还存在一些独立于政府和宗族之外的公益组织，主要包括以宗教为组织形式的公益组织以及独立于宗族、宗教之外的民间公益组织两大类。② 这些公益组织提供的大多是在灾荒年间赈灾救济或者其他慈善活动以及调解民间纠纷等公共服务。③

三、封建时期农村公共产品与服务供给模式的基本特点

（一）供给层次低：以村社自我供给为主

由于该时期政府提供公共产品与服务的能力十分有限，并且乡村地区长久以来一直处于封闭的状态，大多数农村公共事务都是由农村居民自治管理。这一时期，农村居民对公共产品与服务的需求层次也较低。④ 是以，以宗族为

---

① 李锦伟. 论明清商人供给农村公共产品的模式和目的 [J]. 商业时代，2011（10）：144-145.
② 郭瑞萍. 我国农村公共产品供给制度研究 [D]. 咸阳：西北农林科技大学，2005：50-54.
③ 谢好. 农村公共产品供给制度变迁研究 [D]. 武汉：华中科技大学，2006.
④ 贺雪峰. 乡村秩序与县乡村体制：兼论农民的合作能力问题 [J]. 江苏行政学院学报，2003（4）：94-100.

核心的村庄能够自我供给大部分急切需要的公共物品，再加上以士绅为主导的乡村精英自愿提供的部分公共物品，基本上能够满足当时农民的生活生产需要。除建设大范围的水利项目和跨地区的交通道路之外，村庄内部几乎包揽了由生产到生活的所有农村公共产品的供给。① 因而，在封建时期农村公共产品与服务供给模式主要以"村社自足"为主，农民所急需的绝大多数公共产品是通过宗族组织和农村居民个人实行自我供给。②

（二）供给范围窄：以生产型公共产品与服务为主

这一时期所提供的农村公共产品与服务大多是生产型的公共产品与服务，主要供给内容包括农村公共管理与服务、农田水利工程建设等③，其主要目的便是保障农村居民的生产生活。这种以宗族组织和乡村精英为运作基础的"村社自足"的农村公共产品与服务供给模式，与封建社会的经济、政治与文化的发展相适应，且能够大致上满足农村居民对于公共物品的需要，在一定程度上增强了农村地区自我整合的能力。但是，这种供给模式没有相关的法律制度明文规定，缺乏强制性和规范性，具有很强的随意性。并且，就其所提供的公共产品的种类与数量来看，其供给非常有限。④

第二节 民国时期农村公共产品与服务供给模式

一、民国时期政府职能：以政治统治为主，弱公共服务职能

辛亥革命推翻了我国两千多年的封建王朝统治，建立了"中华民国"政府。同时，它也终结了以往的"皇权不下县"的管理模式，在县级以下正式

---

① 李晓楠，孙建芳. 基于国家视角的村庄公共产品供给模式转变分析［J］. 农村经济，2011（11）：81-84.
② 何建春. 中国农村公共产品供给制度变迁研究［M］. 南昌：江西人民出版社，2011：67-68.
③ 樊宝洪. 乡镇财政与农村公共产品供给研究［M］. 北京：中国农业出版社，2007：88.
④ 周绍斌，高林. 农村公共品供给演变的制度分析：基于历史制度主义的解释［J］. 浙江师范大学学报（社会科学版），2016，41（1）：84-90.

设立乡镇政府,并且针对农村地区采取相应的村级自治管理,至此,农村公共产品与服务供给开始有了正式的合法机构进行管理。① 从组织机构来看,民国时期的农村公共产品与服务供给进入了有相关机构管理的阶段。

纵观我国近代的历史,这是一段战火纷飞的历史,整个国家和民族处于风雨飘零的状态。一方面,由于战争不断,军事方面的开支占据了该时期政府财政支出的绝大部分,剩余的少部分财政则主要用于行政支出以及城市发展,再加上外债的压力,微薄的政府财力无力支撑农村公共产品与服务供给。

另一方面,该时期,无论是民国政府还是各地割据的军阀力量,它们的首要目标是要维护并扩大自身统治,而所谓的统治领域主要是指全国各大中小型城市,广大的乡村地区被严重忽略。在财政收入方面,政府为了壮大自身的武装力量向社会征收各方面的税费,但是这一时期税收的主要对象是各个城市,对于乡村地区没有多大的影响力。②

综上所述,从资金来源来看,该时期的乡镇政府无力也无法为农村公共产品与服务供给构建一套完善的配套的财政机制,农村公共产品的供给严重匮乏稳定的资金投入。

二、民国时期农村公共产品与服务供给模式：乡村自治模式及其特征

在民国时期,中国农村实施的村级自治为农村公共产品与服务供给的乡村自治模式奠定了政治基础。另外,尽管农村公共产品与服务的供给具有官方机构进行相应的管理,但是,农村公共产品与服务供给的资金筹措渠道十分匮乏,农村居民成了公共产品与服务供给费用的主要负担者,这为农村公共产品与服务供给乡村自治模式进一步奠定了经济基础。③ 因此,在民国时期,我国农村公共产品与服务供给以"乡村自治"模式为主。

整体而言,乡村自治的供给模式相较于封建时期有所发展,具备了正式的组织管理机构。但是,这一农村公共产品与服务供给模式存在许多难题,无法实现有效供给。

---

① 李圣军. 农村公共产品的政府供给模式及其演变 [J]. 江汉论坛,2012 (5): 57-60.
② 樊宝洪. 乡镇财政与农村公共产品供给研究 [M]. 北京: 中国农业出版社,2007: 88.
③ 李圣军. 农村公共产品的政府供给模式及其演变 [J]. 江汉论坛,2012 (5): 57-60.

首先，农村公共产品与服务在拥有正式机构管理的同时，也失去了乡里制度下乡村组织得以存在的传统基础。

其次，在这种乡村自治模式之下，经济生活状况本来就比较困难的广大农民成了农村公共产品与服务供给费用的主要负担者，加剧了农村居民的生活负担。

最后，在这一时期，农村公共产品与服务实际是由农村居民私人所提供的，是农村居民的一种自我服务，没有体现其本质属性。①

第三节　新中国时期农村公共产品与服务供给模式

自 1949 年新中国成立之后，社会主义政权的建立使得广大人民的社会地位大大提高，人民真正成了国家和社会的主人，为人民服务成了党和政府的宗旨，为广大人民群众提供公共服务和产品也就成了各级政府职能的题中之义。但是，在我国社会发展的不同阶段，政府职能的侧重点也不同。本书依据我国社会主要矛盾的转化和政府职能侧重点的变迁，将新中国成立以来的农村公共产品与服务供给模式的历史演变具体分为三个阶段：从新中国成立到"文化大革命"结束（1949—1978），即"以政治为中心"发展时代农村公共产品与服务供给模式；从改革开放到 21 世纪初（1978—2003），我国政府农村公共产品与服务主要是"以经济为中心"发展时代的供给模式；从 21 世纪初至今（2004 年至今），我国政府农村公共产品与服务转变为"以人民为中心"的供给模式。本章着重从需求表达机制、决策机制、筹资机制、生产和管理机制等多个角度②，对新中国农村公共产品与服务供给模式的历史演变进行较为详细的阐述与分析，以便为后续的研究提供相关的理论与历史基础。

---

① 郭瑞萍.我国农村公共产品供给制度研究［D］.咸阳：西北农林科技大学，2005：55.
② 胡洪曙.中国农村公共产品供给的制度分析与改革路径研究［D］.武汉：中南财经政法大学，2005：30.

一、"以政治为中心"发展时代农村公共产品与服务供给模式

(一)"以政治为中心"发展的时代背景

从新中国成立到"文化大革命"结束(1949—1978),我国政府的农村公共产品与服务主要是"以政治为中心"发展时代的供给模式。这是由当时的社会主要矛盾决定的。在这一时期,我国社会主要矛盾主要有三次小幅变化。

第一,从新中国成立到土地改革完成前(1949—1952),这一阶段的社会主要矛盾概括起来就是,人民大众同帝国主义、封建主义和国民党残余势力之间的矛盾,这一主要矛盾决定了中国共产党及其领导下的政府的主要任务是维护人民民主专政的新生政权的政治统治,巩固党领导下的人民革命胜利成果,肃清国内残余反动势力和抵御外来侵略。这一时期政府公共产品与服务供给的侧重点是提供国防、外交、公共安全与社会秩序及政治权利等,对广大农村居民来说,主要发生了两大翻天覆地的变化:一是从被统治阶级转变为统治阶级,获得了有史以来最高的政治权利;二是获得了最重要的生产资料——土地,变成了土地的主人,这是政治权利的具体体现。

第二,从土地改革完成到社会主义改造基本完成前(1953—1956),在这一阶段随着土地改革的完成,无产阶级同资产阶级的矛盾成为我国社会主要矛盾。这一主要矛盾决定了中国共产党及其领导下的政府的主要任务是对农业、手工业、资本主义工商业生产资料私有制的社会主义改造,基本建立起社会主义制度。这一时期,政府农村公共产品与服务的供给主要是围绕"农业社会主义改造"这一中心任务进行的,采取互助组、初级社和高级社三个循序渐进的步骤;以自愿互利、典型示范和国家帮助为原则;以依靠贫农中下农为方针,对农业实行社会主义改造。

第三,社会主义基本制度建立到"文化大革命"结束(1956—1978)。1956年党的八大确立了社会主义基本制度,并准确判断我国社会主要矛盾已经转变为,人民对于建立先进的工业国的要求同落后的农业国的现实之间的矛盾,人民对于经济文化迅速发展的需要同当前经济文化不能满足人民需要的状况之间的矛盾。但是,1957年反右派斗争开始以后,阶级斗争被扩大化,偏离了党的八大对社会主要矛盾判断的正确轨道,开始搞"以阶级斗争为

纲"。1962年，党的八届十中全会正式提出无产阶级同资产阶级的矛盾为整个社会主义历史阶段的主要矛盾，提出要"以阶级斗争为纲，阶级斗争必须年年讲，月月讲，天天讲"。直到"文化大革命"结束，由于"以阶级斗争为纲"的指导思想，导致政府公共产品与服务供给未能走向正轨，农村公共产品与服务缓慢发展。

（二）"以政治为中心"发展时代农村公共产品与服务供给模式的具体机制

新中国成立之初，政府为了巩固政权和更好地发展，主要通过"三大改造"——针对农业、手工业、资本主义工商业进行社会主义改造，确立社会主义基本制度。政府在广大的乡村地区成立农业合作社对农业进行改造，农民按照自愿的原则加入合作社，在这一集体组织的领导之下进行生产经营以及互帮互助等活动，属于人民公社的较低级层次。

在高级农业合作社不断发展与成熟的基础上，1958年我国政府在乡村地区开始实行"一大二公"的人民公社管理体制。人民公社不仅是乡村地区的基层政权组织，还是农民群体集体所有制的社会主义经济组织，它掌握了农村所有的政治、经济和社会事务治理权力，形成了党政不分、政经统管的局势，它能够有效地把工、农、兵、学、商统合起来，拥有充分调动绝大部分农村人力、物力和财力的权威，对其所管辖的生产大队采取严密的行政化管理。[1]

1. 需求表达机制

在这种"三级所有、队为基础"的高度集体化体制下，农民属于集体当中的劳动者，他们由"个体的人"演变为了"社会的人""国家的人"。[2]全体农民的生活生产均要遵守公社已经拟定好的计划按部就班地完成，他们严重缺乏自主性，在农业生产当中，失去了对生产资料的所有权和由此带来的剩余索取权，甚至对自身所具备的劳动能力也丧失了自主支配权，他们的生

---

[1] 胡洪曙. 农村公共产品供给体制的历史演变及对比研究 [J]. 中南财经政法大学学报, 2007 (2): 14-19, 142.

[2] 胡洪曙. 农村公共产品供给体制的历史演变及对比研究 [J]. 中南财经政法大学学报, 2007 (2): 14-19, 142.

活生产活动均表现出高度的统一性,导致农民群体对所提供公共产品与服务也缺乏主动性,在其需求方面也没有存在多少差别。① 因此,在集体利益远高于个体利益的观念下,农民对于公共产品的需求系数由人民公社或生产大队以集体意愿的形式统一表达出来,其个体的有差别的需求意愿遭到了严重的忽视,农村居民只能不具有任何私人色彩、完全被动地接受公社的安排。② 总而言之,在该阶段,我国农村公共产品与服务供给的需求表达机制严重欠缺。

2. 决策机制

新中国成立以来,政府对乡村社会进行相应的改革,使得农村居民自治制度不再主要依托于传统的伦理思想,而是进一步地把农村居民纳入行政管理的范畴内。③ 在农业合作社阶段,无论是农村公共产品与服务的数量还是种类,抑或是供给形式、资金筹集均是由相关的政府部门根据当时的政治经济发展需要而做出决策,农业生产合作社则是政府决策的具体执行者。

到了人民公社阶段,这种政社合一高度集权的体制决定了农村公共产品的供给必然采取自上而下的供给决策机制。④ 在该时期,乡村地区几乎所有的生活生产资料均归集体所有,政府对农村具有高度掌控权,农民尽管是"国家的主人",但在公共产品供给决策方面基本上不具有任何的话语权和参与权,所有的决策权均掌握在政府的手中。农村公共产品与服务的供给由各级政府依据当时的实际国情,理性地、自上而下地做出决策⑤,在此基础上,由基层政府将最终决策的内容以指令的形式下发至各个公社,公社和生产大队的干部再领导农村居民投工、投劳进行公共物品的生产。⑥

由此可见,在农业合作社与人民公社阶段,我国农村公共产品与服务供给的决策采取的是自上而下的方式。这种决策机制在该时期发挥了重要的作用,一方面,由于农民需求的高同质性,再加上合理规范的需求表达机制的

---

① 刘鸿渊. 农村税费改革与农村公共产品供给机制 [J]. 求实,2004(2):92-94.
② 冯华艳. 农村公共服务供给研究 [M]. 北京:中国政法大学出版社,2015:44-45.
③ 戚学祥. 组织竞争视角下农村公共产品供给的理论基础及其模式转变 [J]. 安徽农业科学,2011,39(18):11271-11272.
④ 张秀生. 农村公共产品供给与农民收入增长 [M]. 北京:中国农业出版社,2008:46.
⑤ 冯华艳. 农村公共服务供给研究 [M]. 北京:中国政法大学出版社,2015:45.
⑥ 顾晓焱. 农村公共品供给模式研究 [M]. 武汉:武汉出版社,2012:59.

欠缺，这种集中统一供给机制使得政府能够较为快速、顺畅地为广大乡村提供公共物品[1]；另一方面，这种供给决策机制在政权过渡阶段，特别是社会秩序仍然比较混乱，各项物资供给严重欠缺的情况下，能够利用政府与集体的政治优势，举全国之力来处理一些紧迫的问题，从而进一步推动社会经济生活步入正轨[2]。然而，这一决策方式是从集体利益的角度出发的，农民无法参与到决策中来，其自身的个人偏好和产权受到了严重的忽视，完全由政府单方面强制地传输决策内容[3]，易导致农村公共产品与服务的供需失衡[4]。并且，该机制强调的是利用政治方面的手段来处理经济方面的问题，这不仅仅违背了市场规律，易导致农村公共产品供给经济效率低下的问题，而且很容易导致官僚主义的产生。[5]

3. 筹资机制

相关文献记载，在农业合作社阶段，"农民业余文化教育的经费，除少数专职人员的开支、业余教师训练费、主要乡干部离职学习的办公杂支以及一定的奖励费外，都由群众自筹。自筹的办法，采用学员自出、学员集体生产、合作社统筹等"[6]。另外，"农业生产合作社从每年的收入当中留出一定数量的公积金和公益金，公益金的用途用于发展合作社的文化事业、公共福利事业"[7]。由此可知，农业合作社阶段乡村地区的公共产品与服务供给的筹资机制主要是制度外筹资，其供给成本主要由参与合作社的农民共同负担。[8]

---

[1] 顾晓焱. 农村公共品供给模式研究 [M]. 武汉：武汉出版社，2012：59.
[2] 李雄斌. 我国农村公共产品供给模式的历史演变与创新 [D]. 西安：西北大学，2004：12-13.
[3] 张天学，阙培佩. 我国农村公共文化产品供给制度的历史演变及其启示 [J]. 哈尔滨商业大学学报（社会科学版），2012（4）：49-53.
[4] 赵海燕. 基于需求的农村公共产品供给体制研究 [M]. 北京：中国农业出版社，2013：44.
[5] 李雄斌. 我国农村公共产品供给模式的历史演变与创新 [D]. 西安：西北大学，2004：12-13.
[6] 中共中央文献研究室. 建国以来重要文献选编：第六册 [M]. 北京：中央文献出版社，1993：390.
[7] 中共中央文献研究室. 建国以来重要文献选编：第八册 [M]. 北京：中央文献出版社，1994：411.
[8] 张天学，阙培佩. 我国农村公共文化产品供给制度的历史演变及其启示 [J]. 哈尔滨商业大学学报（社会科学版），2012（4）：49-53.

在人民公社阶段，农村公共产品与服务供给的筹资机制主要分为制度内和制度外两方面。制度内的筹资，即指政府财政拨款，涵盖了中央政府预算收入、各级地方政府预算外收入和人民公社的社有资金收入三大领域。① 按照《人民公社财政与财务管理》的相关规定，中央对于乡村地区的财政拨款主要用于公社的各项行政事务的开销，例如，发展农业、开展科教文卫事业、抚恤与社会救济、城镇居民下乡补助、行政管理等；而地方政府的拨款由政府财政预算外的收入组成，主要用于乡村地区的广播、道路建设及维护和其他公益福利事业等领域；社有资金是由公社集体积累而来的，主要用于支持公社内部的农业基本建设、乡镇企业的继续发展、科教文卫事业、社会福利服务以及行政治理等方面的发展。② 制度外筹资，与该时期人民公社制度下的分配方式息息相关。公社所采取的分配制度是供给制和工分制相结合的形式，在减去各项支出之后把所剩余的部分以工分为权数的形式分配给各个农村居民。在工分制的基础上，制度外的公共产品资金筹集又可以分为两种，即由管理费、公积金、公益金组成的物质成本筹集，增加总工分额度并用降低工分分值的形式加以弥补的劳动力成本筹集。③ 从制度外的物质成本角度而言，该时期农村公共产品与服务供给的物质成本在进行个人分配之前就已经事先扣除了，农村居民并不了解自己具体分摊了多少物质成本，他们是隐性的、间接的成本承担者。从制度外的劳动力成本角度而言，其主要是在工分制和工分总量无限膨胀之下大量地使用农村劳动力，即成功地使用所谓的劳动力资本，此时劳动对资本的替代非常普遍。④

由此可见，人民公社阶段的农村公共产品与服务供给的资金筹措采取的是制度内——国家财政和制度外——集体经济双轨机制。然而，在当时特定的社会政治背景下，农村的发展极为缓慢，落后的经济状况导致通过正常的

---

① 鄢奋. 农村公共产品供给的问题与对策 [M]. 北京：社会科学文献出版社，2011：62.
② 樊宝洪. 乡镇财政与农村公共产品供给研究 [M]. 北京：中国农业出版社，2007：97-98.
③ 赵海燕. 基于需求的农村公共产品供给体制研究 [M]. 北京：中国农业出版社，2013：45.
④ 石义霞. 中国农村公共产品供给制度研究 [M]. 北京：中国财政经济出版社，2011：74-75.

财政渠道所获得的资金数量十分有限,再加上当时政府实施的重视工业而忽视农业发展的相关政策,绝大部分的政府财政被用于投资我国重工业发展,而对于乡村地区公共产品与服务的财政拨款比例严重不足。① 因此,虽然在人民公社阶段农村公共产品与服务供给的资金名义上是双轨制,但是,就其实质而言,其主要的资金来源于集体经济,即制度外的筹资渠道。

4. 生产与管理机制

由于公共物品的非竞争性和非排他性,政府本应是其主要的提供者。但是,在新中国成立之初,百废待兴,政府的财政实力十分有限,再加上当时政府所采取的重视城市与工业而轻视农业农村发展的政策方针,导致政府无法有效地为农村地区提供相关的公共产品与服务。因而,政府将为农民提供公共产品的职责转移给了农村集体组织——农业合作社,农业合作社有为农民提供公共产品的义务以及能决定提供何种形式的公共产品或公共服务,它是当时农村公共产品与服务供给的唯一主体。② 而农业生产合作社是由农民组成的,是以,农业合作社阶段的农村公共产品与服务的供给是农民自我供给的形式。

到了1958年人民公社阶段,公社成了代表政府供给乡村公共产品与服务的主体,它直接参与农村公共产品的生产、经营以及管理的全部过程,在这一过程当中占据了绝对的主体地位。③ 人民公社通过自身的权威能够充分调动乡村地区的人力、物力和财力,在这种形势之下,农民不仅仅是公共产品的使用者,还是公共产品的生产者。在生产农村公共产品与服务时,其所需的而公社与生产大队又无法自我提供的物质材料,如钢筋、水泥等,由公社进行外部采买;其他公社内部能够自我提供的材料以及所需的人力则由公社组织领导农村居民共同负担,这些参与生产所付出的劳力大部分是义务劳动,只有少数能够得到公社给予的"工分"回报。④ 而在政治经济同一性的背景下,人民公社也是该时期农村公共产品与服务的管理主体,并且由于当时社

---

① 董明涛.农村公共产品供给机制创新研究[M].长春:吉林人民出版社,2013:62.
② 张天学,阚培佩.我国农村公共文化产品供给制度的历史演变及其启示[J].哈尔滨商业大学学报(社会科学版),2012(4):49-53.
③ 顾晓焱.农村公共品供给模式研究[M].武汉:武汉出版社,2012:58.
④ 陶丽.我国农村公共服务供给问题研究[D].郑州:郑州大学,2011:17-19.

会第三方机构严重欠缺,在这种社会政治背景之下,不会存在委托生产——移交管理的做法。① 因此,当时农村公共产品具有非常强的"自我承担""自我生产""自我管理"的特点。

(三)"以政治为中心"发展时代农村公共产品与服务供给模式的主要特征

1. 基层政权与集体组织垄断农村公共产品与服务供给

在三大改造阶段,政府把提供农村公共产品与服务的职责转移给了农村集体组织——农业合作社,农业合作社是其实际的供给者。而到了人民公社阶段,在政府对农民生产、生活的全面控制之下,人民公社绝对地掌握了乡村地区全数的资源②,是以,该阶段政府将提供农村公共产品与服务的主体责任下放至人民公社,人民公社是农村公共产品与服务的唯一提供者。在当时的社会政治与历史背景下,乡村社会组织的发展受到了严重的制约,不存在任何的私人、市场以及第三方机构提供农村公共产品与服务。③ 由此可见,无论是在农业合作社时期,还是在人民公社时期,农村公共产品与服务的供给主体都是唯一的,即集体组织,它们的供给都是为了满足农村居民基本的生活生产需要。因此,在农业合作社和人民公社这一阶段,农村公共产品与服务供给采取的是政府垄断供给模式,高度排斥市场和第三方机构供给。④

2. 农村公共产品与服务供给体系初步形成

在这一时期,人民公社切实从多个角度为农民提供了许多迫切所需的公共产品与服务,初步建立起了一套农村公共产品与服务供给体系。由于公社内部的社员对于农村公共产品与服务的需求同质性较高,是以这种由基层政权与集体组织垄断的、自上而下的供给模式的运行较为高效⑤,不仅能够满足

---

① 胡洪曙. 中国农村公共产品供给的制度分析与改革路径研究 [M]. 北京:中国财政经济出版社,2006:51.
② 贺雪峰. 论乡村社会的秩序均衡 [J]. 云南社会科学,1999 (3):32-39.
③ 李雄斌. 我国农村公共产品供给模式的历史演变与创新 [D]. 西安:西北大学,2004:12-13.
④ 汪杰贵,裴志军,张俊华. 以农民满意为导向的农村公共服务多元化协同供给模式研究 [J]. 农村经济,2012 (1):26-30.
⑤ 许莉,万春. 农村公共产品供给制度的路径变迁及现实选择 [J]. 社会科学辑刊,2009 (2):107-111.

当时农民的基本需要，还能够进一步促进乡村社会的经济事业与社会福利制度的发展。但是，当时所供给的农村公共产品与服务多以基本的生产和消费性公共产品与服务为主，无法满足农村居民的更高层次需要。①

3. 城乡二元体制下农村公共产品与服务低效供给

在公共产品与服务供给方面，城镇地区由政府部门直接无偿提供，而农村则采取的是"公社决策、集体供给、农民筹资"的自我生产、自我承担模式，这种城乡二元的做法容易打击农民建设国家的热情，不利于社会的稳定与和谐，甚至这种二元分割的方式一直延续至今。除此之外，此时的农村公共产品与服务的生产与分配均由政府负责，其供给分摊机制不够科学合理，明显缺乏有效的分工，公社与生产大队基本上承担全部的农村公共产品与服务的供给，甚至有时承担了一些全国性公共产品与服务②，这不仅易导致管理效率低下，而且使公共产品与服务在消费时缺乏有效的监督③。

二、"以经济为中心"发展时代农村公共产品与服务供给模式

（一）"以经济为中心"发展的时代背景

从改革开放到 21 世纪初（1978—2003），我国政府农村公共产品与服务主要是"以经济为中心"发展时代的供给模式。1978 年，党的十一届三中全会明确将党和国家的工作重心从"以阶级斗争为纲"转向"以经济建设为中心"。在此基础上，1981 年召开的党的十一届六中全会明确将我国社会主要矛盾确定为"人民日益增长的物质文化需要同落后的社会生产之间的矛盾"。物质的高度匮乏，使得人民的需求主要集中在基本的吃、穿、用等低层次需求上，与此相对应的就是政府必须想方设法发展经济，千方百计满足人民的需求，因此政府公共产品与服务供给的精力和重点主要放在改善基础设施和为工业发展营造有利环境上，这种定位是解决当时社会主要矛盾的必由之路，符合社会发展潮流并取得了重大成绩，与前一时期相比，以及在国民经济发

---

① 朱金鹤. 中国农村公共产品供给：制度与效率研究 [M]. 北京：中国农业出版社，2009：70-71.

② 郭瑞萍. 我国农村公共产品供给制度研究 [D]. 咸阳：西北农林科技大学，2005：59-61.

③ 于晓琳. 我国农村公共产品供给制度研究 [D]. 大连：东北财经大学，2005：11-12.

展的宏观大环境下，农村公共产品与服务供给水平与规模获得了长足的进步。但是，不可否认的是，在"以经济为中心"发展的时代背景下，与城镇相比，农村公共产品与服务供给处于次要地位，农村社会、农业经济、农民生活的需求远未得到满足，农村公共产品与服务供给水平滞后于经济社会发展总水平。

（二）"以经济为中心"发展时代农村公共产品与服务供给模式的具体机制

自十一届三中全会之后，我国广大乡村地区逐步开始实施家庭联产承包责任制，这不仅打破了人民公社阶段的体制僵局，而且极大地解放了农村劳动力，推动了农村经济的商品化进程。随着人民公社体制的解体，它所配套的一系列治理体系也随之不复存在，公社以及生产大队完全由乡（镇）政府和村委会取代。五届人大五次会议通过的宪法明确表示，国家的基层政权上升至乡（镇）一级，而村委会成为各村农村居民选举形成的群众性自治组织，具有"自我管理、自我教育、自我服务"的职责。[①] 至此，由政府与集体组织全面控制乡村地区生活生产的局面得到了扭转，农村居民彻底从人民公社中脱离出来，成为独立的生产者和经营者，具有独立的生产经营权、劳动自主权和剩余索取权，是真正意义上社会的、独立的个体。[②] 在这一时期，我国乡村地区的政治经济体制得到了极大的改变，导致人民公社时期所配备的农村公共产品与服务供给模式也无法继续适用于当时的社会经济条件，其供给模式在该时期也随之发生转变。

1. 需求表达机制

在这一阶段，农民实现了由被动的生产者向主动的生产经营者的转变，再次掌握了自身生产生活的主动权，他们对于公共产品与服务的需求相较于人民公社时期表现出明显的差异性，他们的需求更为广泛，尤为重视公共产品的实用性与多样化。然而，在该时期农村公共产品与服务供给过程之中，

[①] 周绍斌，高林. 农村公共品供给演变的制度分析：基于历史制度主义的解释 [J]. 浙江师范大学学报（社会科学版），2016，41（1）：84-90.

[②] 石义霞. 中国农村公共产品供给制度研究 [M]. 北京：中国财政经济出版社，2011：80.

其需求表达机制却仍然不够科学合理，无法全面地将农民对于公共产品与服务的真实意愿向上级表达出来。造成这种状况的原因如下。其一，农村集体组织——人民公社解体之后，农村居民在享受自由权的同时，他们的集体行动能力也逐步弱化，再加上乡村地区刚刚实现改革，农民的思想还没有得到完全的解放，受教育程度普遍较低，他们民主意识仍然不强，不会自觉主动地去表达自身的意愿。[1] 其二，分散化、多元化的生产经营模式使农民需求呈现多样化的特征，造成了非常大的交易成本，甚至还存在不少"搭便车"的行为，是以农民无法向政府充分地阐述自身的实际需求。[2] 其三，农村居民委员会取代了生产大队，成了治理本村庄各项事务的基层民主组织，依据《农村居民委员会组织法》的规定，农村居民委员会具有向基层政府反馈农民意见与建议的职责，但是在具体的实践过程当中，农村居民委员会逐渐地演变成了完全的政府各项决策的执行者，成了基层政府的准下属单位，是以，农民不但无法通过村委会向基层政府表达自身诉求，政府反而可以利用村委会来推行他们最终的决策。[3]

2. 决策机制

在高度的行政化治理体制下，农村公共产品与服务供给决策机制必然采取的是自上而下的政府主导式。但是，该阶段农村公共产品的决策机制在继承人民公社"自上而下"模式的基础之上，又有了一定的发展。部分学者认为，在家庭联产承包责任制实行至农业税取消这一阶段的农村公共产品与服务供给模式采取的是强自上而下和弱自下而上相结合的决策机制。[4] 这是因为，该时期村委会取代了生产大队，并且它所具备的农村居民自治职能使得农民在一定程度上可以参与到公共产品与服务供给的决策之中，因此在自上而下的主流决策方式中又具有自下而上的特征。

然而，所谓的农村居民自治实际上并未能改变政府完全掌握决策权的局

---

[1] 鄢奋. 农村公共产品供给的问题与对策 [M]. 北京：社会科学文献出版社，2011：65.
[2] 胡洪曙. 中国农村公共产品供给的制度分析与改革路径研究 [M]. 北京：中国财政经济出版社，2006：52-54.
[3] 冯华艳. 农村公共服务供给研究 [M]. 北京：中国政法大学出版社，2015：51-52.
[4] 张天学，阙培佩. 我国农村公共文化产品供给制度的历史演变及其启示 [J]. 哈尔滨商业大学学报（社会科学版），2012（4）：49-53.

面。基层政府按照自身的政治、经济诉求，为了追求更高的政绩，往往提供的是那些见效快的、周期短的、易出政绩的公共产品与服务，而部分周期长的、见效慢的但又是农村居民迫切需要的公共产品则常常被忽略。① 在此基础之上，上级政府再通过强制性的行政方式，将已经决策好的农村公共产品与服务利用经济发展指标的形式进行层层分解，下达县、乡、村每一级，再由每个村庄将各项指标具体分配到各个农村居民头上。② 村委会在实践之中已经成为准政府组织，很难有效地代表农村居民进行决策。

因此，本书认为，该阶段农村公共产品与服务供给模式中的决策机制依然是以自上而下的政府主导式为主。在这种决策方式下，政府所提供的公共产品与服务存在与农村居民的实际需要不相符合的现象，从而导致成本收益严重不对称的难题，存在供需失衡以及公共资源配置效率低下的困境。③

3. 筹资机制

这一阶段农村公共产品与服务供给的资金来源同样延续了人民公社时期制度内与制度外两种渠道相结合的形式，但是其具体的筹资状况却与前一阶段有所差别。首先，制度内筹资，即政府财政投资。这一时期乡镇政府取代了人民公社，乡村地区的集体经济也名存实亡，原先的"统收统支"转变为了"分灶吃饭"。再加上，一方面，上级政府把绝大部分农村公共产品与服务供给的职责移交至基层政府④，然而因为不科学的事权分配制度，致使基层政府虽然具有为农民提供公共产品的责任，但是没有配套的财权，即公共产品供给的资金筹集仍然没有被纳入国家公共收支的范畴中⑤；另一方面，改革开放后国家的发展重点发生了变化，社会经济结构也随之改变，基层政府的税收调节制度也逐渐弱化，其筹资能力严重不足。综合以上两方面的原因，单凭制度内——政府财政的投入是无法为广大乡村地区提供充足的公共产品与

---

① 石义霞. 中国农村公共产品供给制度研究［M］. 北京：中国财政经济出版社，2011：83-84.
② 朱金鹤. 中国农村公共产品供给：制度与效率研究［M］. 北京：中国农业出版社，2009：74.
③ 张秀生. 农村公共产品供给与农民收入增长［M］. 北京：中国农业出版社，2008：49.
④ 徐小青，郭建军. 中国农村公共服务改革与发展［M］. 北京：人民出版社，2008：13.
⑤ 董明涛. 农村公共产品供给机制创新研究［M］. 长春：吉林人民出版社，2013：62.

服务的,因而,农村公共产品与服务供给资金筹集的重担仍然压在了制度外——农民分摊的渠道上。

这一阶段,制度外筹资也可以从物力成本和劳动力成本两个角度入手分析。物力成本主要是指基层政府和村委会以税收的形式直接向农村居民征收所谓"三提五统"以及各种集资等,这些均由基层政府以税费的名义进行征收,但其实质并不属于政府财政收支体系,是农村居民的税外负担。[1] 其中"三提"主要是指农村公积金、公益金、管理费三项提留,而"五统"则是指乡村地区的教育教学、计划生育、民兵训练、民政优抚、道路建设与维修五项统筹。[2] 另外,制度外的劳动力成本主要来源于向农民征收的"两工",即义务工和劳动积累工。

由此可见,制度外的筹资机制同样在此时农村公共产品与服务供给的资金筹集当中发挥了绝对作用。但是,随着乡村地区集体经济的消亡,它所筹措的对象从集体组织演变为具体的农村居民个人,它的具体筹资形式也由间接的、隐性的农村居民负担转变为直接的、显性的农村居民负担。[3] 在这种筹资机制下,一方面,农村居民的经济生活水平本身就远低于同时期城镇居民,但是城镇居民在使用公共产品与服务时是无偿的,而农村居民却得为自身所享用公共产品与服务付出大量的财力或者人力,更进一步加深了城乡二元分割的局面[4];另一方面,基层政府以及村委会向农民征收的"三提五统"等并不属于政府公共财政收支,这种收费形式易造成乱收费、乱集资、乱摊派的问题,进一步加重了农村居民的经济压力,甚至激发干群矛盾,不利于整个乡村社会的稳步发展。[5]

4. 生产与管理机制

在家庭联产承包责任制阶段,农民的自主意识越来越强,他们对于公共

---

[1] 冯华艳. 农村公共服务供给研究 [M]. 北京:中国政法大学出版社,2015:44-45.
[2] 王景新,郭海霞. 村落公共产品供给机制的历史演变与当代创新 [J]. 农业经济问题, 2018 (8):71-81.
[3] 张秀生. 农村公共产品供给与农民收入增长 [M]. 北京:中国农业出版社,2008:49.
[4] 李晓楠,孙建芳. 基于国家视角的村庄公共产品供给模式转变分析 [J]. 农村经济, 2011 (11):81-84.
[5] 李圣军. 农村公共产品的政府供给模式及其演变 [J]. 江汉论坛,2012 (5).

产品的需求也呈现出多样化与差异化的特征，单靠政府是无法全面包揽这些所需的公共产品与服务的。而在这一时期，市场经济取代了过去的计划经济，市场上逐渐出现了许多私人企业以及第三方机构，社会资本所具备的实力也越来越雄厚，其中不乏拥有足够能力可以提供公共产品而又独立于政府部门之外的组织。① 特别是随着市场经济的进一步发展，农村公共产品与服务的生产与管理出现分离，目前国内学者普遍认为该时期农村公共产品与服务生产与管理机制可以具体分为以下几种。②

其一，政府部门直接生产与管理，这是传统的公共产品生产与管理模式，主要是针对那些无法向使用者进行收费或者外部效应十分显著的公共产品与服务。

其二，由政府投资，企业或者第三方组织以商业模式经营管理，主要针对那些强自然垄断性、投资力度大的公共产品，在政府进行财政投入时引入市场机制，以便把国有资产的所有权与经营权分割开来，充分融合了政府直接投资和商业经营两种手段的长处，从而实现公共产品与服务供给的有效经营管理。

其三，在政府管控下的私人投资经营管理，主要针对投资力度不大而且公共性较弱的公共产品，在这种机制当中，政府只承担监管者的职责，最终具有决定性作用的是市场机制，但是在市场活力得到充分激发的同时也要面临各种市场风险。

其四，政府补助下的私人投资经营管理，主要针对的是低利润、高风险而外部性又十分显著的公共产品与服务，在这种方式中，政府除了是管控者，还会向生产经营公共产品与服务的私人组织给予一定的补助。

其五，社区俱乐部形式，顾名思义就是指该村庄内部的成员自我投资、自我生产、自我管理、自我消费。

---

① 赵海燕. 基于需求的农村公共产品供给体制研究 [M]. 北京：中国农业出版社，2013：45.
② 胡洪曙. 农村公共产品供给体制的历史演变及对比研究 [J]. 中南财经政法大学学报，2007（2）：14-19，142；何建春. 中国农村公共产品供给制度变迁研究 [M]. 南昌：江西人民出版社，2011：102-103.

(三)"以经济为中心"发展时代农村公共产品与服务供给模式的主要特征

1. 基层政府在农村公共产品与服务供给中占主导地位

在这一阶段,国内研究者认为农村公共产品与服务供给模式基本上是人民公社阶段的延续,仍然是国家统合模式。尽管该阶段政府逐步减轻了对乡村地区的控制力度,但是在压力型行政体制下,基层政府往往习惯于以行政命令的方式来实现农村公共产品与服务的供给,而村委会在实践过程当中逐渐演变为准政府单位,严格地执行政府的指令,再加上此时农民的主体意识较弱,是以,由政府自上而下地提供公共产品与服务是必然的。① 并且,我国宪法有明文规定,基层政府具有组织各辖区社会经济、文化等事业发展的职责,具有提供相应的公共物品与服务的义务,因此,各乡(镇)政府是农村公共产品与服务供给的主导者。②

2. 社会力量逐步参与农村公共产品与服务供给

但是,自从人民公社瓦解之后,农村公共产品与服务供给制度也发生了相应的变化:一方面,政府单一供给主体的局面有所改变,市场上一些私人企业、社会组织等社会力量也开始逐渐参与到农村公共产品与服务供给当中;另一方面,在明确各级政府职责的前提下,政府开始有选择性地为农民提供部分公共产品与服务,而不再是以往的政府全部包揽的形式。③ 因此,这一阶段农村公共产品与服务供给模式是政府供给为主、社会多元参与为辅的模式。④

3. 农村公共产品与服务供给依然低效

这一时期,虽然社会力量开始参与到农村公共产品与服务的供给之中,但是其实力与规范化程度均有待进一步提升。首先,缺乏明确的制度对参与

---

① 刘祖云,韩鹏云. 乡村社区公共品供给模式变迁:历史断裂与接合:基于乡村秩序演进的理论视角 [J]. 南京农业大学学报(社会科学版),2012,12 (1).
② 许莲凤. 农村公共产品供给制度研究 [D]. 福州:福建师范大学,2008:20.
③ 郭瑞萍. 我国农村公共产品供给制度研究 [D]. 咸阳:西北农林科技大学,2005:68-69.
④ 汪杰贵,裴志军,张俊华. 以农民满意为导向的农村公共服务多元化协同供给模式研究 [J]. 农村经济,2012 (1):26-30.

公共产品供给的社会力量的资金筹措、具体使用过程等进行规定,也无法有效地对其进行监督管理,易导致资源的浪费与无效。其次,社会力量的参与使得供给主体呈现出多元的局势,这在激发竞争意识的同时,也容易造成各主体之间在责任上互相推诿。最后,由于市场经济处于起步阶段,社会力量仍然十分有限,并且社会各方供给主体的利益诉求不同,在该阶段很难实现有效的合作供给。①

三、"以人民为中心"发展时代前期农村公共产品与服务供给模式

(一) 从"以经济为中心"到"以人民为中心"过渡时期的时代背景

从21世纪初(2004)开始,我国政府农村公共产品与服务逐步转变为"以人民为中心"的供给模式。主要有三个发展阶段。第一,从新世纪首个"三农"中央一号文件发布到农业税取消阶段(2004—2006),2003年12月31日发布了2004年中央一号文件,该文件是改革开放以来中央的第六个关注"三农"的"一号文件",也是21世纪第一个关注"三农"问题的中央一号文件,这标志着中央把解决"三农"问题重新纳入了国家发展战略高度。2004年中央一号文件提出"全党必须从贯彻'三个代表'重要思想,实现好、维护好、发展好广大农民群众根本利益的高度,进一步增强做好农民增收工作的紧迫感和主动性"。提出要按照"多予、少取、放活"的方针,促进农民增收。自此,中国从农村居民需求的角度开启了关注"三农"发展的新进程,农村公共产品与服务供给进入了新的发展阶段。第二,从全面取消农业税到十九大前夕(2006—2017)。2006年我国正式废止《农业税条例》。②至此,我国实行了两千多年的农业税全面取消,同时也标志我国步入了工业反哺农业、城市带动农村发展的阶段。免征农业税不仅极大地减轻了农民的负担,维护了农民的权益,加快了农村发展的步伐,而且也进一步调整了政府和农民群体之间的关系。因此,农村公共产品与服务供给模式也随之有所改变。第三,从十九大(2017)到现在。党的十九大报告提出"我国社会主要矛盾已经转化为人民日益增长的美好生活需要和不平衡不充分的发展之间

---

① 张秀生. 农村公共产品供给与农民收入增长 [M]. 北京:中国农业出版社,2008:55.
② 取消农业税 [EB/OL]. 中国政府网,2006-03-06.

的矛盾",这也是中国特色社会主义进入新时代的标志。社会主要矛盾转化必然要求政府公共服务职能的转型,相应的政府农村公共产品与服务由围绕经济发展转变为"以人民为中心"的供给模式。经过改革开放近40年的发展,我国的各项事业均发生了历史性变革,我国社会生产力水平总体上显著提高,公共产品与服务供给水平早已今非昔比,确已脱离了"落后的社会生产"局面,但公共产品与服务供给不平衡不充分的发展依然广泛,如公共产品与服务供给存在城乡不平衡现象,供给能力和水平同人民的高层次需求、多样化需求和个性化需求之间存在差距。因此,党的十九大提出"我们要在继续推动发展的基础上,着力解决好发展不平衡不充分问题"。

(二)"以人民为中心"发展时代前期农村公共产品与服务供给模式的具体机制

自2004年中央一号文件发布起到十九大召开,这期间中国"三农"发展最重要的事情莫过于全面取消农业税。农业税,顾名思义就是指向从事农业活动的,并且从中获得一定收入的群体所收取一定比例的税费。农业税改革是自新中国成立以来继农业合作社、人民公社和家庭联产承包责任制之后,政府在乡村地区实施的又一次伟大的改革。

早在20世纪末,政府便开始对税费进行调整。在21世纪之初,安徽省又一次在全国率先进行农业税费改革。经过三年的推行,全国各个地区农业税费改革均已完成。2004年,农业税改革迈入了更高的层次,部分省份开始推行取消农业税的试点工作。随着试点工作的稳步推进,经过十届全国人大常委会第十九次会议决定,我国于2006年正式废止《农业税条例》。[1] 至此,我国实行了两千多年的农业税全面取消,同时也标志我国步入了工业反哺农业、城市带动农村发展的阶段。免征农业税不仅极大地减轻了农民的负担,维护了农民的权益,加快了农村发展的步伐,而且进一步调整了政府和农民群体之间的关系。因此,农村公共产品与服务供给模式也随之改变。这一阶段我国农村公共产品与服务主要采取"一事一议"的供给机制,即在农村地区公共产品与服务的供给过程之中,如农村道路的修建、农村的基本水利设

---

[1] 取消农业税 [EB/OL]. 中国政府网, 2006-03-06.

施建设等，如果需要因此向农民收取费用或者征用劳动力，必须采取专事专议的方式，经过农村居民大会进行集体决策。①

1. 需求表达机制

农业税正式取消之后，国家对于乡村地区的控制力度在很大程度上有所减弱，农民拥有更大程度的自主权。是以在农村公共产品与服务供给模式的需求表达机制方面，农村居民对于自身所急需的公共产品与服务可以通过"一事一议"的方式来表达。这为农村居民与村委会搭起了一个有效沟通的桥梁，使得农村居民可以利用该渠道表达自身的实际需求，有利于提高农村居民的自治能力以及培养农村居民的合作意识，从而使得公共物品与服务的供给能够实现最大化的利用，促进供需均衡。②

但是，这种"一事一议"制度在实践之中，经常存在有事不议、没事乱议、议而不决的现象，甚至部分乡村地区常年不开农村居民大会，这种需求表达机制实际上形同虚设。③除此之外，尽管在这一阶段，政府开始逐渐重视"三农"的发展，力图消除城乡二元体制带来的种种差距，大力实行工业反哺农业的政策，然而农民仍然处于弱势地位，他们对于公共产品的需求意愿很容易遭到忽略，其表达的渠道依然不健全。

2. 决策机制

步入21世纪以来，随着工业化程度的不断提高，落后的农业经济成了整个社会发展的薄弱环节，政府开始高度重视"三农"发展，实行工业反哺农业的政策，国家对于农民的民生问题十分关注。再加上服务型政府理念的影响，政府逐渐重视农民对于公共产品与服务的需求意愿。另外，随着改革开放步伐的不断推进，农民的视野不断开阔，自身的政治文化素养得到了较大程度的提升，其民主意识与参与意识逐渐加强，基层民主建设也随之日益加强。④在这一阶段，理论上来说，农民可以通过"一事一议"的渠道参与到

---

① 李晓楠，孙建芳. 基于国家视角的村庄公共产品供给模式转变分析 [J]. 农村经济，2011（11）：81-84.
② 杨晓黎. 税费改革与农村公共品供给分析 [J]. 中共济南市委党校学报，2004（2）：86-89.
③ 冯华艳. 农村公共服务供给研究 [M]. 北京：中国政法大学出版社，2015：58-59.
④ 鄢奋. 农村公共产品供给的问题与对策 [M]. 北京：社会科学文献出版社，2011：68.

公共产品与服务供给的集体决策之中。这种自下而上的决策方式在农村公共产品与服务供给过程中发挥了一定的作用：一方面，农民在考虑其实际承受能力的基础之上，可以通过该渠道有效地表达出自身在生产生活中所迫切需要的公共产品，进而促进供给与需求的一致性，也有利于保证村集体公益事业建设的有效、有序进行，以实现农村公共产品与服务供需的充分衔接①；另外，农民也能够通过这一渠道拒绝不合理的公共物品成本分摊决策，从而进一步提高农村公共资源的配置效率。②

然而，现如今的决策机制仍然是以自上而下的方式为主。这一方面是因为，在压力型的行政体制下，政府仍然是农村公共产品与服务的供给主导者，政府具有高度的权威性，其决策方式自然而然采取的是自上而下的行政命令式。另一方面则是因为在"一事一议"具体的操作过程当中，其实际的效果远不如预想，甚至还带来了种种困境。有学者研究表明，"一事一议"制度自实施以来在全国各村庄成功的案例少之又少。并且，该制度仅仅是在"自上而下"的决策基础之上对于公共产品与服务供给决策机制的渐进性边缘的制度创新，它不会也不能够改变以自上而下为主的决策机制的本质。③

由此可见，现阶段，农村公共产品与服务供给模式的决策机制大体上是新中国成立以来前两个阶段的延续，即普遍以单向性的、自上而下的、政府强制性为主，但是目前这种决策方式正在逐步弱化，而自下而上的决策方式所发挥的作用越来越不容小觑。

3. 筹资机制

农业税全面取消之后，原先的"三提五统"等制度外筹资方式也随之终结，这在减轻农民群体经济压力的同时，也进一步削弱了基层政府的财政实力，使得农村公共产品与服务的制度外筹资渠道更为狭窄。④ 另外，尽管现阶段一些民间力量开始逐步出现且取得了一定的发展，但是，农村投资、融资

---

① 冯华艳. 农村公共服务供给研究 [M]. 北京：中国政法大学出版社，2015：60.
② 陶丽. 我国农村公共服务供给问题研究 [D]. 郑州：郑州大学，2011：17-19.
③ 朱金鹤. 中国农村公共产品供给：制度与效率研究 [M]. 北京：中国农业出版社，2009：82.
④ 赵春江，李江. 新农村建设中公共产品供给问题研究 [M]. 北京：中国财富出版社，2011：79.

体制仍然不完善,无法在公共产品与服务供给领域发挥出实际效用。因此,在现阶段,主要依靠制度外的筹资是无法实现农村公共产品与服务的有效供给的,农村公共产品与服务供给的资金来源从以往的以制度外为主逐渐转变为以制度内——政府财政拨款为主。自农业税取消后,农村公共产品与服务供给被正式纳入公共财政体系当中①,各级政府逐渐加大了对其财政方面的投入力度,特别是中央政府和各省级政府通过专项拨款和转移支付两种方式加大其财政的支持力度。② 除此之外,对于村庄内部的一些集体公共事务供给则通过"一事一议"的形式从村庄内部每一户家庭收取费用以筹措其所需的资金。

总而言之,农村公共产品与服务供给的筹资机制仍然是由制度内与制度外两方面相结合,但是制度内筹资占据了绝对位置,制度外筹资所发挥的作用日益削弱。这种筹资机制进一步规范了制度外的资金来源,减少了政府乱收费、乱分摊的现象,减轻了农民的经济压力。然而,现如今农村公共产品与服务供给的资金来源仍然十分紧张。一方面,"三提五统两工"取消后,财权与事权仍然处于分割状态,导致了基层政府的财政收入十分微薄,上级政府所给予的财政补贴往往只能维持机构的正常运行,最后供给农村公共产品与服务的财政重担仍然落在基层政府身上,而基层政府薄弱的财力根本无法实现充分有效的供给;另一方面,"一事一议"不仅存在制度上的不合理,它本质上还是延续了前两个阶段所形成的城乡二元公共产品与服务供给制度,而且在具体的实践过程当中也是困难重重,就目前而言,在全国范围内以该种形式筹措到的资金少之又少。③

4. 生产与管理机制

现阶段,农村公共产品与服务供给的生产管理机制基本上也是沿袭前一阶段,并且在此基础之上进一步发展,逐渐演变成了多元主体生产管理模式。首先,农村公共产品与服务的生产与管理仍然是以政府为主导,政府对农村

---

① 鄢奋. 农村公共产品供给的问题与对策 [M]. 北京:社会科学文献出版社,2011:68.
② 陈朋. 后税费时代农村公共产品供给模式与制度设计研究 [D]. 武汉:华中师范大学,2007.
③ 叶子荣,刘鸿渊. 农村公共产品供给制度:历史、现状与重构 [J]. 学术研究,2005(1):57-62,146.

公共产品与服务的财政支持力度显著增加,各基层政府与农村居民委员会仍然是农村公共产品与服务的直接组织者①,但是,由于农业税的取消导致基层政府财力更加薄弱,再加上"一事一议"制度形同虚设,基层政府和村委会的职责有所削弱。其次,与前一阶段相比,在"小政府、大社会"的影响下,政府进一步意识到了社会力量的重要性,通过制定多项优惠政策,大力鼓励与倡导社会力量参与到农村公共产品与服务的供给当中,为农村社会组织的发展与壮大提供了良好的政治基础。是以,在现阶段农村公共产品与服务供给的生产管理机制中存在以政府为主的市场、私人、第三方机构等多元主体。② 其具体的生产管理方式同前一阶段相同,可以分为政府部门直接生产与管理、在政府投资下由企业或者第三方组织以商业形式经营管理、在政府管控之下的私人投资经营管理、在政府补贴下的私人投资经营管理以及社区俱乐部五种形式。③

目前,随着"三农"的快速发展,农民的经济收入不断增加,除部分无法向使用者进行收费以及外部效应十分显著的公共产品与服务由政府直接供给与管理之外,其余的农村公共产品与服务的生产管理均有社会力量的参与。④

(三)"以人民为中心"发展时代前期农村公共产品与服务供给模式的主要特征

1. 农村公共产品与服务供给更加凸显政府责任

现阶段,农村公共产品与服务的供给开始由制度外农民供给转为制度内供给,其供给费用逐渐演变为以政府承担为主。农业税取消,政府逐渐重视农村的发展,财政上对"三农"的支持力度也不断加大,农民的负担有所减轻,长久以来由农民自我供给公共产品与服务的局面基本上结束,政府开始

---

① 彭正波,王凡凡.农村制度变迁、公共产品供给演变与农村社会组织发展[J].农业经济,2018(2):12-14.
② 张天学,阚培佩.我国农村公共文化产品供给制度的历史演变及其启示[J].哈尔滨商业大学学报(社会科学版),2012(4):49-53.
③ 胡洪曙.农村公共产品供给体制的历史演变及对比研究[J].中南财经政法大学学报,2007(2):14-19,142.
④ 顾晓焱.农村公共品供给模式研究[M].武汉:武汉出版社,2012:74-75.

成为农村公共产品与服务的主要承担者。

2. 以政府为主的多主体协同供给格局逐渐成形

随着市场经济的不断发展与完善,市场机制与社会机制在农村公共产品供给领域发挥的作用越来越大,越来越多的社会力量参与到供给之中。① 目前,纯公共产品主要以政府供给为主,而准公共产品则主要依靠社会多元主体供给。② 因此,农村公共产品与服务供给模式是以政府为主的多元协同供给模式。

3. 更加注重满足人民多层次多样化个性化需求

随着经济社会的发展,人民的需求既有基本生存需求和基本发展需求等基本公共服务需求,也有对美好生活的改善性、发展性和享受性需求,呈现出了多层次的特点,而且人民需求的范围日益广泛,包括政治需求、经济需求、社会需求、文化需求和生态需求等各方面,而且越来越具有个性化的特点。党的十九大报告提出"我国社会主要矛盾已经转化为人民日益增长的美好生活需要和不平衡不充分的发展之间的矛盾",这标志着中国特色社会主义进入新时代,同时也标志着中国农村公共产品与服务供给模式将转变为满足"人民日益增长的美好生活需要"的"以人民为中心"的农村公共产品与服务供给模式。根据马斯洛需求层次理论,逐步摆脱温饱困扰的广大农村居民对美好生活也充满着向往和期盼,满足人民美好生活需要意味着新时代农村公共产品与服务供给要更加注重满足人民多层次、多样化和个性化需求。

四、中国农村公共产品与服务供给模式历史演变的简要评述

早在封建时期,我国农村公共产品与服务供给便已初具雏形,经过两千多年的发展与演变,农村公共产品与服务供给模式逐渐走向规范化、制度化。本章对我国农村公共产品与服务供给模式的历史发展进行了大体的回顾与描述,以便在此基础之上更好地了解与研究现阶段的农村公共产品与服务供给。

在封建时期,农业经济是国家的支柱产业,政府为了农业活动的顺利开展向农民提供一定的公共产品。但是由于当时政府能力有限,一般而言,政

---

① 张玉军. 农村公共产品体制与机制研究 [D]. 苏州:苏州大学,2009:31.
② 鄢奋. 农村公共产品供给的问题与对策 [M]. 北京:社会科学文献出版社,2011:68.

府只会提供较大型的农村公共产品，其余的小型农村公共产品则主要由宗族、乡村精英、商人以及公益慈善组织等独自或合作提供。因而，这一时期的农村公共产品与服务供给模式是以多元供给主体为主的村社自足模式，其供给的主要是当时农民迫切需要的用于其生产生活的公共产品，而其资金主要来源于政府财政、社会捐赠以及农村居民自筹等，农民主要以劳动力的形式分摊成本。但是，该时期的供给模式并没有相应的明文规定，其随意性程度较高，完全取决于供给主体的意愿。

在民国时期，政府针对乡村地区设立了乡镇一级的政权进行管理，但是由于动荡不安的国际与国内环境，导致军事支出占据了财政收入的绝大部分，政府无力负担农村公共产品。再加上乡镇一级的政府虽然有管理之权，但并没有制定配套的财政措施，因此，此时农村公共产品与服务以农民自我供给为主，实行的是乡村自治的供给模式。

新中国成立之后，农村公共产品与服务供给开始步入了正轨。从供给主体来看，农村公共产品与服务的供给主体由单一的集体组织——农业合作社、人民公社演变为以乡镇政府和村委会为主的、社会多方力量共同参与的供给，并且社会力量的参与力度日益加大。从需求表达机制来看，农民对于公共产品与服务的需求均缺乏有效的表达渠道，虽然现阶段农民的需求得到了一定程度的重视，但是其表达机制仍然不够科学合理。从供给机制来看，我国农村公共产品与服务供给的决策由完全的自上而下的强制性决策变为强自上而下与弱自下而上相结合，并且自下而上的方式越来越受到重视。从筹资机制来看，虽然自新中国成立以来，农村公共产品与服务的资金均是通过制度内与制度外两种渠道相结合而筹措的，但是，前两个阶段的资金筹集都主要来源于制度外，而现阶段则主要以制度内公共财政拨款为主。从生产管理机制来看，人民公社时期是由单一的公社供给与管理，而自家庭联产承包责任制实行至今，政府虽然仍是农村公共产品与服务的主要生产管理者，但是社会与市场力量开始参与其中，并且其地位越来越重要。

党的十九大报告提出"我国社会主要矛盾已经转化为人民日益增长的美好生活需要和不平衡不充分的发展之间的矛盾"，这标志着中国特色社会主义进入新时代，同时也标志着中国农村公共产品与服务供给模式将转变为满足

"人民日益增长的美好生活需要"的"以人民为中心"的农村公共产品与服务供给模式。"以人民为中心"的农村公共产品与服务供给模式是新中国成立后"以政治为中心"发展时代的农村公共产品与服务供给模式和"以经济为中心"发展时代的农村公共产品与服务供给模式的升级和升华，是因长期被忽视的农村居民多方面需求，促进其全面发展和推动农村社会全面进步的客观要求，是农村公共产品与服务供给"人民性"的价值回归，是新时代中国特色社会主义发展的具体内容。

第四章

中国农村公共产品与服务供给现状分析

第一节 中国农村公共产品与服务供给进展与成就

一、中国农村社会保障进展与成就

农村社会保障作为我国城乡居民社会保障的重要组成部分，是关系到广大农村居民生活及生存情况的必要保障。农村社会保障的有效供给有助于提高农村劳动力资源使用率、维护农村社会秩序、推动农村地区经济结构优化发展，更是促进乡村振兴战略实施的关键。纵观新中国成立以来中国农村社会保障的发展特点，可分为以下三个阶段。

（一）以家庭和集体共同保障为主的阶段（1949—1977）

新中国成立初期，受重工业优先发展的工业战略及其他政策的影响，出现了农业户籍和非农业户籍，这就导致农村社会保障制度与城镇社会保障制度之间的差异初步显现。在这一阶段，国家在农村救济和优抚安置方面制定了相关法规与条例，并开始展开相关社会保障建设，但受制于新中国经济发展条件和认知不足的影响，政府无法建立及时有效的农村社会保障制度，因而农村社会保障主要是家庭保障、亲友邻里互帮互衬。1956年起，农业合作社的建立使得农户由个体生产活动转为集体生产活动，农村社会保障也随之转变为以集体保障为主。受国家政治环境和经济条件的影响，这一阶段的农村社会保障水平尽管不高，但在一定程度上保障了农村居民的基本生活。

(二)国家、集体和个人三方共同筹资阶段(1978年至20世纪90年代末)

1978年后,农村逐步推行家庭联产承包责任制,以农村集体生产为主的经济模式逐渐被农户家庭经济取代,农村居民的经济收入明显增加。与此同时,受经济市场化的影响,农村家庭个体的保障能力及保障范围不足以化解疾病、经济活动等带来的风险。国家采取了相关政策措施来加大农村居民生活、生产的保障力度,如转变农村社会救济方式、农村救济制度规范化、建立较为完善的农村保障网络、逐步进行农村最低生活保障措施等。这一时期的农村社会保障,集合国家、集体和个人的力量,进一步满足了农村居民的基本生活需要,缩小城乡居民生活差距,为后期农村社会保障制度的完善及农村整体发展提供宝贵经验与制度支持。

(三)农村社会保障全方位探索阶段(21世纪初至今)

进入21世纪后,我国的经济快速发展,国民生产总值稳步增长,政府和社会对于农村地区的社会保障也随之加强。2003年起,新型农村合作医疗制度在全国部分县(市)的试点工作逐步开展。2009年,在全国部分县(市)开展新型农村社会养老保险试点工作。党的十九大报告中提出的乡村振兴战略,强调到2020年基本建立城乡统一的社会保障制度体系。党和政府推行的一系列举措,使得农村社会保障不断取得进展,主要表现在以下几方面。

1. 医保参保(合)率逐步提升,整体稳步发展

2002年,我国首次明确提出新型农村合作医疗(简称新农合)制度。2009年,确立新农合为农村社会保险之一。在2004年至2016年,新农合的参合率、人均筹资以及当年基金支出都显著增加,说明新农合对农村居民的保障是有明显成效的。国务院2016年1月12日发布《国务院关于整合城乡居民基本医疗保险制度的意见》,逐步整合城镇居民基本医疗保险(简称城镇居民医保)和新型农村合作医疗两项制度,建立统一的城乡居民基本医疗保险(简称城乡居民医保)制度。截至2022年年底,城乡居民基本医疗保险(以下简称居民医保)人数98349万人,参加居民医保人员享受待遇21.57亿人次。医保覆盖面已经越来越广,人民的普惠面越发加大。

表 4-1　新型农村合作医疗情况①

年份	参加新农合人数（亿人）	新农合基金收入（亿元）	新农合人均筹资（元）	新农合当年基金支出（亿元）	新农合补偿受益人次（亿人次）
2004 年	0.8	75.2	50.4	26.4	0.76
2005 年	1.79	75.7	42.1	61.8	1.22
2006 年	4.1	80.7	52.1	155.8	2.72
2007 年	7.26	86.2	59	346.6	4.53
2008 年	8.15	91.5	96.3	662	5.85
2009 年	8.33	94	113.4	922.9	7.59
2010 年	8.36	96.00	156.57	1187.84	10.87
2012 年	8.05	98.26	308.50	2408.00	17.45
2013 年	8.02	98.70	370.59	2909.20	19.42
2014 年	7.36	98.90	410.89	2890.40	16.52
2015 年	6.70	98.80	490.30	2933.41	16.53
2016 年	2.75	99.36	559.00	1363.64	6.57
年份	参加城乡居民医保人数（亿人）	城乡居民医保基金收入（亿元）	城乡居民医保人均筹资（元）	城乡居民医保当年基金支出（亿元）	城乡居民医保享受待遇人次（亿人次）
2017 年	/	5653	646.1	4955	14.9
2018 年	8.97	6971	723.2	6277	16.2
2019 年	10.25	8575	781.0	8191	21.7
2020 年	10.17	9115	833.0	8165	19.9
2021 年	10.09	9724	889	9296	20.8
2022 年	9.83	10129	960	9353	21.57

数据来源：历年《中国社会统计年鉴》《中国卫生和计划生育统计年鉴》《全国医疗保障事业发展统计公报》。

2. 农村养老保险稳步发展，城乡居民基本养老保险（简称城乡居保）统筹推进

2009 年 9 月，国务院颁布《关于开展新型农村社会养老保险试点的指导意

---

① 自 2017 年起统计口径发生变化。

见》，决定施行新型农村社会养老保险（简称新农保）试点。2011年6月，国务院印发《关于开展城镇居民社会养老保险试点的指导意见》，决定建立城镇居民社会养老保险（简称城居保）制度，这标志着在制度层面实现了基本养老保险的全覆盖。2014年2月，国务院出台了《关于建立统一的城乡居民基本养老保险制度的意见》，将新农保和城居保合并成为城乡居民基本养老保险。截至2022年年底，参加城乡居民基本养老保险人数54952.3万人，实际领取待遇人数达16464.2万人。

3. 农村社会救济费持续增加，兜底保障效果明显

保障生活陷入困境的农村居民基本生活的农村社会救济制度，其所涉及的农村社会救济费用从1978年的23069万元增长到2014年的10923800万元，增长超1092亿元，其所占民政事业费支出总额比重也提高了8%。同时，从1978年到2014年，农村社会救济费总体呈正向增长，其所占民政事业费支出总额比重呈波动增长的趋势。

图4-1 农村社会救济费情况①

数据来源：《中国农村统计年鉴》（1985—2015）。

农村救助人数总体增加，波动发展。农村救助对象包括农村居民最低生

---

① 说明：《中国农村统计年鉴》最早可溯及1985年年鉴，该年鉴数据仅包括1984、1983、1980和1978年，缺失1979、1981和1982年数据，故无法补齐数据。

活保障者、农村特困人员集中供养者、农村特困人员分散供养者、传统救济者和农村临时救济者。在2007—2013年，农村救助人数逐年递增；在2014—2022年，农村救助人数波动下降。农村救济在一定程度上可以保障有困难对象的基本生活需要，同时，由于农村扶贫工作开展，有农村救济需求的农村居民数量会逐步下降。

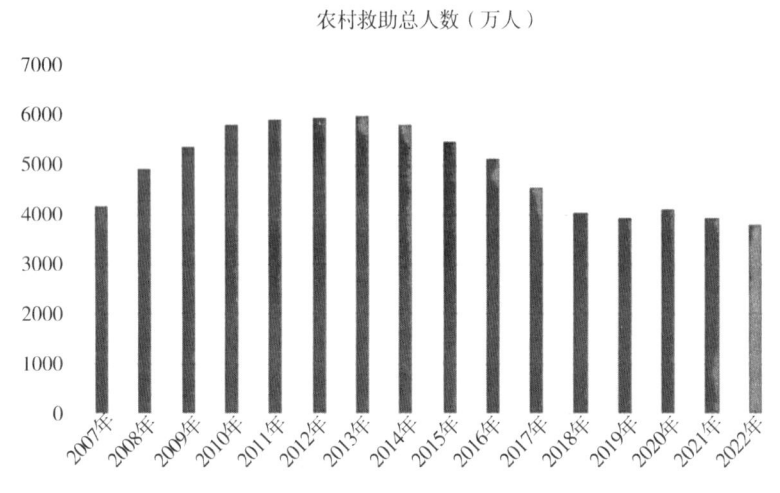

图 4-2 农村救助人数情况

数据来源：《中国社会统计年鉴》（2023）。

二、中国农村公共卫生服务进展与成就

农村公共卫生服务是国家基本卫生公共服务项目的一大重要分支，关系到农村居民的身心健康，对于促进我国城乡公共卫生服务均等化具有关键作用。我国农村公共卫生事业在民国时期开始建立，但受当时多重因素的限制，其发展与影响力非常有限，收效甚微。在新中国成立后，党和国家对农村公共卫生服务给予高度重视和诸多投入，在将近70年的时间里，改变了我国农村疾病流行、死亡率高、卫生知识匮乏的困境，呈现出农村健康预防与保障制度不断健全、居民卫生意识大幅增强的新面貌。当前，我国已在农村公共卫生服务方面取得了一定的进展。

(一) 农村乡（镇）卫生院、床位和卫生机构人员情况

随着农村健康预防与保障制度不断健全，中国农村公共卫生服务基础设施水平自改革开放以来实现了大幅度提升。尽管乡（镇）卫生院的数量有所减少，但床位数同卫生机构人员整体呈增加趋势。农村公共卫生服务可及性显著提高，农民就近就医问题已基本解决。

表4-2 农村乡（镇）卫生院、床位和卫生机构人员情况

年份	乡（镇）卫生院（个）	床位（张）	卫生机构人员（人）	年份	乡（镇）卫生院（个）	床位（张）	卫生机构人员（人）
2000年	49229	734807	1169826	2016年	36795	1320841	1223891
2005年	40907	678240	1012006	2017年	36551	1292076	1360272
2010年	37836	994329	1151349	2018年	36461	1333909	1391324
2011年	37295	1165996	1026251	2019年	36112	1369914	1445043
2012年	37097	1204996	1099262	2020年	35762	1390325	1481230
2013年	37015	1223858	1136492	2021年	34943	1417410	1429416
2014年	36902	1247299	1167245	2022年	33917	1530690	1455876
2015年	36817	1277697	1196122				

数据来源：《中国农村统计年鉴》。

(二) 监测地区农村5岁以下儿童和孕产妇死亡率情况

在我国，随着医疗卫生水平的提高，农村地区医疗卫生设施的不断更新，相关医疗卫生知识的广泛宣传，我国监测地区的农村5岁以下儿童死亡率和孕产妇死亡率持续下降。在2000年，新生儿死亡率、婴儿死亡率、5岁以下儿童死亡率和孕产妇死亡率都处于历史最高值，而到了2022年，前三项数据都降至历史最低值，说明我国农村地区的疾病防治工作取得了一定程度的进展。

表4-3 监测地区农村5岁以下儿童和孕产妇死亡率情况

年 份	新生儿死亡率（‰）	婴儿死亡率（‰）	5岁以下儿童死亡率（‰）	孕产妇死亡率（1/10万）
2000年	25.8	37.0	45.7	69.6
2005年	14.7	21.6	25.7	53.8

续表

年 份	新生儿死亡率（‰）	婴儿死亡率（‰）	5岁以下儿童死亡率（‰）	孕产妇死亡率（1/10万）
2010年	10.0	16.1	20.1	30.1
2015年	6.4	9.6	12.9	20.2
2020年	3.9	6.2	8.9	18.5
2021年	3.6	5.8	8.5	16.5
2022年	3.6	5.7	8.0	16.6

数据来源：《中国社会统计年鉴》。

（三）农村卫生费用情况

卫生费用是指为保障居民健康、提高国家卫生水平，国家、社会和个人在卫生保健方面所投入的费用。2000—2019年，我国农村地区的卫生费用和人均卫生费用在逐步增加，说明国家、社会和个人对农村卫生情况的关注度及人力、财力、物力的投入力度在持续加大，有助于农村公共卫生水平的提高。

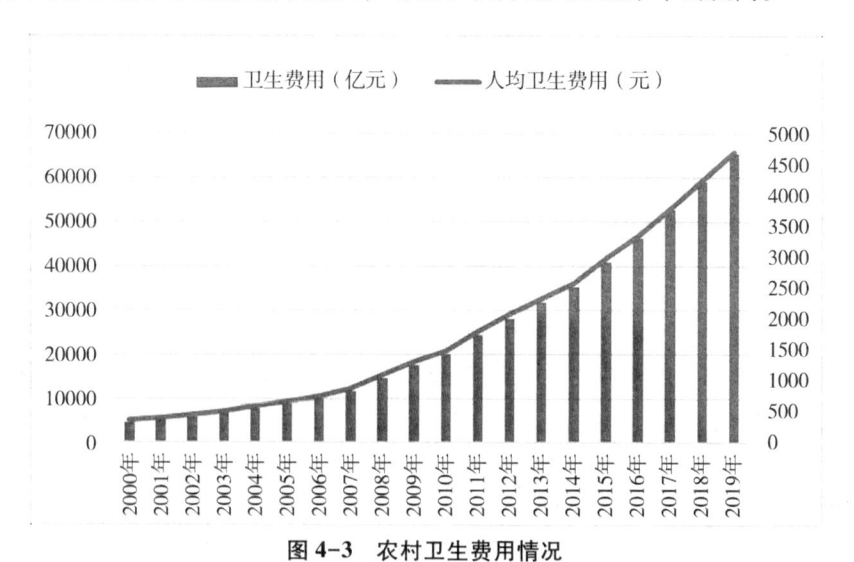

图4-3 农村卫生费用情况

注：1. 按当年价格计算；2. 2001年起卫生总费用不含高等医学教育经费，2006年起包括城乡医疗救助经费；3. 卫生费用和人均卫生费用均只统计到2016年；4. 数据来源于《中国卫生和计划生育统计年鉴》。

(四) 农村改厕情况

2009年，我国推进农村改厕工作，旨在对全国农村改厕工作进行规范，同时缩减农村改厕的工期，尽早为农村居民提供良好的环境卫生，提升农村居民卫生健康水平。根据农村改厕情况相关数据可知，我国农村改厕在2010—2017年取得了明显进展：农村改厕总户数由2010年的25415.4万户增加到2017年的26490.9万户；各地根据居住习惯和当地风俗进行不同类型的厕所改造；卫生厕所普及率也由67.4%增加到81.7%；无害化卫生厕所普及率由45%提高到62.7%。这一系列农村改厕的行动，为农村居民提供了提升生活质量的基本卫生设施，为农村居民的身心健康增加了保障。

表4-4 农村改厕情况[①]

年份		2010年	2012年	2013年	2014年	2015年	2016年	2017年
农村总户数（万户）		25415.4	25977.2	26185.9	26219.1	26372.8	26674.1	26490.9
累计卫生厕所户数（万户）	合计	17138.3	18627.5	19400.6	19939.3	20684.3	21437.1	21669.9
	三格化粪池式	5344.3	6225.6	6573.2	6930.5	7172.2	7602.6	8146.4
	双瓮漏斗式	1097.6	1057.4	1103.1	1156.6	1174.6	1443.9	1536.5
	三联沼气池式	2638.1	2879.7	3003.2	3032.4	3052.0	2874.6	2599.6
	粪尿分集式	304.6	337.3	338.3	357.5	357.5	361.7	313.3
	完整下水道水冲式	1846.8	2296.5	2537.3	2824.8	3254.1	3678.8	3828.1
	双坑交替式	94.5	125.7	166.4	165.3	149.3	181.5	179.3
	其他	5812.4	5705.3	5679.1	5472.3	5524.7	5293.8	5065.0
卫生厕所普及率（%）		67.4	71.7	74.1	76.1	78.4	80.4	81.7
当年新增卫生厕所（万户）		1060.4	737.4	648.3	685.1	774.3	1290.3	1251.9
累计使用卫生公厕（万户）		2827.7	2896.6	3165.1	3990.9	3879.5	3502.6	2997.7

① 由于自2018年起统计口径发生变化，因此数据范围只统计到2017年。

续表

年份	2010 年	2012 年	2013 年	2014 年	2015 年	2016 年	2017 年
无害化卫生厕所普及率（%）	45.0	49.7	52.4	55.2	57.5	60.5	62.7

数据来源：《中国卫生健康统计年鉴》。

三、中国农村义务教育进展与成就

农村义务教育是针对农村地区所有适龄儿童、少年进行的具有强制性的公益教育事业。受历史因素及经济发展的影响，我国农村义务教育发展长期落后于城市义务教育。为了保障农村适龄儿童少年接受质量合格、机会平等的义务教育，近年来，国家对农村地区义务教育持续而有力的投入使得农村的教育环境得到了很大的改善，农村义务教育质量也明显得到提升，主要表现为以下几方面。

（一）农村义务教育师生比波动上升

农村义务教育的师生比这一指标的考量目的在于要求学校既要充分利用教职工资源，又要保证有足够的教职工兼顾学生发展的需要。农村小学的师生比标准要求是1∶23，初中是1∶18。1978年小学师生比处于历史最低值，自1978年后，农村小学的师生比情况有较明显的波动，但总体是保持增长趋势的。对于农村初中师生比情况，其表现较为平缓，总体呈正向增长趋势。在2000年后，部分农村学校进行合并，且农村人口逐渐向城市转移，部分农村义务教育阶段学生转为在城镇学校就读，使得农村义务教育阶段整体学生数量有所下降，但国家对于农村义务教育师资队伍的总体投入并未减少。

表4-5 农村小学教育生师比情况

年份	专任教师（万人）	在校生数（万人）	生师比
2000 年	367.8	8503.7	23.12
2005 年	356.9	6947.8	19.47
2010 年	319.1	5350.2	16.77
2015 年	203.6	2965.9	14.57
2020 年	178.7	2450.5	13.71

续表

年 份	专任教师（万人）	在校生数（万人）	生师比
2021 年	169.8	2247.4	13.23
2022 年	157.7	2029.7	12.87

数据来源：《中国农村统计年鉴》。

（二）农村义务教育学校固定资产增加，现代化教育水平逐步提升

农村义务教育经费保障机制中包含固定资产维护、更新经费保障，良好的经费保障机制有助于促进农村义务教育的持续发展。自2004年以来，农村义务教育学校固定资产不断增加，说明国家在农村义务教育方面进行了长期大量的投入，使得农村义务教育在硬件设施方面有了持续更新，提高了农村义务教育规范化发展水平。

校园网为学校开展教学相关活动提供了先进的信息化教学环境，有助于学校进行教育资源共享、信息交流和协同工作。农村义务教育阶段建立校园网的学校数量从2004年的14859所，到2013年的21754所，再到2017年的65017所，整体保持增长趋势。2022年，乡村实现无线网全覆盖的初中学校数量为9778所，实现无线网全覆盖的小学数量为55569所。[1]

图4-4 农村义务教育学校办学条件情况[2]

（数据来源：教育统计数据）

---

[1] 数据来自2022年教育统计数据。
[2] 由于自2018年起统计口径发生变化，因此数据范围只统计到2017年。

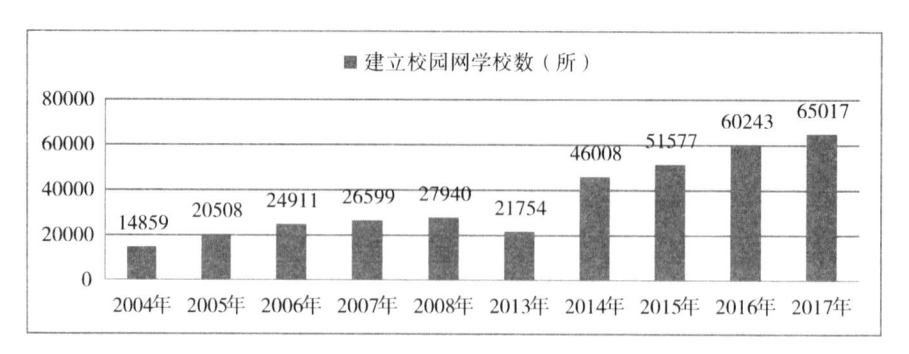

图 4-5　农村义务教育建立校园网学校数量情况

（数据来源：教育统计数据）

（三）农村义务教育经费支出持续增加

农村义务教育的发展离不开政府教育经费的投入。在农村地区义务教育阶段，生均预算内教育事业费支出和生均预算内公用经费支出方面，1996—2017 年，尽管小学与初中学校的对应经费支出相差较大，但总体而言两者都持续提高，为农村义务教育的发展提供了必不可少的经费支持。

表 4-6　农村生均预算内教育事业费支出和农村生均预算内公用经费支出情况

年份	农村生均预算内教育事业费支出（元）		农村生均预算内公用经费支出（元）	
	小学	初中	小学	初中
1996 年	248.75	435.36	17.98	47.98
1997 年	275.06	468.06	22.07	58.50
1998 年	305.62	478.25	23.02	47.00
1999 年	345.77	508.58	24.01	44.15
2000 年	412.97	533.54	24.11	38.67
2001 年	550.96	656.18	28.12	44.95
2002 年	708.39	795.84	42.73	66.58
2003 年	810.07	871.79	60.91	85.01
2004 年	1013.80	1073.68	95.13	125.52
2005 年	1204.88	1314.64	142.25	192.75

续表

年份	农村生均预算内教育事业费支出（元）		农村生均预算内公用经费支出（元）	
	小学	初中	小学	初中
2006年	1505.51	1717.22	248.53	346.04
2007年	2084.28	2433.28	403.76	573.44
2008年	2617.59	3303.16	581.88	892.09
2009年	3178.08	4065.63	690.56	1121.12
2010年	3802.91	4896.38	862.08	1348.43
2011年	4764.65	6207.10	1282.91	1956.66
2012年	6017.58	7906.61	1743.41	2602.13
2013年	6854.96	9195.77	1973.53	2968.37
2014年	7403.91	9711.82	2102.09	2915.31
2015年	8576.75	11348.79	2245.30	3093.82
2016年	9246.00	12477.35	2402.18	3257.19
2017年	9768.57	13447.08	2495.84	3406.72
2018年	10102.94	13912.37	/	/
2019年	10681.34	14542.23	/	/
2020年	14542.23	15112.10	/	/

数据来源：《全国教育经费执行情况统计公告》。[①]

四、中国农村科技推广公共服务进展与成就

农村科技推广公共服务有利于农民平等地享受农村公共服务，也是实现新农村发展和"两型"农村建设的关键步骤。新中国成立以来，中国农村科技推广公共服务主要经历了如下三个阶段。

（一）形成发展时期（1949—1957）

1952年，中国的每个县的国有农场最少要有两个，并且要带有农业试验

[①] 《全国教育经费执行情况统计公告》自2018年起不再说明农村生均预算内公用经费支出情况；自2021年起，不再说明农村生均预算内教育事业费支出情况。

属性。同年，我国农村形成了农村科技推广公共服务网络，该服务网络以国有农场为核心，以互帮组为根基，以劳动模范、技术人员为中坚力量。1953年，国家实行以县为单元，在每 15 万亩的范围内建立一个综合技术指导中心。1955 年，国家实行以区为单元，缩减省级、地级、县级的农技站部门。1957 年，农技站基本覆盖每个区，农技站工作人数达 10 万。

（二）动荡发展时期（1958—1977）

1959—1961 年，农村遭遇重大困难，缩减了 1/3 的农技站数量和 2/3 的工作人员。1962 年在八字方针的指导下，整治了农村科技推广公共服务秩序，逐渐步入正轨。然而从 1966 年开始，农技站工作人员相继被"批斗"，部分被下放到农村插队落户，部分改行，农村科技推广公共服务处于混乱的状况。1970 年后，以人民公社办农村科技推广站，生产大队办农科队，生产办农科组。

（三）快速发展时期（1978 年至今）

1978 年改革开放扭转了混乱的局面，十一届三中全会提出要把工作的中心转移到经济建设上。1982 年，建立了全国农业技术推广总站、全国种子总站和全国植物保护总站。1993 年，制定了《中华人民共和国农业技术推广法》。1996 年，农村科技推广公共服务体系形成，该公共服务体系以县级推广服务中心为首，以村级办事机构为根基，围绕乡镇农技站来开展工作。2012 年之后，中央财政每一年在农村科技推广公共服务方面投入资金 26 亿元，促使 2500 个农业县的农村科技推广公共服务体系得到完善，效率和功能也不断增强。农村科技推广公共服务现代化水平不断提高，体现在如下几方面。

1. 推广农业机械化，农机装备水平不断改善

随着农业机械设备的大规模推行和使用，农机装备水平和主要农作物的总体利用水平都大大提高。从农业机械总动力来看，1978 年，农业机械总动力仅仅为 11749.9 万千瓦，到 2022 年，农业机械总动力为 110597.2 万千瓦，增长了 98847.3 万千瓦。从 1978 年至 2022 年，农业机械总动力呈快速增长趋势，虽间或略有回落，但整体农业机械化水平不断提高（见图 4-6）。

农村机械总动力(万千瓦)

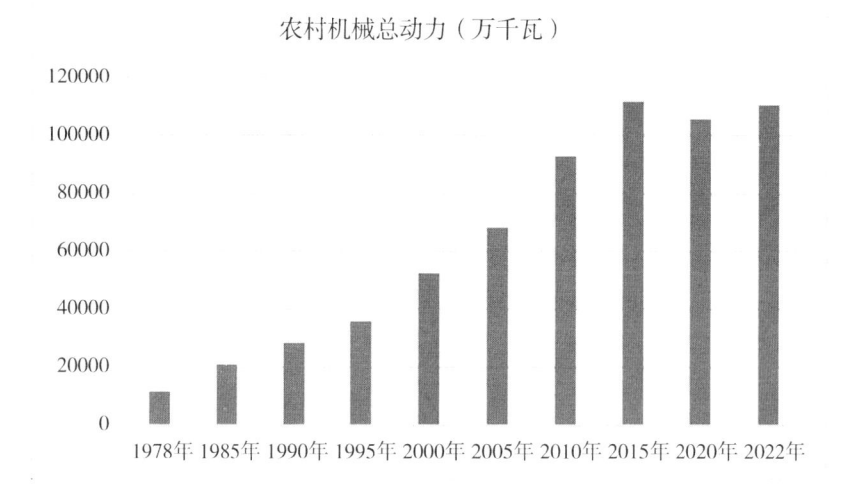

[柱状图：1978年至2022年农村机械总动力数据，从约10000逐步增长至2015年超过110000，2020年略降至约105000，2022年约110000]

图 4-6 农业机械总动力趋势

(数据来源:《中国农村统计年鉴》)

2. 推广农作物综合栽培技术，促进农产品高产稳产优质

随着大量农作物综合栽培技术的大范围推行和使用，在大片田地上种植作物的技术取得了4次大的优化提升，推动了果树、菜蔬和观赏植物栽种培育的设备化，促使我国农作物生产取得了从低产量至高产量，再至高产量、高质量、高效用的成就。从20世纪80年代起，国家大力推广水稻、小麦等主要农产品标准化栽种培育科学技术，到1989年，推广的面积高达4.12亿亩，粮食每亩的产量增加大约50公斤；同时将小麦精细播种、半精细播种技术在全国范围内推广，2014年已经推广到1.87亿亩，成为小麦生产的主要科学技术来源。从20世纪90年代起，对小麦、玉米进行保护性耕作，将水稻种植方法改插秧为抛秧，这些轻便简洁而又高效的科学技术，使得截至目前，保护性耕作栽种培育技术在全国范围内的推广面积已经超出1.2亿亩，是全部水稻栽种面积的26%。从图4-7可以看出，自新中国成立以来，中国粮食产量总体呈增长趋势。

图 4-7 中国粮食产量（单位：万吨）

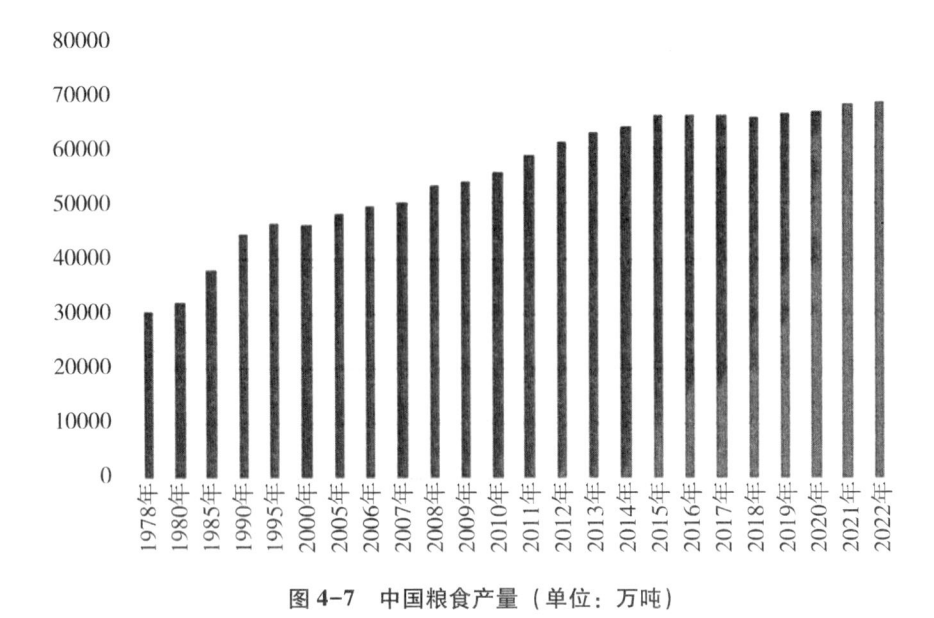

（数据来源：《中国统计年鉴》）

3. 推广科学施肥技术，保护土壤

我国从 20 世纪 80 年代起，开始推广根据土壤的类型来进行施肥的技术，也就是不同的土壤，所使用的肥料种类也不同。在 20 世纪 90 年代，依靠 UNDP 项目的支撑，从国外引入了更加先进的测验土壤的技术，同时大面积推行均衡施肥技术，根据实际摸索出测量土壤、配备肥料、施作等一系列服务模式。2015 年以来，在分析土壤种类的基础上，进一步根据耕种农作物的种类以及该地的生产水平来推行均衡施肥技术。截至 2017 年，我国根据土壤的类型来进行施肥的土地面积达到 18.5 亿亩，增加约 9% 的产量，这种均衡施肥技术使得化肥利用程度大大增加，从 30% 左右增长到 37.8%。

4. 推广农作物节水种植技术，节约水资源

在水稻种植方面，大举推广水稻高效用水技术，以最少的用水量来获得最高的农作物产量，将之前供水一块水稻田串一块水稻田的方式转变为薄水层治理方式，通过人为的手段，水稻根部处于半边湿润半边干燥的稻田里，以防止干旱的发生，这些方式使得每亩稻田节约水 100 方以上。在小麦种植方

面，在黄淮海地区推广小麦节水栽种培育技术，麦田浇水的次数从以前的5~6次降到了2~4次，每亩麦田大约节约水100方。除此之外，国家还大规模兴建节水灌溉工程。1998—2020年，节水灌溉面积整体呈增长趋势，2020年节水灌溉面积达37795.99千公顷。

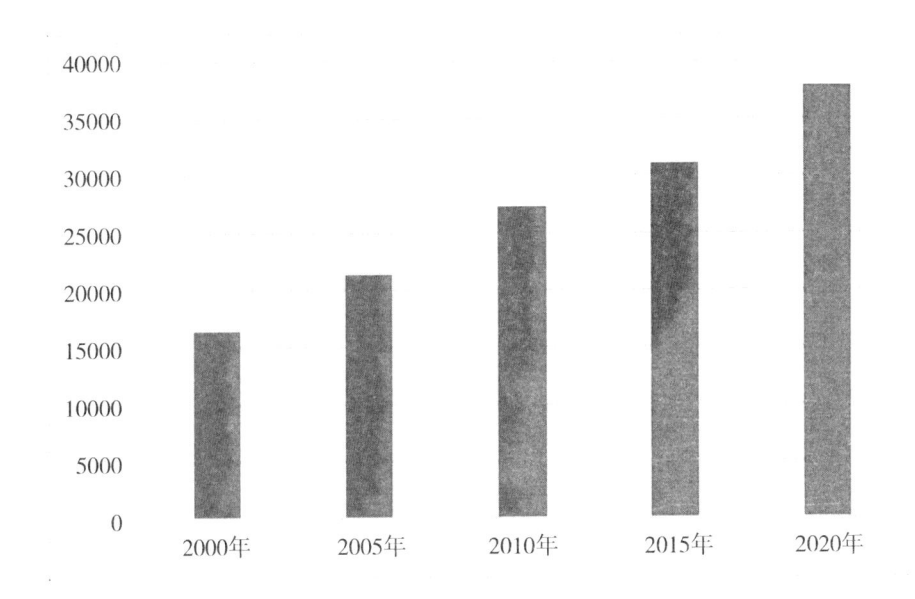

图4-8 节水灌溉面积①（单位：千公顷）

（数据来源：《中国水利统计年鉴》）

5. 推广绿色防控技术，确保农产品安全

从2006年起，在全国试点区内推行多种绿色防控技术，如生态平衡、理化诱控以及用一种生物来控制另一种生物等方法，在很大程度上脱离了依靠农药进行治理的状态。绿色防控技术从小范围推广到大范围的使用，使农药的使用量大大减少，也保证了农产品质量上的安全。自2015年起，农业部实施了"农药使用量零增长行动"，我国化肥农药减量增效持续推进，化肥农药使用量连续多年负增长，其中种植业使用量2015年、2020年下降比例分别为12%和17.2%；绿色优质农产品供给明显增加，认定绿色、有机和地理标志

---

① 该数据只统计到2020年。

农产品超过5.8万个。《中国农业绿色发展报告2022》显示，2012—2020年全国农业绿色发展指数从73.46提升至77.53，人民对美好生活的向往正在不断得到满足。

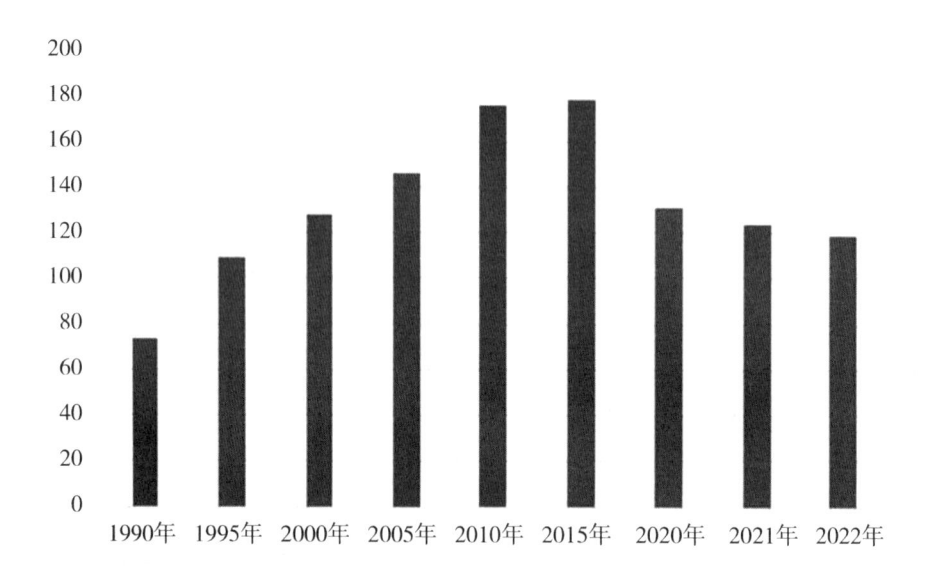

图4-9 农药使用量（单位：万吨）

（数据来源：《中国农村统计年鉴》）

6. 培育新型职业农民，覆盖2000多个县

2012年，中央一号文件第一次提出要着力培育新型职业农民。在此之后，中央连续发了5个"一号文件"，都强调了新型职业农民的培育工作，并做出了全方位的安排。2012年，农业部在全国100个试点县开始进行新型职业农民的培育工作；2014—2016年，在财政部的全力支持下，试点省由2个增加到8个，试点市由4个增加到30个，试点县由300个增加到2000多个。2017年1月9日，农业部出台的《"十三五"全国新型职业农民培育发展规划》提出发展目标：到2020年全国新型职业农民总量超过2000万人。截至2018年年底，全国新型职业农民突破1500万人，其中45岁及以下的占54.35%，学历是高中及以上的占30.34%，占比比之前都有所提升。这说明新型职业农民的年龄呈现年轻化，其学历水平也在稳步提高，新型职业农民的素质越来越高。

通过推广农业机械化，提高了农村农机设备拥有量，改善了农机装备水平；通过推广农作物栽种培育科学技术，保证了农产品的高产量高质量；通过推广根据土壤的类型来进行施肥的技术，提高了化肥利用程度，更保护了土壤；通过推广农作物高效率用水技术，节约了水资源；通过推广绿色防控技术，确保了农产品安全；通过培育新型职业农民，农民素养在不断提高。总之，中国农村科技推广公共服务现代化水平不断提高。

五、中国农村公共基础设施建设进展与成就

农村公共基础设施属于农村公共产品与服务，它以促进农村各方面的发展和提高农民生活水平为目标，通过硬件设施或软件设施来提供公共产品或服务。在改革开放初期，我国农村公共基础设施显著缺乏，建设进程缓慢，公共服务水平较低。改革开放40年以来，特别是党的十八大以来，国家一直在增加对交通通信、电力水利、文化卫生等方面公共基础设施的建设投资，通水、通电、通路、通网的面积不断增加，农村公共基础设施的配备不断完善，农民的生活水平也在不断提高。当前，我国农村公共基础设施建设已经取得了很大成就。

（一）交通和通信基础设施情况

截至2019年年底，农村贫困地区通电话的自然村占比为100%，比2013年提高6.7个百分点；通有线电视信号的自然村占比为100%，比2013年提高29.3个百分点；通宽带的自然村占比为97.3%，比2013年提高55.8个百分点。2019年贫困地区村内主干道路面经过硬化处理的自然村比为99.1%，比2013年提高39.2个百分点（见表4-7）。

表4-7 2013—2019年农村贫困地区交通通信基础设施建设情况

指标名称	2013年	2014年	2015年	2016年	2017年	2018年	2019年
通电话的自然村比重（%）	93.3	95.2	97.6	98.2	98.5	99.9	100
通有线电视信号的自然村比重（%）	70.7	75.0	79.3	81.3	86.5	98.3	100

续表

指标名称	2013年	2014年	2015年	2016年	2017年	2018年	2019年
通宽带的自然村比重（%）	41.5	48.0	56.3	63.4	71.0	94.4	97.3
主干道路面经过硬化处理的自然村比重（%）	59.9	64.7	73.0	77.9	81.1	98.3	99.1
通客运班车的自然村比重（%）	38.8	42.7	47.8	49.9	51.2		

数据来源：《中国农村贫困监测报告2020》。

从2000年至2019年，我国农村平均每100户居民在年终拥有移动电话的数量呈现快速增长趋势。农村居民平均每百户年末移动电话拥有量从2000年的4.3部增长到2019年的261.2部，增加了256.9部，平均每户居民至少拥有2部移动电话，通信基础设施基本遍及了整个农村地区（见图4-10）。

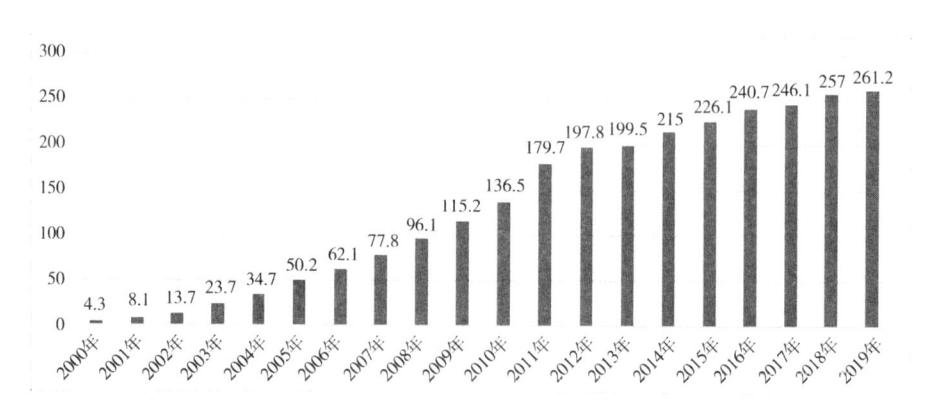

图4-10 农村居民平均每百户年末移动电话拥有量（单位：部）

（数据来源：《中国农村贫困监测报告2020》）

（二）电力和水利基础设施情况

农村用电量反映了农村电力基础设施的建设情况。从整体来看，1952—2022年农村用电量整体表现出迅速增长趋势。新中国成立至改革开放前，农村用电量较低且增长缓慢，中国农村电力基础设施建设进程较为缓慢。改革开放之后，农村用电量呈迅速增长趋势，从1978年的253.1亿千瓦时到2018年的9358.5亿千瓦时，增加了9105.4亿千瓦时，增长了近36倍（见图4-11）。

农村用电量（亿千瓦时）

1952年 0.5
1962年 16.1
1978年 253.1
1982年 346.6
1983年 435.2
1988年 712
1993年 1244.9
1998年 2042.2
2003年 3432.9
2008年 5713.2
2013年 8549.5
2018年 9358.5
2022年 6618.6

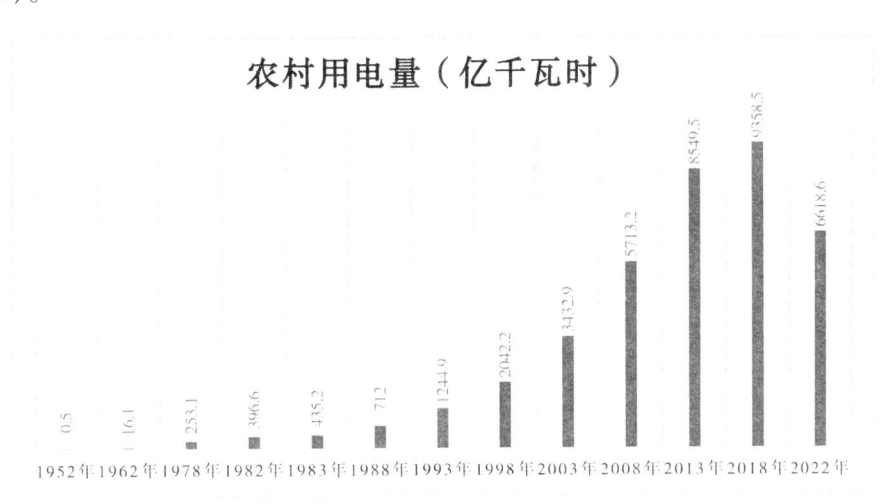

图4-11　1952—2022年农村用电情况①（单位：亿千瓦时）

（数据来源：《中国农村统计年鉴》）

农村耕地灌溉面积反映了农村水利基础设施的建设情况。1952—2022年农村耕地灌溉面积整体呈增长趋势。新中国成立后到改革开放之前，农村耕地灌溉面积增幅较大，1978年农村耕地灌溉面积为44965千公顷，在1952年的19959千公顷的基础上翻了一番。2022年农村耕地灌溉面积为70358.9千公顷，比1978年增加了25393.9千公顷，说明农村水利基础设施建设越来越完善（见图4-12）。

---

① 2020年起农村用电量口径改为"农林牧渔业用电量+乡村居民生活用电量"。

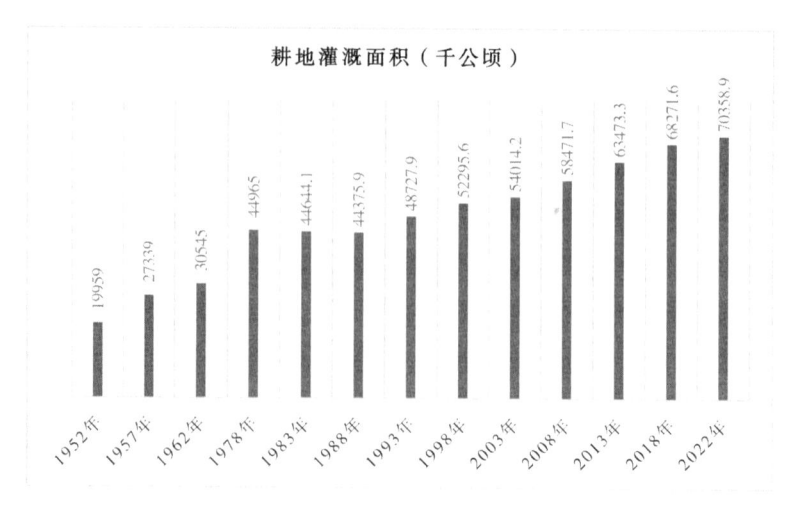

图4-12　1952—2022年农村耕地灌溉面积（单位：千公顷）

（数据来源：《中国农村统计年鉴2023》）

（三）文化基础设施情况

目前，我国农村文化建设得到政府的大力支持和社会各界的积极响应，农村文化建设取得明显成就。乡镇文化站是农村群众文化工作和活动的载体，1978—1995年，乡镇（街道）文化站数量缓慢增长，1996年乡镇（街道）文化站从1995年的10228个猛增至41969个，随后呈起伏变化。2022年乡镇（街道）文化站达40215个。

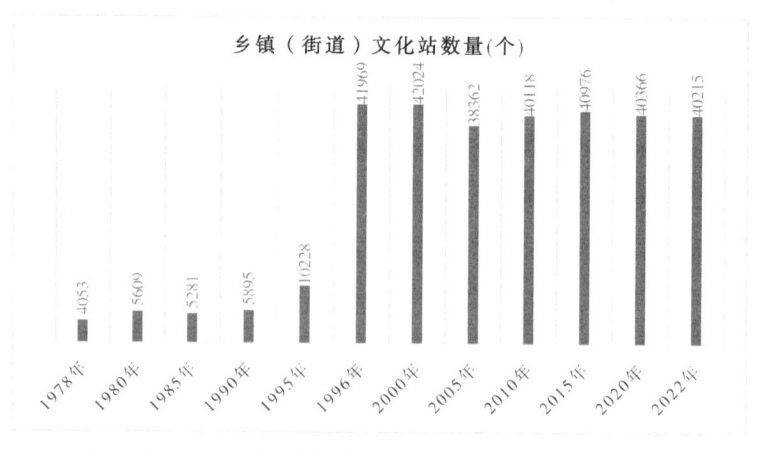

图4-13　乡镇（街道）文化站数量（单位：个）

（数据来源：《中国统计年鉴2023》）

综上，随着经济发展与科技进步，政府增加了对农村公共基础设施建设的资金投放，成效显著，农村的交通、通信、电力、水利、医疗服务以及文化基础设施的供给状况基本满足当前农民自身发展的需要，农村公共基础设施建设水平越来越高。

六、中国农村扶贫开发进展与成就

党和政府一直以来都很重视农村扶贫开发工作。在1949年新中国成立后，党和政府采取了一系列措施来解决中国的贫困难题。实际上，严格来说，农村扶贫开发是在1978年改革开放后提出来的，之后才大范围地开展扶贫工作。因此，本节将主要介绍改革开放以来的农村扶贫开发进展与成就。我国农村整个扶贫开发历程，大致经历了以下四个重要的阶段。

第一阶段：以制度改革推动扶贫（1978—1985）。

1978年改革开放后的改革最开始是在土地经营制度上，原来的集体经营制度被家庭联产承包责任制所替代。农民以土地为生，土地制度的改革使得农民的劳作积极性大大提高，在很大程度上释放了生产力。随着计划经济向市场经济的转变，农产品的价格也逐渐市场化，乡镇小企业的兴起为农村贫困人口提供了就业途径。这些制度的推进使得农村人口向非农人口转化，农村贫困人口逐渐减少，农村贫困境况也得到很大程度上的好转。

第二阶段：系统化扶贫阶段（1986—2010）。

这一阶段又根据实际分为如下三个阶段：

大范围开发扶贫阶段（1986—1993）。自1986年起，中国政府实施了许多举措来解决农村贫困难题：建立特定扶贫部门；下放专项扶贫财政投入；拟定对口优惠制度，同时将以前救助扶贫方式全部转变为开发扶贫方式。从这以后，中国的农村扶贫开发开始了新的进程，开始在全国区域内进行有规划、有安排和大范围的开发扶贫。1986年，我国重点扶助贫困县的农民人均纯收入为206元，经过8年的扶贫努力，到1993年已经翻了一番，达到483.7元；1986年，农村贫困人口为1.25亿，1993年为8000万，每年将近削减640万的贫困人口；1986年，贫困人口数量与农村总人口数量的比率为

14.8%，1993年减少到8.7%。①

扶贫攻坚计划阶段（1994—2000）。1994年3月颁布的《国家八七扶贫攻坚计划》象征着计划扶贫攻坚阶段的开始。该计划精确指出，要聚集一切可利用的资源和力量，争取到2000年年底基本能让所有的农村贫困人口都吃饱穿暖。该计划也是自1949年以来的第一项具有清晰目的、确切主体、具体措施以及固定期限的扶贫工作纲要。从1997年到1999年，每年约800万贫困人口的吃饱穿暖问题得到解决。国家"八七"扶贫攻坚计划的目标在2000年年底基本完成。

常规推进扶贫阶段（2001—2010）。为了快速解决特殊区域内的贫困难题，2001年5月举行了中央扶贫开发工作大会，大会对2001年至2010年的农村扶贫开发工作进行了全方位的安排。在此次大会之后，公布了《中国农村扶贫开发纲要（2001—2010年）》，明确了近10年内农村扶贫开发工作的具体方向、意识形态以及制度方针。该纲要是"八七"计划制定后的第二个纲要文件。

第三阶段：脱贫攻坚阶段（2011—2020）。

为了加快农村贫困地区社会发展的步伐，缩小贫富差距，努力在2020年全面建成小康社会，政府在2011年年末制定了《中国农村扶贫开发纲要（2011—2020年）》，仔细剖析了目前农村的贫困情况，并提出了针对性措施，提出要将开发扶贫政策和社会保障政策有机结合起来。当前，脱贫攻坚工作已被规划到"五位一体"总体布局和"四个全面"战略布局中去，党的十八大以来，党中央、国务院以前所未有的力度推进脱贫攻坚，把贫困地区作为脱贫攻坚重点区域，聚焦深度贫困地区和特殊贫困群体，优化政策供给，下足"绣花"功夫，截至2020年年底，现行标准下的农村贫困人口全部脱贫，区域性整体贫困得到解决，为世界减贫事业贡献了中国力量。

回顾改革开放以来我国农村扶贫开发历程，获得了巨大的成效，在减少贫困人口、缩小东中西部发展差距、提高贫困地区农民收入水平以及为全球减贫事业做贡献等方面取得了丰硕的成果，极大地促进了全面小康社会的建设。

---

① 国务院新闻办公室．中国的农村扶贫开发［EB/OL］．中央政府门户网站，2005-05-26．

(一) 贫困人口逐年大幅度减少

自1978年以来，随着国家对农村扶贫开发工作的不断重视，农村社会发展越来越快，农民生活水平明显得到提高，农村贫困人口也在很大程度上不断减少。表4-8显示了在三种不同计算标准下1978年至2020年农村贫困人口数量的变化情况。

表4-8 中国贫困人口数量变化表

年份	1978年标准 贫困人口（万人）	1978年标准 贫困发生率（%）	2008年标准 贫困人口（万人）	2008年标准 贫困发生率（%）	2010年标准 贫困人口（万人）	2010年标准 贫困发生率（%）
1978年	25000	30.7			77039	97.3
1980年	22000	26.8			76542	96.2
1981年	15200	18.5				
1982年	14500	17.5				
1983年	13500	16.2				
1984年	12800	15.1				
1985年	12500	14.8			66101	78.3
1986年	13100	15.5				
1987年	12200	14.3				
1988年	9600	11.1				
1989年	10200	11.6				
1990年	8500	9.4			65849	73.5
1991年	9400	10.4				
1992年	8000	8.8				
1994年	7000	7.7				
1995年	6540	7.1			55463	60.5
1997年	4962	5.4				
1998年	4210	4.6				
1999年	3412	3.7				
2000年	3209	3.5	9422	10.2		

续表

年份	1978年标准 贫困人口（万人）	1978年标准 贫困发生率（%）	2008年标准 贫困人口（万人）	2008年标准 贫困发生率（%）	2010年标准 贫困人口（万人）	2010年标准 贫困发生率（%）
2001年	2927	3.2	9029	9.8		
2002年	2820	3	8645	9.2		
2003年	2900	3.1	8517	9.1		
2004年	2610	2.8	7587	8.1		
2005年	2365	2.5	6432	6.8	28662	30.2
2006年	2148	2.3	5698	6		
2007年	1479	1.6	4320	4.6		
2008年			4007年	4.2		
2009年			3597	3.8		
2010年			2688	2.8	16567	17.2
2011年					12238	12.7
2012年					9899	10.2
2013年					8249	8.5
2014年					7017	7.2
2015年					5575	5.7
2016年					4335	4.5
2017年					3046	3.1
2018年					1660	1.7
2019年					551	0.6
2020年					0	0

数据来源：《中国统计年鉴》（2021）。

注：农村贫困人口根据三种标准测算：1.1978—1999年根据农村绝对贫困标准测算；2.2000—2009年根据农村低收入标准（或称"农村贫困标准"）测算；3.2010年及以后根据新确定的农村扶贫标准测算，现行农村贫困标准为每人每年2300元（2010年不变价）。

根据1978年标准计算，全国农村贫困人口在2000年年底时为3209万人，在1978年2.5亿人的基础上减少了2.1亿人。贫困发生率在2000年年底时为3.5%，在1978年年底30.7%的基础上减少了27.2个百分点。其中，农村贫困人口在1980年到1982年减少程度最大，仅仅2年便从2.2亿减少到1.45亿，减少了7500万的农村贫困人口；贫困发生率也在2年的时间内从26.8%降低到17.5%，降低了9.3个百分点。在这之后，农村贫困人口和贫困发生率仅在1986年、1989年以及1991年的时候增长了一点，在别的年份都呈现缓慢降低的趋势。

根据2008年标准计算，全国农村贫困人口在2010年年底为2688万人，在2000年9422万的基础上减少了6734万；贫困发生率为2010年年底为2.8%，在2000年年底10.2%的基础上减少了7.4个百分点。在21世纪的前10年里，农村贫困人口和贫困发生率都呈现逐年降低的趋势。

根据2010年标准计算，全国农村贫困人口在2019年年底为551万人，在2010年年底1.65亿人的基础上减少了约1.6亿人；贫困发生率在2019年年底为0.6%，在2010年年底17.2%的基础上降低了16.6个百分点，年均下降1.8个百分点。2013—2020年，全国农村贫困人口累计减少9899万人，年均减贫1237万人，贫困发生率年均下降1.3个百分点。

（二）各地区梯次脱贫，贫困地区减贫效果显著

随着改革开放的不断推进，农村经济发展速度越来越快，东部地区先于中西部地区脱离贫困境况，同时中西部的农村贫困人口也在不断减少。特别是十八大以来，国家精准扶贫等战略的推行，协同治理东中西部的贫困问题，地域性总体贫困情况得到显著改善，2020年脱贫目标如期实现。

按地区[1]划分的角度来看，东、中、西部农村贫困人口不断减少。2013—2020年，东部地区农村贫困人口累计减少1367万人，减贫人口占全国减贫人口的13.8%，年均减少171万人，率先脱离贫困状况。中部地区农村贫困人口累计减少3446万人，减贫人口占全国减贫人口的34.8%，年均减少431万

---

[1] 东部地区：包括北京、天津、河北、辽宁、上海、江苏、浙江、福建、山东、广东、海南等11个省市。中部地区：包括山西、吉林、黑龙江、安徽、江西、河南、湖北、湖南等8个省份。西部地区：包括内蒙古、广西、重庆、四川、贵州、云南、西藏、陕西、甘肃、青海、宁夏、新疆等12个省市区。

人；西部地区农村贫困人口累计减少5086万人，减贫人口占全国减贫人口的51.4%，年均减少636万人。①

表4-9 2010—2019年分地区农村贫困人口情况

年份	农村贫困人口规模（万人）			农村贫困发生率（%）		
	东部	中部	西部	东部	中部	西部
2010年	2587	5551	8429	7.4	17.2	29.2
2011年	1655	4238	6345	4.7	13.1	21.9
2012年	1367	3446	5086	3.9	10.6	17.5
2013年	1171	2869	4209	3.3	8.8	14.5
2014年	956	2461	3600	2.7	7.5	12.4
2015年	653	2007	2914	1.8	6.2	10.0
2016年	490	1594	2251	1.4	4.9	7.8
2017年	300	1112	1634	0.8	3.4	5.6
2018年	147	597	916	0.4	1.8	3.2
2019年	47	181	323	0.1	0.6	1.1

数据来源：《中国农村贫困监测报告2020》。

区域性整体减贫成效显著。从不同贫困区域看，贫困人口相对集中、贫困程度相对较深的集中连片特困地区、国家扶贫开发工作重点县区同全国一起如期完成脱贫攻坚任务。2013—2020年，贫困地区农村贫困人口累计减少6039万人，年均减贫755万人，减贫规模占全国农村减贫总规模的61.0%。集中连片特困地区农村贫困人口累计减少5067万人，年均减贫633万人。国家扶贫开发工作重点县农村贫困人口累计减少5105万人，年均减贫638万人。②

2020年，各地区各部门按照党中央、国务院决策部署，组织贫困劳动力

---
① 国家统计局.脱贫攻坚战取得全面胜利 脱贫地区农民生活持续改善：党的十八大以来经济社会发展成就系列报告之二十[EB/OL].国家统计局，2022-10-11.
② 国家统计局.脱贫攻坚战取得全面胜利 脱贫地区农民生活持续改善：党的十八大以来经济社会发展成就系列报告之二十[EB/OL].国家统计局，2022-10-11.

外出务工，开展消费扶贫行动，落实基本生活兜底保障，年初剩余的551万农村贫困人口全部脱贫，如期完成了消除绝对贫困的艰巨任务。

(三) 贫困地区农村居民收入持续较快增长

随着扶贫力度的不断加大，贫困地区经济发展水平不断提高，农民生活水平也在不断改善，贫困地区农村居民收入实现持续快速增长。2020年贫困地区农村居民人均可支配收入12588元，2013—2020年，年均增长11.6%，比全国农村年均增速快2.3个百分点；扣除价格因素，年均实际增长9.2%，比全国农村年均实际增速快2.2个百分点。[1]

贫困地区农村居民收入结构持续优化。就业扶贫成效显著，工资性收入成为收入首要来源。2020年贫困地区农村居民人均工资性收入4444元。经营净收入稳定增长，非农经营收入占比提高。2020年贫困地区农村居民人均经营净收入4391元，2014—2020年，年均增长6.7%，占可支配收入的比重为34.9%。财产、转移净收入快速增长，收入来源更加多元。2020年贫困地区农村居民人均财产净收入、转移净收入分别达到185元和3567元，2014—2020年，年均分别增长16.8%、15.4%，合计占可支配收入的比重为29.8%，比2013年提高7.3个百分点。[2]

贫困地区农村居民消费水平明显提高。2020年，贫困地区农村居民人均消费支出达到10758元，2013—2020年，年均增长10.9%，扣除价格因素，年均实际增长8.6%。分结构看，吃、穿等基本生活消费支出占比缩小，交通通信、教育文化娱乐和医疗保健等发展改善型消费支出较快增长，恩格尔系数进一步下降。[3]

(四) 减贫人口占世界减贫超过70%，对世界减贫做出巨大贡献

党的十八大以来，我国实施精准扶贫精准脱贫基本方略，脱贫攻坚成效显著，为全球减贫提供了中国方案和中国经验。我国通过深入推进改革和大

---

[1] 国家统计局. 脱贫攻坚战取得全面胜利 脱贫地区农民生活持续改善：党的十八大以来经济社会发展成就系列报告之二十 [EB/OL]. 国家统计局, 2022-10-11.

[2] 国家统计局. 脱贫攻坚战取得全面胜利 脱贫地区农民生活持续改善：党的十八大以来经济社会发展成就系列报告之二十 [EB/OL]. 国家统计局, 2022-10-11.

[3] 国家统计局. 脱贫攻坚战取得全面胜利 脱贫地区农民生活持续改善：党的十八大以来经济社会发展成就系列报告之二十 [EB/OL]. 国家统计局, 2022-10-11.

力开展农村扶贫开发工作，农村贫困人口数量大幅度减少，对世界减贫的贡献率超过70%。中国作为发展中国家，第一个完成了联合国千年发展目标中的减贫目标，对世界减贫事业的发展功不可没。联合国秘书长古特雷斯在2021年祝贺中国脱贫攻坚取得重大历史性成就的致函中指出"中国取得的非凡成就为整个国际社会带来了希望，提供了激励。这一成就证明，政府的政治承诺和政策稳定性对改善最贫困和最脆弱人群的境况至关重要"。

总之，中国农村扶贫开发取得的巨大成效，一方面，推动了农村的经济发展，在很大程度上解决了农村的贫困难题，促进了区域间协调发展；另一方面，加快了世界减贫事业的进程，为世界减贫事业做出了巨大的贡献。

第二节 中国农村公共产品与服务存在的主要问题

一、供给总量不足

农村公共产品与服务和农民的生产生活紧密相关，是保证农民能够维持基本生活、生存的重要工具之一，与此同时还有利于发掘农民的未来潜力。自改革开放以来，党中央对"三农"问题日益重视，政府财政对于乡村地区的拨款力度明显提升，乡村地区公共产品与服务的供给有较大幅度的进步。然而，尽管财政支持力度不断加强，但支农资金的年均增长速度相对于国家财政总支出的增长速度而言，依然十分缓慢。这严重制约了我国乡村公共产品与服务的体系完善与发展。农村公共产品与服务体系是一个由许多互相影响的供求因素构成的统一体，不仅涵盖了乡村地区公共产品与服务的需求体系，也囊括了如何实现该需求的供给体系，只有当需求与供给相适应时，该体系才能够真正意义上实现有效运作。

现阶段，随着社会的发展和人们生活的日新月异，农村居民对于公共产品与服务也产生了许多新的需求，这也要求公共产品与服务供给结构和内容要随之转变。但是，和我国工业化总体进程相比较而言，当前我国农村社会发展缓慢，其公共产品与服务的供给数量明显不足，无法充分满足农民的需求,致使需求与供给的均衡点难以在实践当中实现。而农村公共产品与服务存在供给总量不足的问题,又可以具体分为生产性、生活性以及发展性公共产品与服务不足三大类来阐述。

(一) 生产性公共产品与服务严重不足

1. 农村基础设施短缺

"公共产品中的基础设施是经济发展的先导型要素,是支撑经济发展和社会进步的基本条件,是解放和发展农村生产力的关键举措,是提高农民生活水平、改善农民生活质量的物质保证。"① 由此可见,基础设施建设对我国乡村地区的整体发展起到了基础性的作用。但是,我国对于乡村地区基础设施方面的财政支持力度一直以来较低,其拨款额度在财政总支出中所占比重甚至呈现下降趋势,从而导致我国广大农村的基础设施供给严重短缺。具体表现在:第一,当前可供使用的农田水利设施的规模较小,并且其中的大部分修建于 20 世纪五六十年代,这些基础设施经过多年的使用,其抵抗自然灾害的能力不复从前,甚至有一部分已经达到限用的时间。2018 年,在我国 20.25 亿亩的总耕地当中,没有灌溉条件的"望天田"高达 10.73 亿亩,在已经具备灌溉条件的 9.52 亿亩耕地当中,农田灌溉水的有效利用系数只有 53.6%,其水平远低于其他发达国家的 80%。② 第二,乡村道路设施严重短缺。俗话说,"要想富,先修路"。这一句话巧妙地表现出了道路对于社会经济发展的重要性。按照交通运输部门的规章制度,乡村地区的道路设施主要包含了县道、乡道、村道以及其所属的桥梁、隧道等,其中,村道是指经由相关的地方交通管理部门认可的,衔接乡镇和村庄或村庄和村庄的公路。道路设施对乡村地区的重要性不言而喻,完善的道路设施有利于改善农民的生活条件、促进乡村社会的快速发展。然而,目前大部分乡村地区的道路设施依然非常不完善,交通闭塞,道路的通畅率不高,等级较低,建设质量欠佳,重建轻养,养护资金匮乏,安保设备不足,运输安全的监管力度欠佳。并且,

---

① 财政部财政科学研究所课题组,赵大全. 从绩效出发确保农村公共产品高效供给 [J]. 经济研究参考,2008 (38): 7-18.
② 张晔,贾晨婧. 二十亿亩耕地一半是"望天田":专家:大力推广节水灌溉 [N]. 农业科技报,2018-09-03 (2).

农村的道路设施数量不足，通往村庄内部的道路覆盖面狭窄，与农民的真实需要相距甚远。① 第三，除此之外，其他基础设施也远达不到同时期城镇居民所享受的标准。截至 2022 年年底，全国仍有 60.1% 的村庄没有普及燃气，24.4% 的村庄没有普及互联网，15.2% 的行政村没有普及集中供水②，全国农村生活污水治理率仅为 31% 左右③，落后的基础设施降低了农民抵抗风险的能力，在很大程度上不利于"三农"的发展。

2. 农业科技推广服务短缺

在现代社会，农业科技推广服务这一公共产品对"三农"的发展起到了至关重要的作用，充分的农业科技供给不仅可以有效地解决"三农"问题，还能够推动农业现代化的进程。然而，由于缺乏专业的农业科技研究人才以及该研发领域资金的严重匮乏，致使目前农业科学技术推广服务严重不足。我国农产品的科学技术含量不高，科学技术对于农业生产的贡献率甚至达不到发达地区的一半水平。④ 现阶段，在我国广大乡村地区，农民从事农业生产活动仍然采取的是传统的耕种方式，大部分农村地区很少出现先进的技术用于生产。农业的科技支持严重乏力，同新时期农业发展的需求严重不符，这在很大程度上减缓了我国农业赶上发达国家的步伐。

(二) 生活性公共产品与服务供给不足

1. 公共卫生服务短缺

农村居民的数量约占我国人口总数的一半，但是其分配到的卫生资源却十分有限。在改革开放之前，乡村地区的公共卫生服务主要是指所谓的"赤脚医生"。改革开放之后，政府对于农民的公共卫生情况也逐渐重视，正式成立了乡村医疗卫生机构，但是这些卫生机构的数量较少，甚至部分贫困山区没有设置。并且，这些卫生机构的规模普遍小，设备简陋，很难吸引专业的

---

① 石义霞. 中国农村公共产品供给制度研究 [M]. 北京：中国财政经济出版社，2011：98-100.
② 国家统计局社会科技和文化产业统计司. 中国社会统计年鉴 2023 [M]. 北京：中国统计出版社，2023.
③ 王永战，常碧罗，李蕊. 2022 年全国农村生活污水治理率较 2020 年提升约 5.5 个百分点：水美乡村景色新 [EB/OL]. 中国政府网，2023-06-12.
④ 杜威. 农村经济发展与财政政策支持 [J]. 农业经济，2008 (2)：95-96.

卫生技术人员就业，所拥有的药品种类与数量也都无法满足农民的卫生需要。特别是，当前乡村地区正面临着疾病模式的转变，患有慢性疾病的概率呈现出大幅度上升的趋势。由于慢性疾病具有治疗周期长、见效缓慢等特征，这些医疗卫生机构缺少相应的医疗资源与手段，无法有效根治，农民只能去更高级的医院治疗，加重了农民的经济压力，导致许多农民消极就医、贻误病情。我国农村地区公共卫生服务的发展步伐无法同社会经济发展的步伐相匹配，农民缺乏医疗保障成了制约农村社区发展的重要障碍之一。

2. 社会保障短缺

随着市场经济的进一步发展，农户所面对的不仅仅是突发的自然灾害，更要面对各种市场风险。而由于小农经济的局限，农户本身应对风险的能力就不足，一旦遇到突发事故，整个家庭极有可能陷入贫困之中，这需要有一套完整的社会保障措施来保证农民的基本生活，防止其面临生存危机。然而，现阶段，我国乡村地区的社会保障体制仍然不完善，社会保障的供给与农民的需求的矛盾越来越突出，农民所享有的保障内容较为狭小、保障力度不大，无法给全体农村劳动者提供充分的生活保障。在乡村地区缺乏失业保险，致使许多处于失业或者半失业状态的村民无法取得稳定的经济收入从而陷入贫困当中。另外，养老保障在农村地区发挥的实际作用也微乎其微，农民仍然主要采取的是家庭养老的方式。而这种"就业靠土地，保障靠家庭"的状态将严重地制约乡村社会生产力的发展与剩余劳动力的转移，甚至不利于国家的长治久安以及社会的健康可持续发展。[①]

（三）发展性农村公共产品与服务不足

1. 义务教育短缺

教育是一个国家和民族兴旺发达的动力源泉，我国一直强调"科技兴国，人才强国"的战略。在整个教育体系当中，义务教育处于最低层次也是最基础的位置，义务教育的良好发展为高素质的人才培养奠定了基础。但是，现阶段，尽管义务教育已经在我国广大乡村地区普及，却仍然存在部分孩童辍学、失学的现象。乡村地区义务教育经费缺口大，长期以来我国教育资金的

---

① 冯华艳. 农村公共服务供给研究 [M]. 北京：中国政法大学出版社，2015：70-74.

投入存在"重城市、轻农村""重高教、轻义务"的现象①,中央政府把为农村学生提供义务教育的责任转移至县乡一级的政府身上,而基层政府由于日益困难的财政收入以及教育成本(如教师工资、教学资料费等)的逐年增加,使得乡村地区教育经费短缺的局面进一步加剧,从而导致义务教育供给严重短缺,教学设施设备滞后,优秀教师资源欠缺,学校数量较少,无法满足广大农村学生的需要。

2. 公共文化服务短缺

随着生活条件的不断改善,农民不再只停留于追求物质层面的满足,在精神方面也表现出越来越多的需求。因此,政府要充分考虑到农民需求的转变,在满足其生产生活需要的同时,尽可能地提供公共文化服务。农村公共文化服务是指供给主体为了满足农村居民在精神层面的追求而提供的各类文化产品与服务,主要包含了为农民提供普及科学知识、传播先进理论、丰富文化休闲娱乐方式、介绍最新政策信息以及与此相关的一系列的配套设施和人员。然而,就当前农村公共文化服务的供给现状而言,供给总量严重欠缺,供需矛盾尖锐,已有的文化服务大多数只是"面子工程",农民的精神生活无法实现较大的转变。② 乡村地区公共文化服务欠缺,不仅造成农民休闲娱乐方式落后,更使得农民无法掌握先进的文化知识与最新的政策方针,无法提升农民整体的文化素养,不利于乡村地区的健康可持续发展。

(四)农村生态环境保护服务不到位

随着社会经济的发展,自然环境的破坏也越来越严重,政府逐渐意识到在发展经济的同时要注重生态环境的保护,强调"既要金山银山,也要绿水青山",将生态文明列入"五位一体"之中。在十九大提出的乡村振兴战略当中,把生态宜居作为该战略的重要标准之一。乡村地区的生态环境保护不仅关乎6亿多农民的利益,更关乎我国食品的安全,甚至关乎美丽中国战略目标的完成。然而,当前我国农村地区生态环境保护服务严重短缺。在相关设

---

① 许莉. 中国农村公共产品政府供给研究:基于政府和农民的分析视角[M]. 北京:经济管理出版社,2014:52-57.
② 王彦平. 我国农村公共产品供给存在的问题、成因及解决对策[J]. 理论探讨,2015(6):162-165.

施设备方面，由于政府的投资力度较弱，使得许多村庄没有专门的垃圾堆放处和废水处理站，导致农村的垃圾乱放现象普遍存在。在服务队伍方面，专门针对农村生态环境管理的服务队伍目前没有全面覆盖整个乡村地区，相应的技术服务体系也未正式形成。在生态环境保护政策方面，与农村环境保护相关的政策十分匮乏，无法有力地保护农村生态环境。整体表现供给不足的农村生态环境保护服务与农民对美好家园的渴望存在矛盾，这不利于农村社会健康持续发展，阻碍了乡村振兴的步伐。

二、供给结构失衡

有效的农村公共产品与服务供给应该要保证供给结构的平衡，即保证公共产品与服务的供给同农村的实际需求相符合。但是，在现实生活中，我国部分农村公共产品与服务偏离了农民真实需求的轨道，面临着供求失衡的困境，其具体表现如下。

（一）基层政府的行政管理服务供给过剩

目前，我国政府在乡镇一级共设立了三大系统，分别是党群系统、政府系统和双重管理系统。在双重管理系统之下，另设立了所谓的"七所八站"。其中，"七所"包含了工商所、财政所、派出所、司法所、土地管理所、粮食管理所、民政所，"八站"包括了文化站、农经站、农机站、农技站、畜牧站、林业站、水利站等。① 由此可见，基层政府的规模较为庞大，工作人员数量较多，行政管理费用巨大，这不但占用了大量的公共资源，而且众多管理机构极易造成工作的低效、无效。对农民而言，这部分公共产品供给明显过剩。并且，过于庞大的行政管理服务还会进一步加重农村家庭的经济压力。②

（二）农民急需的公共产品供给严重不足，较少需求的公共产品供给过剩

按照委托—代理理论，农村公共产品与服务供给过程之中存在两个委

---

① 许莉. 中国农村公共产品政府供给研究：基于政府和农民的分析视角 [M]. 北京：经济管理出版社，2014：57-59.
② 赵海燕. 基于需求的农村公共产品供给体制研究 [M]. 北京：中国农业出版社，2013：80-81.

托—代理的层级：其一，因为政府是由社会公众选举委托而产生的，是以村民与政府存在委托—代理关系；其二，由于下级政府的官员是由上级政府行政任命而产生的，因此上下级政府之间也存在委托—代理关系。在这一委托—代理的链条中，村民作为最初的委托者，却无法采取有效的措施来制约政府的行为。[①] 因此，作为经济人的各级政府官员势必会为了自身的利益而采取相应的行动，为了追求所谓的经济发展以及自身的政绩而大力提供那些看得见、摸得着、周期短、见效快的服务，而这些公共产品并不是村民急需的，其实际的使用次数非常少，从而产生了供给过剩的难题。而对于农民真正渴望的，看不见、摸不着、周期长、见效慢的公共产品，政府却很少积极主动地供给，这就造成了"政绩型公共产品过剩"与"急需型公共产品短缺"的困境。这不但造成了农村公共产品与服务无效供给膨胀，加剧了农民的负担，还导致了供求之间结构性矛盾的产生，多数公共产品供给短缺与少数公共产品供给过剩并存，致使有限的资源未能得到最大化的利用，社会资源浪费现象严重。

（三）促进农村可持续发展的公共产品与服务严重短缺

从马斯洛的需求层次理论来说，人们的需求层级会随着所处环境的改变而产生相应的转变。因此，随着农民经济收入的增加，他们对于公共产品与服务的需要也发生了改变，他们开始对更高层次的公共产品与服务产生需求，如义务教育、公共文化服务、生态环境保护等促进农村可持续发展的公共产品。这些公共产品与服务在提升农村居民全体素质以及保障乡村社会健康持续发展方面发挥着巨大的作用。

然而，当前在我国乡村地区这一类公共产品的供给均十分有限，政府更为重视物质上公共产品的供给而忽视文化上公共产品的供给，更加热衷于提供"硬"公共产品，而消极提供促进农村可持续发展的"软"公共产品。例如，义务教育是一个社会发展不可缺少的部分，它对提高公众的素质、培养各行各业的专业人才，具有全局性、基础性、先导性的功能，明显属于促进农村可持续发展的公共产品的行列。但是，随着我国义务教育的职责被转移

---

① 许莉. 中国农村公共产品政府供给研究：基于政府和农民的分析视角［M］. 北京：经济管理出版社，2014：57-59.

至各基层政府,由于基层政府的财政十分微薄,导致许多农村地区的义务教育供给不足,无论是学校的数量还是质量均无法满足农村学生的需要。尽管近年来国家加大了对其的支持力度,如实行"两免一补"等政策,然而由于过去的缺口过大,其落后状况仍然未得到根本的改变,整体呈现供给不足的现象,主要表现在:一方面,乡村地区的中小学教学资源短缺,教学质量较差;另一方面,农村人口普遍文化水平较低。

三、供给效率低下

（一）供给配置效率低

从国家产生至今,统治者们都十分重视农业的发展,并通过采取修建农田水利设施等方法来不断地改善农业生产。尽管,当前在农村公共产品与服务供给领域出现了多元主体,但是政府仍然是其最主要供给者,占据了大部分公共服务的供给,提供农村公共产品与服务一直都是政府的主要职能之一。而按照公共选择理论,政府是由一些具备明显经济人特征的官员构建而成的组织,政府作为公共利益的代表者,它所做出的决定明显包含了代表其整体利益的集体偏好,无法充分地反映出广大农民的真实偏好,从而自然而然地面临供给决策偏差的困境,使得部分资源无效配置,供需分离。

农村公共产品与服务供给配置质量较低具体表现在:其一,农村公共产品与服务的功能不全,即农村公共产品为了满足使用者的需要而本应该具有的技术特征无法有效地处理使用者的实际问题。例如,农村社会保障制度覆盖范围不全面,仅仅包含养老保险、医疗保险、最低生活保障、社会救助以及部分具有救济性的、低水平的社会福利,并且它的保障层次低、保障力度小、社会化程度也不高。其二,农村公共产品与服务的实用性不强。公共产品的实用性是指该物品不但要符合单个使用者的需求,更要满足大部分社会公众的需求。而从当前的实际供给状况来看,"供非所需"的现象普遍存在。[1] 最为突出的是很难吸引相关的专业人才到广大乡村地区工作,农村公共产品与服务的工作人员素质普遍较低,导致所提供的服务无法有效地满足农

---

[1] 赵海燕. 基于需求的农村公共产品供给体制研究 [M]. 北京:中国农业出版社,2013:80-82.

民的真实需要。例如,卫生技术人员是农村公共卫生服务的核心环节,它能够充分地体现出该地区卫生服务水平的高低。但是,我国乡村地区现有的医疗人员的数量以及技术能力都有待加强,导致农村地区公共卫生服务的实用性较差,仅仅只能治疗一些小病和常见病,难以满足村民基本医疗卫生的需要。

（二）管理效率低

此外,乡村地区公共产品与服务供给的管理效率欠佳。尽管存在多个农村公共产品的供给主体,但是依然以政府为主导,其他主体只有通过政府的许可才能进入,导致其在供给过程中的竞争性较弱。而政府为乡村地区提供公共产品之时,需经过多个中间环节,致使公共产品的供给成本不断增加,使得农村公共产品与服务的实际管理效果不佳,工作效率低下、服务质量较差。[1] 再加上相关的监督机制以及问责和考核机制的不健全,使得相关的资金屡屡出现被占用、挪用,甚至浪费的现象,从而导致一些乡村地区的基础设施安全系数不高,使用周期不长,甚至处于"带病运行"的状态。例如,农村的道路设施,常常是"新建第一年光脸、三年后麻脸、五年后没脸"[2],虽然经过多次整修,但道路的质量不高,排水设施仍然很差。农村义务教育也经常存在"有法不依、执法不严、违法不究"的弊端,基层政府在拨款时往往先考虑该地区的经济发展,很容易忽视对教育的投资,甚至存在挪用、压缩本应该用于教育领域资金的行为,导致农村教育质量很难提高。在这种低效率的管理机制之下,不仅损害了农民的利益,还容易致使农民对于政府产生信任危机。

四、供给分布失衡

我国乡村地区面积十分庞大,并且由于村庄分布较为分散以及各区域之间的自然条件相差较大,导致了公共产品在农村的供给不具备城市的集中化

---

[1] 王彦平. 我国农村公共产品供给存在的问题、成因及解决对策 [J]. 理论探讨, 2015 (6): 162-165.

[2] 鄢奋. 我国农村公共产品质量及其保障问题探析 [J]. 福建师范大学学报（哲学社会科学版）, 2013 (4): 10-13; 赵海燕. 基于需求的农村公共产品供给体制研究 [M]. 北京: 中国农业出版社, 2013: 80-82.

特征，因此，农村公共产品与服务具有显著的地方性和区域性特征。

（一）城乡供给不均衡

由于我国长久以来实施的重视城市和工业发展，而忽视农村与农业的政策，把城市与农村、工业与农业、城市居民与农村居民分离开来管理与发展，形成了城乡二元经济社会制度，这种二元体制在公共产品的供给上同样有所体现。公共产品供给在城市与农村之间存在显著差距，同种类丰富、数量较为充足的享受型城市公共产品相比较而言，乡村地区的公共产品仍然停留在仅仅能够满足农民生产生活基础性需求的阶段。城镇的公共产品与服务和农村相比更加完善，并且城市居民可以免费享受大部分公共产品与服务，而农村居民却要因此而承担大部分费用，这样导致城乡在公共产品的供给方面存在不均衡现象。

在义务教育供给领域，由于政府管理职责的逐级下放，再加上中央政府财政拨款力度明显不足，这一分级办学的制度使得乡镇政府与农民成了乡村义务教育的实际负担者，导致乡村地区的义务教育停滞不前，致使城乡之间未成年人在接受教育方面所存在的机会不公平现象持续扩张，这也是我国乡村与城镇间最大的不公平之处。在公共卫生服务供给领域，占我国人口总数近一半的农民享受到的卫生资源却只占全国总量的30%左右，我国农村公共卫生服务发展严重滞后于同时期城镇发展。在社会保障供给领域，针对乡村地区而设定的社会保障体制长久以来处于我国整个社会保障体系的边缘，有一部分社会保障将农民全数排除在外，如失业保险、生育保险等，这种社会保障在城乡之间的差异是以牺牲全体农村居民的合法权益为代价的，它随着我国经济体制的改革不但没有缩小反而存在持续扩大的趋势。在生态环境保护服务供给领域，关于我国城市环境保护的法律法规已经自成体系，而针对乡村地区的生态环境却没有专门的法律进行规范。[1] 现阶段，我国农村地区正处于乡村振兴的关键时期，农民急切渴望拥有能够有效解决"三农"问题、促进"三农"发展以及实现农村繁荣的发展性和享受型公共产品，但是这种与城镇存在明显差距的公共产品与服务供给不但会严重阻碍乡村振兴的步伐，

---

[1] 陈润羊，德国洁. 城乡一体化视野下农村环境治理的困境与出路 [J]. 农业经济，2018（7）：37–39.

还不利于乡村地区的和谐稳定。

（二）地区间供给不均衡

公共产品与服务供给在我国各个地区的村庄之间同样存在不平衡现象：经济发达的东部沿海地区的村庄，公共产品与服务的供给程度较高，不仅能够满足村民基本生产生活的需要，而且基本上可以满足村民对更高层次公共服务的需求，其具体的供给方式开始向"以人民为中心"的模式转变；然而，在经济欠缺、财力薄弱的西部地区以及部分边陲村庄，农民对于公共产品的需求仍然停留在维持其生产生活阶段，甚至现有的生产与生活性公共产品的供给仍然面临缺乏的困境，与"以人民为中心"的供给模式还存在相当一段距离。这主要是由于我国疆域辽阔，各地区之间的发展程度具有显著的差距，从而造成了各地区为本地农民提供公共产品的实际能力存在差异，因此，不同乡村地区的公共产品与服务供给的具体内容和方式均有所不同。在经济高速发展、地方企业数量多、财力雄厚的东部地区，不但基层政府有能力为村民提供较为完备的公共产品，而且市场经济以及民间组织的培育程度更为完善，社会力量在农村公共产品与服务供给领域掌握了一定的话语权。中西部地区由于历史、自然等因素的影响，其经济发展程度相对而言较为缓慢，无论是地方政府的财力还是民间组织的发展程度均无法同东部地区相提并论，其农村公共产品的供给水平自然无法与东部地区相提并论，从而造成了不同地区的村庄之间在公共产品与服务供给方面存在不平等的现象，不利于我国农村社会的稳定进步，进一步扩大了我国区域间的经济差距。

第三节 中国农村公共产品与服务存在问题的原因

一、城乡二元供给体制

造成上述我国乡村地区公共产品与服务困境的因素是多方面，然而，究其原因，在于我国长久以来的城乡二元体制。新中国成立之初，由于经历多年的战乱，我国各方面的发展远落后于世界平均水平，百废待兴。经历了

"落后就要挨打"的经验教训之后,我国最为急切的任务就是要快速发展经济,尽快重构国内的经济秩序。因此,在新中国成立初期,经济赶超发达国家便成了我国的主要任务,政府在综合考察各种因素之后决定举全国之力优先发展城市与工业,由此形成了城乡分割的二元制度。二元分割制度在促进经济发展方面做出了巨大的贡献,但是,与此同时也在很大程度上忽略了"三农"的发展,极大地损害了全体农民的合法权益,是现如今"三农"困境的根源所在。尤其是在人民公社时期,在户籍制度的影响之下,政府通过强制手段把城市居民与农村居民分开管理,城市与乡村之间的二元体制进一步扩大,致使公共产品与服务供给同样出现了城乡分割的二元局面,因此,城乡二元制度是造成乡村地区公共产品与服务供给面临困境的制度根源所在。在这种供给结构之下,虽然都具有我国公民的身份,但是市民与农民所享有的待遇却存在很大的差距。城镇居民只需要向政府缴纳一定比例的税费就能够拥有完全由政府无偿提供的、较为丰富完善的公共产品与服务,而在农村,由于公共财政用于"三农"的拨款力度十分微薄,农村居民需要通过付出一定的代价才能够拥有数量十分有限、质量不高的公共产品。除此之外,这种二元结构还使得乡村地区的市场经济与社会组织发展程度严重落后于城镇。它通过汲取乡村地区的资源来发展城镇与工业,实现了国家的整体进步,同时在这一过程当中,严重束缚了农村社会市场机制的能力,致使乡村经济活力不足,从而无法通过市场来吸引更多的社会力量进入,导致除政府以外的其他供给主体在乡村地区缺失,从而使得农村地区的公共产品供给只能单纯依靠政府。而缺乏竞争机制的单一主体供给容易导致种种困境的出现,无法有效实现向"以人民为中心"供给模式的转变。

尽管在20世纪末,政府开始意识到二元体制所带来的种种弊端,逐渐转变产业政策,做出"工业反哺农业"的策略,加大对"三农"的重视力度,但是,由于二元结构的根深蒂固,使得"反哺"效果欠佳。从发展经济学理论的视角而言,采取二元制度的国家或者地区,当它们的城镇化和工业化达到较高水平之后,工业应该通过多种方式反过来帮助农业发展,缩小城镇与农村之间的差距,促进一元社会的形成。现阶段,我国城镇化和工业化的水准均能够有力地反哺"三农",带动"三农"的发展。然而,在具体的实践操作当中,我国工业带动农业、城镇反哺农村的长效机制尚未形成,政府的工作重心依然停留在城镇的发展之上,从而导致了二元分治的局面无法从根源上实现彻底改变。甚至,这种持续到如今的工农业"剪刀差"仍然在一定程度上剥夺农村的资源,致使公共产品与服务在城镇与乡村地区之间的供给差距不但没有得到有效的缩小,反而在逐步加大,农村公共产品与服务供给不均衡现象愈演愈烈。

二、供给机制很不完善

(一) 自上而下的行政命令式供给决策机制

从"以政治为中心"的发展时代到"以经济为中心"的发展时代再到现如今"以人民为中心"的发展时代,乡村地区公共产品与服务供给决策机制一直采取自上而下的方式,这也是因为深受我国高度的行政管理制度的影响。中央政府通过这种自上而下的行政指令式的方式将决策权悉数掌握在自己手中,即为乡村地区具体提供公共产品的种类、规模、方式等均由它决定,再经过行政命令的形式逐级下达至基层政府。[1] 换言之,乡村地区公共产品与服务的供给并不是由当地全体村民的实际需求而决定,而是由处于乡村之外的政府官员的行政指令决定。乡村地区的大部分公共产品属于准公共产品,是以,政府、集体组织以及村民自身都是其承担者。然而,在实践之中,由上级政府明确他们分别应该具备的职责,再通过自上而下的下放指令的方式决定公共产品的具体供给,而这些供给费用很大一部分分摊到村民身上,加重了村民的负担,并且在这一过程中,集体组织与村民缺乏话语权,处于服从者的位置。

一方面,自上而下的行政指令式决策手段可以通过政府的强制性手段,充分地集中全国的资源来解决一些紧急的难题,它在新中国成立之初发挥了举足轻重的作用,加快推动了我国社会经济生活步入正轨的步伐。另一方面,这种决策方式以政府官员的利益诉求完全地取代了广大农村居民关于公共产品的实际偏好,决定乡村地区公共产品与服务供给的主体是不处于农村、甚

---

[1] 冯华艳. 农村公共服务供给研究 [M]. 北京:中国政法大学出版社,2015:79.

少了解农村的政府官员,他们无法切身考虑到村民个体的真实偏好与需求差异,作为经济人的官员所做出的决策往往是为了更好地追求自身的政绩。特别是,随着人民公社的瓦解,村民关于公共产品需求的种类、数量、结构发生了明显变化,村民个体之间对于公共产品与服务需求的差异也越来越明显,其需求日益呈多样化、差异化的趋势。因此,这种自上而下的决策方式带来了许多并不属于村民真实需求的"面子工程"式的公共服务,造成有限资源的浪费,致使农村公共产品与服务供给效率欠佳,无法有效实现村民的需求。

(二) 需求表达及参与决策的机制不畅通

真实、有效的农民需求是农村公共产品与服务有效供给的基础,而农民关于公共产品的真实需求要充分地体现在政府的决策过程之中,则必须具备一个高效、顺畅的需求表达渠道。有专家在借鉴其他发达国家在公共产品与服务领域先进的手段时,提出只有做到以下四点公众才能够真正参与到决策当中:其一,市场机制与非政府组织的培育程度较为完善,能够保证可以充分承担政府的供给职责;其二,社会公众具备较强的民主意识与参与能力,并且存在多种表达参与渠道;其三,建立健全的信息透明机制与完备的监督体系;其四,拥有完备的、强而有力的法律体系。[1]

将我国农村公共产品与服务的具体运转同以上四点标准进行比对,发现:首先,我国大部分乡村地区的市场机制仍然不完善,无法有力地吸引社会组织的参与,其他主体在承接公共产品供给方面的能力十分有限,无法充分实现多元主体供给的局面。其次,农村居民的需求表达意愿与能力不强。这是源于,一方面,村民往往会受到传统统治思维的影响,对政府具有强烈的依赖心理,再加上他们的文化素养普遍较低,其政治参与能力不强,使得"搭便车"现象屡屡发生,不能充分表达出自身的实际偏好;另一方面,村民在很长一段时间都是公共产品供给费用的实际负担者,在这种筹资方式下,即使他们拥有参与决策的能力,也可能会故意隐瞒自身的真实偏好,从而避免负担更多的成本。再次,需求表达渠道匮乏。一方面,村委会作为乡村自治的重要组织,本应该向乡镇政府有效地表达村民关于公共产品的需要,极力

---

[1] 张菊梅. 美国公共服务改革及其对中国的启示 [J]. 电子科技大学学报(社会科学版), 2014, 16 (2): 13-17, 38.

维护村民的权益,但它在现实生活中已经逐渐演变为了乡镇政府的准行政下属机构,无法有效地体现民意;另一方面,虽然从理论上来说,村民可以采取"一事一议"的形式针对部分村级公共产品进行决策,但是"一事一议"制度在实践中,经常存在有事不议、没事乱议、议而不决的现象,甚至部分乡村地区常年不开农村居民大会,这种需求表达机制实际上形同虚设。[①] 最后,我国关于农村公共产品与服务尚未建立起一套完整有效的监督体系,政府部门对于相关信息的公开力度较低,各地方人大代表起到的实际作用也十分有限,关于乡村地区公共产品与服务方面的专门法律缺乏。由此可见,农民关于公共产品的需求表达与参与决策机制十分欠缺,导致决策者无法得知使用者的需求,致使其所做出的决策与使用者的需要产生偏离,从而造成了农村公共产品与服务供给结构失衡。

三、供给主体责任不明

在"以人民为中心"的发展时代,公共产品理应是以政府为主,以社会多方力量共同参与为辅的多元供给。并且,多个主体在为广大农民群体提供公共产品与服务的时候,各自的职责不同,原则上,纯公共服务供给应当是政府部门的职责,而关于准公共服务,应尽可能地鼓励社会力量通过市场机制参与供给,各个主体根据其具体的职责再各自采取行动。然而,在实践中,各个供给主体之间的责任划分却存在界限模糊、不合理的问题,造成供给主体越位、缺位的现象屡屡发生。例如,政府越过社会力量直接参与准公共产品的供给,这就导致了所谓的"越位";而政府没有为社会公众供给本应该供给的纯公共产品,这就造成了所谓的"缺位"[②]。无论是供给主体的越位还是缺位,都无法使得有限资源实现帕累托最优配置,从而致使公共产品面临供给不足与效率低的难题。

(一)政府与市场间供给责任划分不合理

经过几个阶段的历史变迁,尽管在某些农村公共产品供给领域,一些社

---

① 冯华艳.农村公共服务供给研究[M].北京:中国政法大学出版社,2015:58-59.
② 赵海燕.基于需求的农村公共产品供给体制研究[M].北京:中国农业出版社,2013:85-86.

会力量（如企业、第三方机构等）逐渐加入其中，但是就其现状而言，目前大部分乡村地区的公共产品与服务依然是以政府作为唯一的供给主体，尚未实多元主体协同合作的供给机制。一方面，是由于市场机制存在缺陷。公共产品具有明显的公共性与公益性特征，但是市场组织的最大的目标就是盈利，特别是当前我国大部分企业依然处于经济转型的适应时期，它们的社会责任意识不强，参与政治事务的意愿也较弱。因而，在现实生活中，市场组织在农村公共产品与服务供给领域的参与力度十分薄弱，无法有力地打破政府单一主体供给的局势。另一方面，政府存在越位的行为，对其他供给主体过分干涉。首先，政府与村民自治组织间的责任界定不明确。按照《中华人民共和国村民委员会组织法》，村民委员会是村庄内部成员进行自我管理、自我教育、自我服务的基层群众性自治组织，具有民主选举、民主决策、民主管理、民主监督的功能，它主要的职责包括处理村庄内部的公共事务、协调村民间的矛盾冲突、维护乡村地区治安、代表全体村民向基层政府反映民意。[①] 是以，村民委员会的实质应当是充分代表该地农村居民，并维护其合法利益的机构。然而，由于我国一直以来的高度行政化管理，导致村民委员会成为基层政府的准下属单位，一味地执行上级政府的各项指令，其自治功能形同虚设。其次，政府与民间组织间的责任界定不合理。随着乡村地区市场经济的发展与完善，村民组织化的水平也得到了很大程度上的提升，产生了许多民间组织，能够为村民提供许多切身需要的生产型服务。但是，在这部分民间组织的发展过程当中，政府经常存在过分干涉或者扶持力度不强的行为，严重制约了其在公共服务供给决策当中的自主性，甚至把民间组织行政化为政府部门的下属机构，在极大程度上弱化了其为村民服务的功能。

在农村公共产品与服务供给之中，各个供给主体之间的职责存在界定不合理、不清晰的现象，使得公共产品的整体服务效应无法达到预期目标。仅仅依赖于政府有限供给，不仅不能够实现村民日益多样化的需要，还会致使农村公共产品严重不足，甚至会由于缺少其他主体的竞争，供给无效率。[②]

[①] 胡琴.农村集体经济组织的法律地位与治理结构探索[J].哈尔滨学院学报，2018，39（12）：46-49.
[②] 董明涛.农村公共产品供给机制创新研究[M].长春：吉林人民出版社，2013：80.

（二）各级政府间供给责任划分不合理

从理论上讲，全国性、全局性的公共产品应该由中央供给，而地方性、区域性的公共产品应由相对应的各级政府提供。然而在城乡二元分治的影响下，城镇的公共产品是由各级政府无偿提供，而为农民提供公共产品的职责却被上级政府推到了乡镇政府以及村民的身上。首先，在1994年我国实行分税制改革以后，上级政府将财政权力收回，而处理事务的权力往下转移，最后形成了财力向上集中、事权向下转移的局势。在这一局势下，乡镇政府的事权远超过其所实际掌握的财权，它作为最后一级政权，承担了大量理应由上级政府负担的花销，造成了乡镇政府财力乏力，无法有效为村民提供公共服务。其次，乡村地区的公共产品供给长时间没有被正式纳入公共财政的范围当中，再加上财政转移支付制度的不健全，上级政府所拨付的资金补助远远无法填补乡镇政府的财政支出。[①] 最后，农业税取消之后，"三提五统两工"这一制度外筹资方式随之不复存在，更进一步削弱了基层政府的财政实力，致使其陷入了严重的财政困境，从而无法有效地履行其提供公共产品的职责。[②] 因此，综合以上种种原因，基层政府除将提供公共产品的费用支出分摊至农村居民身上之外别无他法，致使本来就应该由政府来承担的责任最后又落到了农民身上，最后依靠农民自己来提供自己所需的各种公共产品，不但加重了他们的负担，而且还造成了政府的供给主体严重缺位。

四、行政管理体制滞后

（一）缺乏科学合理的官员考核机制

当前我国关于政府工作人员的考评与晋升机制不够科学合理，这也是导致乡村地区公共产品与服务面临困境的重要原因之一。首先，政府工作人员的晋升或处分均是由上级政府通过下放行政指令的方式决定的，而不是经过社会公众依据该官员的具体表现从而以民主选举、民主决策的方式产生，致

[①] 王彦平. 我国农村公共产品供给存在的问题、成因及解决对策［J］. 理论探讨，2015（6）：162-165.
[②] 何况. 增强农村公共产品供给主体活力的思路与对策［J］. 成都行政学院学报，2017（5）：12-16.

使政府官员与民众间缺乏相互约束的机制,所以,部分基层政府的官员所做出的决策很容易与人民群众的真实偏好脱轨。其次,关于政府官员的政绩考评体系过于褊狭。各级政府工作人员的政绩考核结果是他们岗位晋升的重要参照物,目前我国的政府官员考核机制往往依据的是其所做出的那些看得见的"成绩",严重忽视了社会公众的主观评价。这种机制虽然能有效避免人为的主观评价的偏差,但是也使得许多政府官员无法真正做到"为人民服务",在为乡村地区提供公共产品方面,他们往往为了眼前的、个人的利益而忽视长远的、整体的利益,为了追求自身的绩效而忽视农村居民迫切需要的公共服务,从而大量地提供农民使用次数极少的、看得见、见效快的公共产品,结果致使乡村地区存在有的农村公共产品与服务供给不足,而有的公共产品与服务却出现供给过剩甚至无人使用的奇特现象,不仅造成了有限资源的低效,甚至无效使用,而且农户为了这些过剩公共产品承担了许多额外的成本,严重制约了"三农"的发展。

(二)监督机制不健全

现阶段,关于我国乡村地区公共产品与服务的监督管理机制无法充分地发挥其作用,容易导致供给过程之中资源的浪费以及供给的无效等难题。其一,政府内部设置了多个监管农村公共产品的部门,它们各自的监管层次有所不同,但这些监管部门之间缺乏明确的权责界限,使得各部门之间存在责任推诿的行为,加大了监管的难度,实际的监管效用并不大。其二,关于农村公共产品与服务资金的监管力度欠佳。乡村地区公共产品与服务的资金来源于制度内以及制度外两种筹资渠道,其中,通过各种制度外的形式筹集而来的资金与制度内财政拨款不同,它的管理透明度较低,其具体的来源与支出情况都无法得到有效的把控,有关审计部门对此项资金的监管成本较高,监管难度较大,再加上部分工作人员素质低下,在实际操作过程当中没有严格地遵守财经法规,很容易存在腐败的行为。[①] 其三,关于农村公共服务的相关立法处于空白状态,缺乏强有力的法制监督。其四,民众监督的缺失。公共服务供给和农户自身的利益密切相关,但是,由于农民和政府之间的政治

---

① 杨志安,邱国庆. 农村公共产品供给碎片化与协同治理:以辽宁省为例 [J]. 长白学刊,2016 (1): 62-70.

不平等，导致农民对于政府所提供的公共产品只能服从，再加上农民普遍素质较低、政治意识淡薄，他们往往只会在相关政策出台之后注重自身的受益状况，而对于公共产品与服务的具体供给状况，他们缺乏途径也不愿去了解。由此可见，我国农村公共产品与服务的监管机制十分不完善，政府官员的权力得不到有效的约束，致使农户的真实需求无法落实、决策者所制定的错误举措无法纠正，导致了虚假供给、供需失衡等问题的存在，使得原本就十分有限的资金无法实现有效的利用。

(三) 多部门管理

我国乡村地区公共产品与服务供给还存在多头管理的现象，例如，农村科技推广服务涉及分管农业、林业、畜牧、水产、水利等多个部门，另外农村社会保障也涉及多个部门，其中，医疗保障由卫生部门管理，教育救助由教育部门管理，农村养老、农村五保、最低生活保障以及优抚救济等则由民政部门进行管理。其他的农村公共产品供给中也存在多部门管理的现象，这种多部门管理的局面在短期内无法改变，在为乡村地区供给某些公共产品与服务的过程当中，需要多个管理部门间协同合作。然而，这种多头管理极容易造成各部门之间由于权责方面存在界限不清的问题而产生争抢资源或者责任推诿的行为，再加上我国现有的各部门设置分散、相互独立，各自所处的地位和利益关系上存在差异，缺乏充分的信息交流与沟通，在实践当中容易产生冲突，无法实现各主体之间有序衔接，从而致使重复供给或者供给遗漏现象的产生。

五、财政投入资金匮乏

经济基础决定上层建筑，只有具备了充足的供给资金，才能及时、充分地提供公共产品。反之，资金的匮乏将直接制约公共产品的供给，无法改善社会公众的生活状况。现阶段，农村公共产品与服务的资金主要来源于制度内——政府财政拨款和制度外——民间融资两大方面。然而，当前通过这两种渠道所筹集到的资金仍然十分匮乏，这已然成为制约农村公共产品供给的关键性因素。

(一) 制度内：财政投资力度欠佳

一方面，乡镇政府的财政收入微薄，无力供给。近年来，国家注重"三农"的发展，并且在这一方面取得了一定成效。虽然税费改革向更深层次推进，但一系列与此相关的配套机制却并没有同步更新，上下级政府间在财权与事权方面存在匹配不合理的现象，使得当前我国乡镇政府事权过大，而不具备相应的财权。尤其是在农业税取消后，乡镇政府的财政收入锐减。尽管上级政府提供了一定的资金补助，但是由于目前不健全的转移支付机制，使得这部分补助额度较小，很难发挥出理想的作用。另一方面，在城乡二元分治的观念之下，上级政府一味地注重城镇公共设施的建设，甚至不惜挪用原本应该投入农村建设的资金。现阶段，总体而言，政府财政对于"三农"方面的投资力度仍然有待进一步加强，甚至一部分现有的支农资金并未投入乡村地区建设当中，常常存在行政费挪用事业费、事业费占用生产性支出的情况。

（二）制度外：民间融资难度大

在"以人民为中心"的发展时代，制度外的融资难度也逐步加大。首先，乡村集体无力供给。自人民公社解体之后，农村的集体经济形同虚设。特别是在2006年农业税取消之后，"三提五统两工"的制度外筹资方式也随之瓦解，农村集体自有资金减少，使得集体处理公共事务的能力进一步削弱。尽管，对于村庄内部的一些集体公共产品供给可以通过"一事一议"的形式从村庄内部每一户家庭收取费用以筹措其所需的资金，但是，在具体操作当中，"一事一议"所发挥出的实际功效极少，并且其在筹资方面存在许多限制性因素，决策费用较大，无法达到预期的成效。其次，农村投资、融资体制依然不完善，无法在公共产品与服务供给领域发挥出实际效用。在目前的金融体制下，虽然存在多个为农村居民提供金融服务的专业机构，如农村信用社、农村邮政储蓄银行等，但这部分机构实际能为农民提供的资金支持十分有限，只有农村信用社向其开放贷款业务，并且贷款条件较为严格、贷款金额较小。另外，由于传统思想的影响，农民为了有效地规避各种风险普遍选择将自己的收入存于银行。因此，造成了乡村地区金融资金严重外流，致使农民发展的造血功能不强。最后，乡村地区市场发展滞后，很难吸引非政府组织投资公共产品的供给，政府也没有制定一套优惠政策以此来吸引社会闲散资金的投入。

第五章

"以人民为中心"的农村公共产品与服务供给模式的双侧效率分析

随着生活水平的不断提高，人们对公共产品与服务的需求日渐增强。加强公共产品与服务供给侧改革，提升其效率是推行"以人民为中心"的农村公共产品与服务的必然要求。本书提出从"双侧效率评价"的角度对农村公共产品与服务供给效率进行综合分析。本书认为农村公共产品与服务供给效率由两方面构成，一是政府农村公共产品与服务供给投入产出效率，即"好钢用在刀刃上"，讲求稀缺的公共资源效用最大化；二是农户对农村公共产品与服务供给的获得感，主要通过农户的满意度来评价农村公共产品与服务供给的效果。

第一节 供给侧效率评价：基于三阶段 DEA 模型的宏观效率分析

近年来，在脱贫攻坚与乡村振兴的战略背景下，2020年第一产业的增加值高达7423亿元，农村居民人均纯收入和消费支出分别达到17131元与13713元，农村居民家庭的恩格尔系数为31.3%，中国的农业、农村、农民发生了翻天覆地的变化。在数字的背后，固然有工业化、城乡一体化高速发展带来的经济增长红利，但更多的要归功于农村公共产品供给规模的绝对性扩大。农村公共产品与服务作为"三农"问题的重要内容，有效供给能够释放农村经济的发展活力。对农村公共产品与服务供给效率进行评价与分析，探讨农村公共产品与服务供给"是否有效率""能否有效率"以及"如何有效率",有助于我们全面且准确地评估我国农村公共产品与服务的供给效率。

一、文献回顾

公共产品供给效率最开始是萨缪尔森[①]提出来的,他指出,要实现公共产品供给有效率,就要实现公共产品供给的帕累托最优,也就是要求私人产品的边际替代率(MRS)之和与公共产品和私人产品的边际转换率(MRT)相等。在农村公共产品与服务供给方面,效率是多元主体在供给农村公共产品与服务时,最大限度地整合各种资源来改善公共产品的供给形态,通过投入产出最大化来满足其受益者的不同需要。[②]

在评价农村公共产品与服务供给是否有效率时,农民作为评价的主体,当农民觉得提供的农村公共产品与服务对其本身是有好处的,这时才可能是有效率的。然而,就算是供给主体政府觉得是有用的并且去推行的农村公共产品与服务,若农民觉得没有好处,那它还是没有效率的。[③] 在提供农村公共产品与服务时,必须要同时考虑其投入和产出,还有农民对农村公共产品与服务的利用程度。[④] 本节将农村公共产品与服务供给效率定义为:为使农民的相关需求得到满足,政府、社会组织或者个人在提供农村公共产品与服务时,在最大限度上使用有限的资源,从而达到最优的供给规模和结构。换言之就是为了达到农村公共产品与服务供给投入产出最大化,而采取一系列供给模式优化、供给结构升级等举措。

在实际经济中,评价农村公共产品与服务的供给效率是很有难度的。国外学者们大多利用DEA方法及在其基础上的优化方法来研究农村公共产品与服务供给效率。Prior Diego 等[⑤]使用超效率DEA来探究公立医院这一公共产

---

① SAMUELSON P A. The Pure Theory of Public Expenditure [J]. Review of Economics and Statistics, 1954, 36 (4).
② 李燕凌. 农村公共产品供给效率论 [M]. 北京:中国社会科学出版社,2007.
③ 李燕凌. 农村公共品供给效率实证研究 [J]. 公共管理学报,2008 (2):14-23,121-122.
④ 李丽莉,张忠根. 农村公共产品供给的影响因素与经济效应:国内研究进展与深化 [J]. 西北农林科技大学学报(社会科学版),2019,19 (1):96-103.
⑤ PRIOR D, SURROCA J. Performance Measurement and Achievable Targets for Public Hospitals [J]. Journal of Accounting, Auditing&Finance, 2010, 25 (4):749-765.

品的供给效率，通过计算迭代过程获得公共产品的合理前沿效率。Slater Rachel 等[1]使用 DEA 后发现，在供给公共产品与服务时如果能加入第三方组织，那么总体的供给效率会有所增加。Worthington Andrew[2] 使用 DEA 研究了当地公共图书馆这一公共产品的供给情况，结果表明仅仅 9.5%的基层政府为全部技术效率。Geys Benny 等[3]分别使用 SFA 方法、FDH 方法、DEA 方法来评价基层政府在供给公共产品时的效率高低，研究表明 DEA 方法比其他两种方法更占上风。

在国内，学者们主要从两方面入手来研究农村公共产品与服务供给效率。一方面是认为农村公共产品与服务的直接受益者是农民，立足于农民的需要，以农民对其满意程度为标准，根据需求来进行供给以评价其供给效率。李燕凌[4]根据实地调查公共服务接收者农民的满意度结果，发现农民受教育程度、农村有效灌溉面积率、农民的收入等因素会对农民的满意程度起作用，进而影响评价结果。朱玉春等[5]使用有序 Probit 方法，认为农民对农村公共产品供给中的参与满意程度、参与形式对其评价效率的高低起重要影响。另一方面是认为政府是农村公共产品与服务的供给主体，优化供给结构、提升供给效率有利于农村公共产品与服务的供给，也有利于提高农民的受益水平，因此主要是从供给角度来评价农村公共产品与服务的供给效率。李燕凌[6]使用 DEA-Tobit 模型，根据湖南省的实地调查数据，研究发现遍及规模较小、城镇

---

[1] SLATER R, AIKEN M. Can't You Count? Public Service Delivery and Standardized Measurement Challenges The Case of Community Composting [J]. Public Management Review, 2015, 17 (8): 1085-1102.

[2] WORTHINGTON A. Performance Indicators and Efficiency Measurement in Public Libraries [J]. Australian Economic Review, 1999, 32 (1): 31-42.

[3] GEYS B, MOESEN W. Measuring Local Government Technical (in) Efficiency: An Application and Comparison of FDH, DEA, and Econometric Approaches [J]. Public Performance & Management Review, 2009, 32 (4): 499-513.

[4] 李燕凌. 农村公共品供给效率实证研究 [J]. 公共管理学报, 2008 (2): 14-23, 121-122.

[5] 朱玉春, 唐娟莉, 罗丹. 农村公共品供给效果评估：来自农户收入差距的响应 [J]. 管理世界, 2011 (9): 74-80.

[6] 李燕凌. 基于 DEA-Tobit 模型的财政支农效率分析：以湖南省为例 [J]. 中国农村经济, 2008 (9): 52-62.

化程度较低不利于提高农村公共产品供给效率。刘天军等[1]运用DEA-Malmquist指数法研究发现陕西省的人均地区生产总值、人口数量、公共产品行管政策等变量使得省农村公共产品供给效率存在地域差别。

总而言之，前人们的这些研究都为后续研究奠定了坚实的基础。必须指出的是，DEA或SFA模型作为评价效率的经典模型，也有其不足之处。DEA模型无法准确处理影响因素，而且在进行效率测算时预设了无随机误差的前提，SFA模型虽然允许随机误差的存在，但对前沿面的形式要做出很强的假设。[2] 因此，本书选定三阶段DEA方法来进行研究，以期有效剥离环境因素和随机误差，进而得出全国农村公共产品与服务更为准确的效率值，为构建"以人民为中心"的农村公共产品与服务供给模式提供精准的对策。[3]

二、面板三阶段DEA模型构建

Charnes等于1978年提出DEA模型是一种经典的相对效率的评价工具，但在实际运用中其弊端也越来越明显。2002年，Fried等提出的三阶段DEA模型[4]是在传统DEA模型基础上改良而来，他们认为投入/产出的松弛变量受到外部环境因素、随机扰动和管理无效率三者的影响，于是将DEA模型和SFA（随机前沿分析）模型进行结合，剥离外部环境因素和随机干扰以得到更为真实的效率值。[5]

需要注意的是，Fried等提出的三阶段DEA模型并不适用于测算跨年度的面板数据的效率，可能会因各年度前沿面的异质性，而不能直接比较各年度

---

[1] 刘天军，唐娟莉，霍学喜，等. 农村公共物品供给效率测度及影响因素研究：基于陕西省的面板数据［J］. 农业技术经济，2012（2）：63-73.

[2] 季凯文. 中国生物农业全要素生产率增长特征及行业差异［J］. 科研管理，2016，37（7）：145-153.

[3] 胡扬名，李涛. 基于面板三阶段DEA模型的城乡居民基本养老保险制度运行效率评价研究［J］. 农林经济管理学报，2019，18（6）：742-751.

[4] FRIED H O, LOVELL C K, SCHMIDT S S, et al. Accounting for Environmental effects and Statistical Noise in Data Envelopment Analysis［J］. Journal of Productivity Analysis，2002，17（1）.

[5] 胡扬名，李涛. 基于面板三阶段DEA模型的城乡居民基本养老保险制度运行效率评价研究［J］. 农林经济管理学报，2019，18（6）：742-751.

的效率值并进行分析。① Cummins 等②和黄薇③就验证了此类现象。为解决这一问题,本书借鉴面板三阶段 DEA 模型来测算效率值④,其具体步骤如下。

(一)第一阶段:传统 DEA 模型(BCC 模型)

本书构建投入导向下基于规模报酬可变的 BCC 模型,将跨期的面板数据整理成截面数据,同一决策单元在不同的年份视为不同的决策单元,得出各决策单元的投入松弛值。由于 DEA 模型的使用已较为成熟,本书在此不赘述其表达式。

(二)第二阶段:构建面板 SFA(随机前沿分析)模型

第一阶段分析得出的投入变量的松弛值(各决策单元与处于效率前沿面的 DMU 的投入值比较后的差额)受环境因素、随机扰动和管理无效率三部分的影响,但传统 DEA 模型并未考虑到这些因素对于各变量的松弛值产生的影响,将其全部归咎于管理无效率。在本阶段通过构建面板 SFA 模型,把第一阶段计算出的松弛值分解为含有环境因素、随机因素和管理无效率三个自变量的函数,从中剔除环境因素和随机因素的影响,构造的 SFA 回归方程表达式如下:

$$s_{ik} = f_i(z_k; \beta_i) + v_{ik} + \mu^{ik} \tag{5-1}$$

式(5-1)中,s_{ik} 表示第 k 个决策单元的第 i 项投入的松弛变量(i=1,2,…,m;k=1,2,…,n);$z_k = (z_{1k}, z_{2k}, …, z_{pk})$ 表示 P 个可观测的环境变量,β_i 表示所选环境变量的待估参数;$f_i(z_k; \beta_i)$ 表示环境变量对松弛变量 s_{ik} 的影响,一般令 $f_i(z_k; \beta_i) = z_k \beta_i$。其中,$v_{ik} + \mu^{ik}$ 表示混合误差项,v_{ik} 表示随机干扰项,且 $v_{ik} \sim N(0, \sigma_{vi}^2)$;$\mu^{ik}$ 表示管理无效率项,假设其服从截断正

---

① 假设存在两个年份 A 和 B,某决策单元 M 在 B 年的效率值高于在 A 年的效率值,并不能说明 M 在 B 年的绝对效率水平增加,仅仅能说明 M 与 B 年的效率边界的距离要小于与 A 年效率边界的距离。

② DAVID C J, MAARIA R M, HONGMIN Z. The Effect of Organizational Strutureon Efficiency: Evidence from the Spanish Insuance Industry [J]. Journal of Banking & Finance, 2004, 28 (12): 3113-3150.

③ 黄薇. 中国保险机构资金运用效率研究:基于资源型两阶段 DEA 模型 [J]. 经济研究, 2009, 44 (8): 37-49.

④ 刘自敏, 张昕竹, 杨丹. 我国省级政府卫生投入效率的时空演变:基于面板三阶段 DEA 模型的分析 [J]. 中央财经大学学报, 2014 (6): 97-104.

态分布，即 $\mu^{ik} \sim N^+(\mu_i, \sigma_{ui}^2)$。根据管理无效率是否随时间变化，可以将面板 SFA 模型分为非时变模型（TI 模型）和时变衰退模型（TVD 模型）。非时变模型假设管理无效率不随时间变化，v_{ik} 和 μ^{ik} 相互独立。时变衰退模型假设管理无效率随时间而变化，假设 $\mu^{it} = \exp\{-\eta(t-T)\}$（T 是决策单元最后一个时期，η 是衰退系数），当 η 显著大于 0 时，该 DMU 的非效率水平随时间递减，即效率水平会越来越高；当 η 显著小于 0 时，该 DMU 的非效率水平随时间递增，即效率水平越来越低；若 η 不显著不为 0，则使用非时变模型。令 $\gamma = \sigma_{ui}^2/(\sigma_{ui}^2 + \sigma_{vi}^2)$，γ 的值越接近 1，则 σ_{ui}^2 越大，表示管理因素主导该模型的误差部分，γ 的值越接近 0，则说明随机误差主导该模型的误差部分。[1]

在使用面板 SFA 进行测算时，需要运用时变衰退模型进行估计，对估计出来的衰退系数 η 进行检验，如果拒绝 η=0 的原假设，则说明应使用时变衰退模型；如果接受 η=0，则使用非时变模型进行估计。

在采用最大似然估计法算出 β_i、σ^2 和 γ 等参数的情况下，为了进行投入松弛量的有效调整，需要根据上述参数计算出随机干扰项 v_{ik} 和管理无效率项 μ^{ik} 的估计值。Fried 等采用 Jondrow 等[2]的方法来分解混合误差项 $v_{ik} + \mu^{ik}$。

$$E[v_{ik}|v_{ik} + \mu_{ik}] = s_{ik} - f_i(z_k; \beta_i) - E[\mu_{ik}|v_{ik} + \mu_{ik}] \quad (5-2)$$

管理无效率项的估计，本书借鉴 Jondrow 等、罗登跃[3]、陈巍巍等[4]给出的公式：

$$E[\mu_{ik}|v_{ik} + \mu_{ik}] = \frac{\sigma\lambda}{1+\lambda^2}\left[\frac{\varphi\left(\frac{\varepsilon_k\lambda}{\sigma}\right)}{\phi\left(\frac{\varepsilon_k\lambda}{\sigma}\right)} + \frac{\varepsilon_k\lambda}{\sigma}\right] \quad (5-3)$$

---

[1] 胡扬名，李涛. 基于面板三阶段 DEA 模型的城乡居民基本养老保险制度运行效率评价研究［J］. 农林经济管理学报，2019，18（6）：742-751.

[2] JONDROW J, LOVELL C K, MATEROV I S, et al. On the Estimation of Technical Inefficiency in the Stochastic Frontier Production Function Model［J］. Journal of Econometrics，1982，19（2-3）.

[3] 罗登跃. 三阶段 DEA 模型管理无效率估计注记［J］. 统计研究，2012，29（4）：104-107.

[4] 陈巍巍，张雷，马铁虎，等. 关于三阶段 DEA 模型的几点研究［J］. 系统工程，2014，32（9）：144-149.

式（5-3）中 $\lambda = \dfrac{\sigma_u}{\sigma_v}$，$\varepsilon_k = v_{ik} + \mu_{ik}$，$\sigma^2 = \sigma_u^2 + \sigma_v^2$，$\varphi$、$\varnothing$ 分别是标准正态分布的密度函数和分布函数。

再通过式（5-4）得出调整之后的投入值：

$$x_{ik}^* = x_{ik} + [max(z_k\beta_i) - z_k\beta_i] + [max(v_{ik}) - v_{ik}] \tag{5-4}$$

式（5-4）中，x_{ik}^* 为原投入 x_{ik} 经过调整之后的数值。第一个中括号部分表示把全部决策单元调整到相同的外部环境，面临相同的运气；第二个中括号部分表示把全部决策单元的随机干扰调整至相同的情形。

（三）第三阶段：传统 DEA 模型（BCC 模型）

利用第二阶段得到的调整之后的投入值 x_{ik}^* 替换第一阶段的原始投入值 x_{ik}，再次运用统一前沿面下的 BCC 模型进行效率评估，所测算出的效率值即为排除环境因素和随机干扰的管理效率，更能反映决策单元真实效率水平。

三、指标选取及数据来源

（一）投入产出指标

我国农村公共产品与服务涉及领域广泛，为了全面客观地评价我国农村公共产品与服务的供给效率，指标体系的选取非常关键。本节选取农村社会保障、农村科技推广、农村公共基础设施、农村扶贫开发、农村义务教育、农村公共卫生服务六方面的投入产出类别来评价农村公共产品与服务供给效率，为确保各个地区变量间的可比性，所有指标都做人均处理。

我国农村公共产品与服务的供给主体是政府，鉴于数据可获得性，本节从政府公共财政支出的角度确定农村公共产品的投入指标，并根据投入指标依次选取合适的产出指标。社会保障[①]方面选取农村人均城乡基本养老保险支出作为投入指标，城乡居民基本养老保险参保人数作为产出指标。用农村人均农林水支出作为农村科技推广、农村扶贫开发、农村公共基础设施三大方

---

① 社会保障的内容主要包含农村居民基本养老保险与农村居民基本医疗保险两大块，但在 2016 年城乡居民医疗保险制度建立以前，2013 年到 2016 年没有单独的农村居民参与医疗保险的人数，由于数据的缺失故将医疗保险的投入产出剔除。在卫生费用支出方面，统计年鉴的数据没有将农村与城镇分开，考虑到数据的可获得性，选取农村人均医疗保健支出来替代农村人均卫生费用支出。

面的投入指标，农村科技推广方面，选取农业人均机械总动力作为产出指标；农村扶贫开发方面选取农村居民可支配收入作为产出指标；农村公共基础设施方面选取农村人均有效灌溉面积作为产出指标。农村义务教育方面选取农村中小学生均教育费用支出作为投入指标，中小学师生比作为产出指标。农村公共卫生服务方面选取农村人均卫生费用支出作为投入指标，每千人口卫生机构床位数作为产出指标。

(二) 环境变量及假设

环境变量，是指那些除投入、产出变量之外，对效率确实有影响但又不受样本主观可控且在短时间内无法改变的因素。基于文献以及数据的可得性，本书主要考虑以下环境变量对农村公共产品与服务运行效率的影响。

1. 经济发展水平。农村公共产品与服务的供给，离不开政府财政的补贴和支持，与地区宏观经济的发展有一定的联系。一般认为，地区经济实力越强，基础条件就越好，会提高农村公共产品与服务的资源配置效率；从另一方面来讲，地区经济实力越强，投入越多，造成冗余和浪费的风险也越大，反而会造成农村公共产品与服务运行效率的下降。本书以人均 GDP（单位：元）表示经济发展水平。

2. 城镇化水平。城镇化往往伴随着资本和劳动力在各个城镇集聚，一般认为，这种"集聚"效应会促进本地就业和经济的发展，促进城乡居民收入水平的提升，能够对农村公共产品与服务的供给效率产生正向影响。本书假定城镇化水平越高，农村公共产品与服务的供给效率越高。选取年末各省城镇人口与各省总人口的比值来衡量。

3. 财政自主权。我国农村公共产品供给以政府为主导。中国式财政分权对不同地区的地方政府行为偏好产生差异性的激励水平，从而影响地方政府对农村公共产品供给的配置效率和生产效率；同时财政分权激励地方政府间的横向竞争，也会影响地方政府供给农村公共产品的结构效率。本书选取财政自主度作为财政分权的测度指标，财政自主度 = 省本级公共财政收入/省本级公共财政支出。

4. 人口密度。一个地区农村人口越多，人口规模越大，公共产品受益外溢范围的广度使人口集中带来公共产品供给成本节省，政府公共服务的组织和提供的便利又降低了公共产品供给成本。农村公共产品与服务的供给效率越显著。本书用各省份乡村人口密度来衡量，即每一乡村人口占有耕地面积的比值。

表 5-1 投入、产出指标及环境变量

	指标分类	具体指标	单位	计算公式
投入指标	农村社会保障	农村人均城乡基本养老保险支出	元	城乡居民养老保险支出/乡村人口
	农村科技推广	农村人均农林水支出	元	农村农林水支出/乡村人口
	农村公共基础设施			
	农村扶贫开发			
	农村义务教育	农村中小学生均教育费用支出	元	（农村中学教育支出+农村小学教育支出）/（农村中学在校生+农村小学在校生）
	农村公共服务卫生	农村人均卫生费用支出	元	农村医疗保健支出/乡村人口
产出指标	农村社会保障	城乡居民基本养老保险参保人数	人	—
	农村科技推广	农业人均机械总动力	（瓦/人）	农业机械总动力/乡村人口
	农村公共基础设施	农村人均有效灌溉面积	（公顷/人）	农村有效灌溉面积/乡村人口
	农村扶贫开发	农村居民可支配收入	（元/人）	
	农村义务教育	中小学师生比	%	（农村小学老师+农村初中专任老师）/（农村小学在校生+农村初中在校生）
	农村公共服务卫生	每千人口卫生机构床位数	张	—

续表

	指标分类	具体指标	单位	计算公式
环境变量	经济发展水平	人均GDP	元	—
	城镇化水平	年末城镇人口比重	%	—
	财政自主权	财政自主度	%	农村一般公共预算收入/农村一般公共预算支出
	人口密度	乡村人口密度	公顷/人	农村耕地面积/乡村人口

(三) 数据来源

本书选取我国 31 个省份 2014—2019 年的指标数据，均来自 2015—2020 年《中国统计年鉴》《中国农村统计年鉴》《中国教育经费统计年鉴》《中国教育统计年鉴》《中国社会统计年鉴》《中国卫生和计划生育统计年鉴》《中国人口和就业统计年鉴》。

四、城乡居民基本养老保险制度运行效率的实证研究

(一) 第一阶段结果分析

根据投入产出指标的原始数据，运用 DEAP 2.1 软件对 2014—2019 年度农村公共产品与服务运行效率进行测算，表 5-2 展示了样本年度内各省份农村公共产品与服务运行效率的均值以及 2019 年的规模报酬状态。

从表 5-2 的计算结果可以看出，在不考虑外部环境因素和随机误差的情况下，可以得出如下结论：从整体来看，样本年度内我国农村公共产品与服务运行的综合技术效率、纯技术效率和规模效率均值分别为 0.856、0.930、0.921，还存在一定的进步空间。其中纯技术效率高于规模效率，说明规模效率是导致我国农村公共产品与服务供给效率低下的主要原因。从省际角度来看，新疆在样本年度内一直位于效率前沿面上，属于 DEA 有效，黑龙江、河南纯技术效率有效，属于弱 DEA 有效，其余省份在纯技术效率和规模效率方面都存在一定的提高空间。从 2019 年所呈现出的规模报酬状态来看，江西、西藏、新疆 3 个省区处于规模报酬不变状态，其他省份均处于规模报酬递减状态，表明其他省份投入冗余，要减少投入才会对农村公共产品与服务运行效率的提升起积极作用。

表 5-2 第一阶段测算结果

地区		第一阶段			
		crste	vrste	scale	R
东部地区	河北	0.999	1	0.999	-
	辽宁	0.821	0.854	0.961	drs
	江苏	0.886	0.924	0.960	drs
	浙江	0.995	0.998	0.997	-
	福建	0.995	0.999	0.996	-
	山东	0.983	0.994	0.989	drs
	广东	0.976	0.996	0.980	drs
	海南	0.974	0.993	0.980	drs
	平均值	0.954	0.970	0.983	
中部地区	山西	0.899	0.926	0.968	drs
	吉林	0.874	0.982	0.889	drs
	黑龙江	0.881	1	0.881	drs
	安徽	0.978	0.982	0.997	-
	江西	0.980	0.987	0.992	drs
	河南	0.971	1	0.971	drs
	湖北	0.824	0.923	0.894	drs
	湖南	0.899	0.948	0.948	drs
	平均值	0.913	0.968	0.942	

续表

地区		第一阶段			
		crste	vrste	scale	R
西部地区	内蒙古	0.836	0.984	0.849	drs
	广西	0.937	0.957	0.979	drs
	重庆	0.809	0.838	0.966	drs
	四川	0.834	0.870	0.956	drs
	贵州	0.953	0.960	0.993	drs
	云南	0.987	0.992	0.994	-
	西藏	0.984	0.984	1	-
	陕西	0.869	0.956	0.909	drs
	甘肃	0.866	0.894	0.968	drs
	青海	0.602	0.616	0.978	drs
	宁夏	0.836	0.863	0.969	drs
	新疆	1	1	1	-
	平均值	0.876	0.909	0.963	

注：1. crste、vrste、scale、R 分别表示综合技术效率、纯技术效率、规模效率和规模报酬。2. ***、**、* 分别表示在 1%、5%、10% 显著性水平上显著。

（二）第二阶段结果分析

由于各地经济社会发展水平的客观差异，各地农村公共产品与服务面临的外部环境也存在较大差异，第一阶段所测算出的效率值包含了外部环境变量和随机误差对效率值的影响，如不考虑这些因素将会导致对实际效率的高估或者低估，因此需要估计环境变量和随机误差对效率值的影响，对投入变量进行相应的调整。将第一阶段得到的农村人均城乡居保支出松弛变量、农村人均农林水支出松弛变量、农村中小学生均教育费用松弛变量、农村人均卫生费用松弛变量作为因变量，以选取的农村经济发展水平、城镇化水平、财政自主权、人口密度作为自变量，构建面板 SFA 回归模型，运用 Frontier 4.1 软件计算出的 SFA 回归结果详见表 5-3 所示。

表 5-3 第二阶段面板 SFA 回归结果

	人均城乡居保支出（松弛变量）	人均农林水支出（松弛变量）	中小学生均教育费用（松弛变量）	人均卫生费用（松弛变量）
常数项	−262.122*** (−72.665)	−1262.265*** (−7.978)	−19581.685*** (−13826.900)	−278.989*** (−4.148)
经济发展水平	−0.001*** (−3.163)	−0.016*** (−4.339)	−0.158*** (−3.183)	−0.002*** (−3.875)
城镇化水平	6.688*** (35.475)	54.304*** (6.005)	532.160*** (10.256)	9.033*** (4.986)
财政自主权	−131.076*** (−3.850)	−1494.687*** (−2.480)	−11104.433*** (−10290.475)	−177.378** (−1.753)
人口密度	−68.987*** (−20.219)	−1798.910*** (−5.402)	−1629.034*** (−1524.610)	−131.165*** (−2.484)
	21437.775 (18966.509)	1524902.00 (1400927.700)	221602500.00 (221602500.00)	25989.161 (7373.152)
	0.764 (27.217)	0.848 (52.774)	0.799 (35.600)	0.842 (47.549)
LR 单边误差检验	108.539	136.668	111.275	140.595

注：***、**和*分别表示在1%、5%和10%显著性水平上显著。

如前所述，在本阶段使用面板 SFA 回归时需要先对衰退系数进行检验，来确定究竟是用非时变模型（TI 模型）还是时变衰退模型（TVD 模型），从面板 SFA 模型所呈现出的结果来看，衰退系数 η 显著大于 0，表明非效率水平将随时间递减，效率水平会逐步递增。从表 5-3 中可以看出，农村人均城乡居保支出松弛变量、农村人均农林水支出松弛变量、农村中小学生均教育费用松弛变量、农村人均卫生费用松弛变量所对应的回归模型的单边似然比检验（LR 检验）统计量通过了检验，拒绝原假设，表明模型的估计结果在总体上可以接受，运用 SFA 模型进行回归是有必要的。此外，上述两个松弛变

量所对应的 σ^2 和 γ 值均通过了显著性检验，表明管理无效率和随机误差对投入松弛值均有影响，其中管理无效率对投入松弛值的影响居于主导地位，随机误差对投入松弛值的影响较小。同时可以看出，部分环境变量的待估计系数通过了显著性检验，表明外部环境因素对投入松弛变量具有显著影响，因此运用 SFA 模型进行环境变量和随机干扰的剥离是合理的。由于环境变量是对投入松弛变量的回归，所以当环境变量的待估计系数为负时，表示该变量的增加可以减少投入松弛，即有利于促进农村公共产品与服务运行效率的提升；反之，若环境变量的待估计系数为正，表示该变量的增加将会造成投入冗余的增加，不利于农村公共产品与服务效率值的提升。因此，从环境变量对投入松弛变量的影响来分析，可以得到下述结论。

1. 经济发展水平。该变量对 4 个投入松弛变量的回归系数均为负，且均通过 1% 显著性检验，反映了当地经济发展水平越高，该地区的农村公共产品与服务的供给效率越高。

2. 城镇化水平。城镇化水平对 4 个投入松弛变量的回归系数均为正，且通过了显著性检验，表明城镇化水平越高，该地区的农村公共产品与服务的供给效率越低。这与之前的假定不符，城镇化水平低并不一定表示该地区的农村公共产品与服务的供给效率高。说明近年来城乡一体化的进程没有达到理想的效果，以致城市公共服务设施对周边农村的辐射作用较弱。

3. 财政自主权。该变量对 4 个投入松弛变量的回归系数均为负，表明财政自主度越大越会提高农村公共产品与服务的供给效率。

4. 人口密度。该变量对 4 个投入松弛变量的回归系数均为负，且均通过 1% 显著性检验，表明人口密度的提高会促进农村公共产品与服务的供给效率，与之前的预期一致，农村公共产品的规模经济和网络效应会降低供给成本，虽然人口密度的增加产生一定程度上的拥挤效应，但在政府主导型供给模式下，这种农村公共产品的拥挤成本几乎可以忽略，因此人口密度的增加确实可以提高农村公共产品与服务的供给效率。

（三）第三阶段结果分析

从第二阶段结果可知，上述环境变量和随机误差对于各省份的农村公共产品与服务的 4 个投入松弛变量均有影响，因此，必须调整原投入变量，使所有地区面临同样的环境与运气,进而考察其真实的农村公共产品与服务的运行效率。根据第二阶段,最后得出调整后的投入变量数值,替换第一阶段原始投入值,再次运用投入导向下的 BCC 模型在统一前沿面下进行效率测度,得出第三阶段各省份农村公共产品与服务的运行效率及 2019 年度的规模报酬情况,并列出了第一阶段和第三阶段效率值之间的变动情况,测算结果如表 5-4 所示。

表 5-4 第三阶段测算结果及其提升幅度

地区		第三阶段				提升幅度		
		crste	vrste	scale	R	crste	vrste	scale
东部地区	河北	1	1	1	—	0.001	0	0.001
	辽宁	0.982	0.991	0.990	—	0.161	0.137	0.029
	江苏	0.907	0.928	0.978	drs	0.021	0.004	0.018
	浙江	0.997	0.998	0.999	—	0.002	0	0.002
	福建	1	1	1	—	0.005	0.001	0.004
	山东	0.992	0.992	0.999	—	0.009	−0.002	0.010
	广东	1	1	1	—	0.024	0.004	0.020
	海南	0.998	1	0.998	—	0.024	0.007	0.018
	平均值	0.984	0.989	0.995		0.030	0.019	0.012
中部地区	山西	0.954	0.967	0.986	drs	0.055	0.041	0.018
	吉林	0.932	0.991	0.940	drs	0.058	0.009	0.051
	黑龙江	0.956	1	0.957	drs	0.075	0	0.076
	安徽	0.999	0.999	1	—	0.021	0.017	0.003
	江西	0.998	1	0.998	—	0.018	0.013	0.006
	河南	1	1	1	—	0.029	0	0.029
	湖北	0.975	0.990	0.985	drs	0.151	0.067	0.091
	湖南	0.999	0.999	1	—	0.100	0.051	0.052
	平均值	0.976	0.993	0.983		0.063	0.025	0.041

续表

地区		第三阶段				提升幅度		
		crste	vrste	scale	R	crste	vrste	scale
西部地区	内蒙古	0.895	0.993	0.901	drs	0.059	0.009	0.052
	广西	0.989	0.997	0.992	-	0.052	0.040	0.013
	重庆	0.917	0.945	0.971	drs	0.108	0.107	0.005
	四川	0.966	0.982	0.983	drs	0.132	0.112	0.027
	贵州	0.973	0.991	0.982	irs	0.020	0.031	-0.011
	云南	0.977	0.998	0.978	-	-0.010	0.006	-0.016
	西藏	0.991	0.991	1	-	0.007	0.007	0
	陕西	0.995	0.997	0.998	-	0.126	0.041	0.089
	甘肃	0.949	0.956	0.993	drs	0.083	0.062	0.025
	青海	0.765	0.789	0.971	drs	0.163	0.173	-0.007
	宁夏	0.934	0.958	0.975	drs	0.098	0.095	0.006
	新疆	1	1	1	-	0	0	0
	平均值	0.946	0.966	0.979		0.070	0.057	0.015
全国均值		0.966	0.980	0.985		0.057	0.036	0.022

注：1. crste、vrste、scale、R 分别表示综合技术效率、纯技术效率、规模效率和规模报酬。2. ***、**、* 分别表示在1%、5%、10%显著性水平上显著。

从表5-4可以看出，在剔除环境因素和随机干扰的影响之后，三种效率均值均有所提升，调整后的全国综合技术效率均值从0.856提高至0.942，说明各省份农村公共产品与服务的供给效率均受到地区经济发展水平、城镇化水平、财政自主权和人口密度等环境因素的影响。综合技术效率的提升由纯技术效率和规模效率的共同提升所致，进一步说明第二阶段构建SFA模型进行估计是有意义的。从第三阶段的计算结果可以看出。

1. 从总体上看，第三阶段我国公共产品与服务运行的综合技术效率、纯技术效率和规模效率均值分别为0.942、0.972和0.969，较第一阶段有所提升，但仍存在一定的进步空间。

2. 从省际角度来看综合技术效率均值，第三阶段除新疆外其余省份综合技术效率得到提升，位于效率前沿面上的省份是河南和新疆，河南在调整后位于效率前沿面上，属于 DEA 有效，即同时具备技术有效和规模有效，表明河南的农村公共产品与服务的效率水平确实很高。调整前后效率变化最大的是青海、北京、辽宁和上海，表明这四个省份受环境因素影响较大。

3. 从全国纯技术效率均值来看，由第一阶段的 0.930 提升到第三阶段的 0.972，提升幅度为 4.5%。在 31 个省份中，有 25 个省份调整后的纯技术效率均值提升，调整前后纯技术效率均值提高较大的省份是青海、宁夏、陕西和辽宁，提升幅度分别为 32.9%、15.1%、11.8% 和 10.7%。调整后纯技术效率均值下降的省份是天津和福建，下降幅度分别为 1% 和 0.2%。

4. 从全国规模效率均值来看，由第一阶段的 0.921 提升到第三阶段的 0.969，提升幅度为 4.8%。在 31 个省份中，有 25 个省份调整后的规模效率均值提升，北京的规模效率提升幅度最为明显，增幅达 17.8%。有 5 个省份的规模效率均值呈现一定程度的下降，分别是广西、贵州、西藏、青海、宁夏，下降幅度分别为 2.2%、1.2%、0.1%、11.6%、3%。

5. 从 2019 年所呈现出的规模报酬状态对比第一阶段，除江西、西藏和新疆仍处于规模报酬不变的状态以外，广西、青海和宁夏由规模报酬递减状态转变为递增状态，表明这些省份的农村公共产品与服务规模尚未达到自身技术水平和管理效率下的最适规模，应适当增加农村公共产品与服务的投入。

为更进一步分析各地区的效率提升策略，本书对各省份的效率水平划分了相应的类型，根据各地区的纯技术效率和规模效率值，本书以 0.9 作为相对临界点，超过 0.9 表示高效率，低于 0.9 表示低效率，将效率值划分为四个类型，如图 5-1 所示。

规模效率高	低高型（0）	双高型（29）： 天津、河北、辽宁、上海、江苏、浙江、山东、广东、海南、山西、吉林、江西、湖北、广西、重庆、四川、贵州、西藏、陕西、甘肃、青海、宁夏、新疆、黑龙江、福建、云南、安徽、河南、湖南
规模效率低	双低型（0）	高低型（2）： 北京、内蒙古
	纯技术效率低	纯技术效率高

图 5-1 效率水平分布图

"双高型"是指纯技术效率和规模效率均高于 0.9，共有天津、河北等 29 个省份处于这一类型，表明这 29 个省份的农村公共产品与服务的内部管理水平和投入规模较好，处于领先地位。"高低型"是指纯技术效率高于 0.9，规模效率低于 0.9 的类型，处于这一类型的有北京、内蒙古两个省份，表明这两个省份需要进一步促进规模效率的提升，改进的策略就是要扩大财政在农村公共产品与服务方面的支出额，并保持目前较高的内部管理水平。

五、研究结论与政策建议

（一）研究结论

传统的三阶段 DEA 模型在处理跨年度的面板数据时容易面临异质性前沿面以及由此带来的 SFA 估计困境的难题，本书借鉴改进的面板三阶段 DEA 模型对我国 31 个省份 2014—2019 年的农村公共产品与服务的运行效率进行了测算。通过三阶段 DEA 模型的计量和结果分析，本书得到如下结论。

1. 从整体上看，我国农村公共产品与服务的运行效率处于较高水平，但仍存在一定的效率提升空间。对比第一阶段效率值可以知道，环境因素和随机干扰对城乡居保制度的运行效率具有显著的影响，在剔除环境因素的影响后，各地区综合技术效率、纯技术效率、规模效率的均值有一定程度的上升，综合技术效率均值的提升受纯技术效率均值和规模效率均值提升的影响。这说明，和第一阶段的效率值结果相比，第三阶段的结果能够更加真实地反映各地区的农村公共产品与服务的运行效率，如若不考虑环境因素和随机干扰的影响，将会在一定程度上低估我国农村公共产品与服务的运行效率。

2. 从第二阶段面板 SFA 的回归结果来看，除了城镇化水平，另外三个环境变量均会显著促进农村公共产品与服务运行效率的提升。城镇化水平与四个投入松弛变量的回归系数为正，这说明随着城市化进程的加快，农村剩余的劳动力更多地涌向了城市，在实际的城镇化建设过程中，使得地方政府的财政资金更多地向城市倾斜，对于农村公共产品与服务资金投入可能没有落到实处。此外，农民缺乏对农村公共产品需求表达的渠道，农村公共产品与服务的供给脱离农民实际需求，造成"所供欠所需""所供非所需"的供需失衡局面。虽然城镇化水平提升了，但农村公共产品的有效供给不足，跟不上城镇化发展的速度。

3. 调整前后各个地区效率对比如表 5-5 所示，从区域的角度看：调整前，中部地区的农村公共产品与服务供给的综合技术效率最高，为 0.902，而东部地区的综合技术效率最低，为 0.840，综合技术效率排名为中部地区＞西部地区＞东部地区，中部地区综合技术效率高于全国平均水平（0.856），而东部地区和西部地区低于全国平均水平。将综合技术效率分解来看，东部地区农村公共产品与服务供给的纯技术效率为 0.940，高于全国平均水平，因此规模效率是制约东部地区农村公共产品供给与服务效率的决定性因素。

在剔除环境因素和随机扰动项并将各地区置于相同的外部环境和相同的"好"运气后，全国大部分地区的综合技术效率、纯技术效率和规模效率都有明显提升，只有西部地区的规模效率有所下降。调整后，中部地区的农村公共产品供给的综合技术效率仍然最高，为 0.986，东部地区综合技术效率有明显提高，为 0.940，西部地区综合技术效率最低，为 0.915，综合技术效率排名为中部地区＞东部地区＞西部地区，只有中部地区的综合技术效率高于全国平均水平（0.942），东部地区排名上升的原因主要归功于调整后的规模效率的提升，因此东部地区农村公共产品供给效率受经济发展水平、城镇化水平、财政自主度和人口密度等外部环境影响较大。

表 5-5 第一、三阶段东、中、西地区效率均值对比

地区	TE1	TE3	PTE1	PTE3	SE1	SE3
东部地区	0.840	0.940	0.947	0.974	0.887	0.965
中部地区	0.902	0.986	0.977	0.994	0.922	0.992
西部地区	0.842	0.915	0.882	0.956	0.962	0.957

注：TE1 为第一阶段综合技术效率，TE3 为第三阶段综合技术效率；PTE1 为第一阶段纯技术效率，PTE3 为第三阶段纯技术效率；SE1 为第一阶段规模效率，SE3 为第三阶段规模效率。

（二）政策建议

1. 各地区应根据自身问题实施差异化的农村公共产品与服务效率的提升策略。处于"双高型"的省份在保持现有纯技术效率和规模效率水平的基础上，可尝试进一步促进效率值的提升；处于"高低型"的省份，需要进一步促进规模效率的提升，改进的策略就是要扩大财政在农村公共产品与服务方面的支出额，并保持目前较高的内部管理水平。

2. 落实新型城镇化建设。计量模型表明，城镇化水平与农村公共产品与服务的供给效率呈负相关，说明我国农村公共产品与服务供给呈现增长与失衡共同存在的局面，说明农村公共产品与服务的公共财政支出结果存在偏差。首先，需要进一步增加新型城镇化建设所需的资金，确保农村社会保障支出、农林水支出、义务教育费用、卫生费用等持续稳定增长；其次，拓宽农村居民的对于农村公共产品与服务需求的表达渠道，政府要采取实际行动来纠正农村公共产品与服务的供给与需求的偏差，发挥农村基层干部的作用，广泛征集民意，了解农民的实际需求，为其提供满足实际需要的农村公共产品与服务。

3. 推进农村公共产品专项转移支付制度改革，优化财政支出水平，提升农村公共产品与服务财政资金的利用率。因此，要充分考虑各地区农村经济发展水平、城镇化水平、财政自主度、人口密度等环境因素对农村公共产品与服务供给效率的影响。

第二节 需求侧效率评价：基于 LOGISTIC 模型的农户满意度分析

一、文献述评

提供农村公共产品与服务的最终目的是满足农户对公共产品和服务的需求，让农户真正感到满意。因此，农村公共产品与服务的需求侧效率，可以用农户对其的满意度衡量。我国学者对于农村公共产品的需求已经有较长时间的研究，其中农民的满意度是需求分析的重要评价指标。但大部分研究主要集中在农村公共产品供给中农民满意度现状分析和需求排序，较少对影响农民满意度的因素进行研究。此外，随着时代的发展进步，农户对农村公共产品与服务的满意度内容和影响因素也在发生变化，值得持续关注和研究。

在农户满意度的影响因素方面，先前学者们的研究对本书有借鉴和参考作用。李燕凌和曾福生[1]运用 CSI-Probit 回归模型对湖南省 126 个乡（镇）农户的农村公共品供给"满意度"及其影响因素进行了实证分析，得到满意度的主要影响来自农民受教育年限、医疗可及性、农民收入水平、农户有效灌溉面积率、农户距乡镇政府距离、农林技术站服务次数以及被调查者年龄等因素。朱玉春和唐娟莉[2]利用西北五省 40 个县（市）的实地调研数据，采用因子分析法和二元离散选择模型，对农村公共品投资满意度影响因素进行了实证研究，结果表明，农民满意度的影响主要来自道路、基础教育、医疗、农田水利设施、饮水设施、公共品供给农民参与情况、农民对村委会的评价、农民对政府的评价等。许莉[3]选取江西省 21 个县 45 个村作为样本，采用

---

[1] 李燕凌，曾福生. 农村公共品供给农民满意度及其影响因素分析 [J]. 数量经济技术经济研究，2008（8）：3-18.
[2] 朱玉春，唐娟莉. 农村公共品投资满意度影响因素分析：基于西北五省农户的调查 [J]. 公共管理学报，2010，7（3）：31-38，123-124.
[3] 许莉. 农民对农村公共产品供给满意度实证分析：基于江西省农户层面的实地调研 [J]. 统计与信息论坛，2012，27（6）：102-108.

ODM（Ordered Dependent Model）排序选择模型，得出农民满意度的影响主要来自以下几方面：一是农民自身状况，如年龄、受教育程度以及人均收入水平；二是农民对各项公共产品如农村公路、农田水利、农村饮用水、生活垃圾处理、农村义务教育、农村社会保障等的满意度；三是农村公共产品供给的相关制度性因素，包括农民对农村公共产品的需求表达、农民参与决策程度、农民对筹资的支持等。廖媛红[1]对北京地区五个区县的396名农民进行调研后，运用最小二乘法多元回归分析。研究结果表明：在正式制度方面，村委会的财务透明度和村民参与决策的程度正向影响农户对公共产品的满意度。在非正式制度方面，农户的社会资本正向影响农户对公共产品的满意度。Yaobo Shi 和 Xinxin Zhao[2]利用陕西省5个县400个农户的截面数据，采用有序 Logit 和 Probit 模型，证明在公共产品供给过程中被咨询过的农户比未被咨询过的农户满意度高，从公共产品供给中获利的农户比未获利的农户满意度高。此外，其他因素（年龄、教育、农业、成本、山地）对某些公共产品的满意度有重大影响。刘小勇和梁洁莹[3]基于2014年广东省45个乡镇170个行政村500余户农户的调研数据，运用 Logistic 回归模型探究农户对农村公共产品满意度的影响因素。结果表明：影响农户满意度最主要的因素是与道路交通相关的因素，包括通路情况、公路类型、交通便利程度；个体特征（身体健康状况、婚姻状况等）也对农户满意度有显著影响。

在提高农户满意度的建议方面，主要是从政府主体出发。在制度建设方面，政府应该提高农民个体素质，畅通农民需求表达的渠道，最大限度地让农民参与决策，完善农村公共产品的资金筹集制度；建立科学的农村公共产

---

[1] 廖媛红. 制度因素与农村公共品的满意度研究［J］. 经济社会体制比较，2013（6）：121-132.

[2] SHI Y B, ZHAO X X. Rural Residents Satisfaction and Influencing Factors in the Supply of Public Goods in China［J］. Bulletin Ekonomi Moneter dan Perbankan, 2019.

[3] 刘小勇，梁洁莹. 农村公共产品满意度实证研究：基于广东省农村调研分析［J］. 华南理工大学学报（社会科学版），2020，22（1）：22-32.

品需求表达机制①；完善"一事一议"制度②；同时，增强公共决策的民主性。在资金投入方面，政府应加强重点领域的资金投入，鼓励多元投入机制；加大对基层财政的转移支付力度，并逐步建立相应的资金使用监督机制③；此外，政府应保持生产性公共产品的投入，加大民生性公共产品的投入。在物资供给方面，政府应重点增加农业科技服务、农村公共文化等"软"公共产品供给，继续加强农村基础设施建设；参考农村公共产品需求的优先顺序，分重点、分阶段地推进公共产品供给，促进供给与需求的有效衔接④；政府还应加强道路的修建工作，引进多样化的交通工具。

综上所述，学者们运用不同方法分别对我国东中西部地区农户满意度的影响因素进行分析，并提出了提高农户满意度的建议。然而，大部分研究的数据较为陈旧且集中于部分地区，而农村公共产品与服务的内涵一直在更新，农户满意度的影响因素也在改变，因此需要使用新的全国数据进行分析。此外，以往的研究较少构建农户满意度的指标体系，已有的指标体系不全面且滞后，需要继续探索研究。本书以全国范围内的数据来实证分析农户对农村公共产品与服务满意度的影响因素，在参考已有研究成果以及深入实地调查所获取资料的基础上，建立农村公共产品与服务满意度模型（CSI）来研究农户的满意度状况。通过运用 SPSS 软件，对数据进行描述性分析以及 Logistic 回归分析，以期提出具有现实意义的参考意见。

二、CSI 模型构建

（一）模型介绍

CSI 是 Customer Satisfaction Index 的简写，含义是"顾客满意度指数"，测

---

① 王蕾，朱玉春.基于农户视角的农村公共产品供给效果评价[J].西北农林科技大学学报（社会科学版），2012，12（4）：24-29.
② 曲延春.农民满意度、需求偏好与农村公共产品供给侧改革：基于山东省 546 份调查问卷的分析[J].东岳论丛，2017，38（11）：109-117.
③ 郭铖，涂圣伟，何安华.我国农村公共产品供给与需求现状分析[J].调研世界，2011（8）：14-17.
④ 刘昌宇，孙继琼，彭兰凌.西部民族地区农村公共产品需求类型及优先序识别：基于 Kano 模型的实证[J].财经科学，2019（11）：121-132.

算方法是首先观察和测量某一项服务或者产品，然后构建测评指标体系，再利用调查数据对每个指标进行解析来获得顾客满意度指数。在对满意度的研究方面，国外学者最开始是研究顾客满意度。Richard N. Cardozo 在 1965 年第一次将"顾客满意"这一名词引入商业范畴。20 世纪 60 年代，在新公共管理运动的推动下，顾客满意度理论被加入政府绩效管理之中。但是顾客满意度是顾客的主观感受，很难进行测算，一直到 20 世纪 80 年代末才渐渐浮现对顾客满意度的数学测量模型。1989 年，Fornell 最先建立了顾客满意度指数模型，即瑞典顾客满意度晴雨表（SCSB）。[1] 在此基础上，美国在 1994 年构建了美国大众满意度指数模型，即 ACSI，这是当前被认为最实用和应用范围最广的满意度指数模型。

我国顾客满意度指数模型建立比较晚，清华大学中国经济研究中心在 1995 年最开始对顾客满意度模型进行研究，1998 年建立了商业范畴内的中国顾客满意度指数模型，即 CCSI。[2] 在此之后，研究满意度的学者越来越多，研究领域也渐渐扩展到教育[3]、医疗[4]、社会保障[5]等公共部门。农村公共产品与服务作为公共部门的重要组成部分，也有学者利用顾客满意度模型来进行分析。在农户满意度的评价指标体系方面，李燕凌和曾福生应用 CSI 方法进行农村公共产品供给绩效农户满意度调查；方凯和王厚俊[6]从物质性农村公共产品和精神性农村公共产品两个层面设计了农民满意度评价量表；王秋[7]围

---

[1] JOHNSON M D, GUSTAFSSON A, ANDREASSEN T W, et al. The Evolution and Future of National Customer Satisfaction Index Models [J]. Journal of Economic Psychology, 2001 (22): 217-245.

[2] 李凌己. 试论统一满意度理论的建构 [J]. 中国建材, 2010 (4): 96-99.

[3] 朱国锋, 王齐（女奉）. 我国高等教育顾客满意度指数体系的建构 [J]. 大连海事大学学报（社会科学版）, 2003 (4): 64-67.

[4] 刘桂瑛, 王韬. 医疗顾客满意度指数测评理论模型研究 [J]. 中国卫生质量管理, 2005 (4): 30-33.

[5] 杨小燕, 申俊龙. 江苏省新型农村合作医疗补偿机制的满意度测评 [J]. 中国卫生事业管理, 2008, 25 (11): 88-91; 孙涛, 张佳滢, 孙全胜, 等. 社会医疗保险公众满意度测评指标体系的构建 [J]. 卫生经济研究, 2009 (4): 24-26.

[6] 方凯, 王厚俊. 基于因子分析的农村公共品农民满意度评价研究：以湖北省农户调查数据为例 [J]. 农业技术经济, 2012 (6): 30-36.

[7] 王秋. 农村公共文化服务满意度及其影响因素研究：基于昆明市 32 个乡镇 69 个村的实证分析 [J]. 图书馆理论与实践, 2018 (7): 96-99.

绕管理制度、服务态度、环境建设、服务内容、专业素养等方面进行农村公共文化服务满意度量表设计。

本书将农户看作"顾客",农村公共产品与服务作为政府提供的产品和服务,通过规范化的调查问卷让被调查对象能将其真实的想法表达出来,在此基础上,建立了农村公共产品与服务 CSI 模型来研究其影响因素及实施效果。

(二) 模型假设条件

应用 CSI 方法进行农村公共产品与服务实施效果满意度调查需确定三个假设条件:①农村公共产品与服务是一项公共产品和服务,可被农户所体验和感知。②农户享受多种农村公共产品与服务,但只对政府提供的农村公共产品与服务做出评价,不存在企业提供的各类产品和服务对该类产品和服务产生交互影响。③满意度评价纯粹是农户个人的主观感受,不夹杂其他的外界因素。为满足以上三个假设条件,我们做了如下设计。

首先,为满足假设条件①,我们将评价对象定义为农村公共产品与服务这一公共产品和服务,综合不同学者们的研究以及实地调研情况,本书选择农村的社会保障、公共卫生服务、义务教育、科技推广、公共基础设施建设、扶贫开发以及总实施效果进行评价。

其次,为满足假设条件②的要求,本书通过了解居民的一些特征变量(包括个人、家庭和地貌特征),然后建立这些特征变量与农户对农村公共产品与服务最终评价结果之间的相关分析,来判断各种因素对农村公共产品与服务实施效果评价的影响。

最后,为使假设条件③成立,本书在调查问卷设计中要求:第一,被调查者的年龄在 16 周岁以上,不包括智力障碍者;第二,在调查问卷的前言会说明本次调查为不记名调查。

三、变量选择与模型设定

(一) 因变量的选择

根据本书研究目的,因变量设置为农户对农村公共产品与服务的满意度,根据需求,我们把因变量操作化为一个二分变量,即"满意"和"不满意",即把"很满意""比较满意"操作化为"满意","满意"等于1;把"一般"

"不太满意""很不满意"操作化为"不满意","不满意"等于 0。

(二) 自变量的选择

本书拟选择农户对农村公共产品与服务的满意度作为因变量,设定影响农村公共产品与服务满意度的自变量如下。

1. 个体特征。性别(X1)、年龄(X2)、受教育程度(X3)、健康状况(X4)、是否为党员(X5)。

2. 家庭特征。家庭外出务工人数(X6)、家庭年人均收入(X7)、家庭收入主要来源(X8)、家庭土地总面积(X9)。

3. 地貌特征。本村基本地貌(X10)。

4. 社会保障。新农保(城乡居民基本养老保险)的参保时间(X11)、家中是否有人领取养老金(X12)、新农合(城乡居民基本医疗保险)的参保时间(X13)、了解农村低保政策的程度(X14)。

5. 公共卫生服务。村里有无公共卫生室或医院(X15)、村里有无固定处理垃圾的地点(X16)。

6. 义务教育。对免除义务教育学杂费的评价(X17)、本地学校是否存在巧立名目乱收费现象(X18)、本地的好学校与差学校之间是否差距很大(X19)。

7. 科技推广。农技部门是否进行农技培训(X20)、农技部门是否提供农业科技和市场信息(X21)。

8. 公共基础设施建设。本村供电情况(X22)、本村交通便利程度(X23)、农户家离县城的距离(X24)、本村农田水利基础设施能否满足农业生产需要(X25)、家中是否可以上网(X26)。

9. 扶贫开发。精准扶贫政策的了解程度(X27)、正在开展的扶贫项目了解程度(X28)、政府的重视程度(X29)、扶贫信息公示情况(X30)。

我们选择这 30 个自变量作为影响农户对农村公共产品与服务满意度的主要因素,这是在研究了许多文献和实地调研后所总结出来的。具体如表 5-6 所示:

表 5-6 农村公共产品与服务 CSI 测评指标体系

变量赋值情况		
个体特征	性别（X1）	男=1 女=2
	年龄（X2）	18~35=1 36~45=2 46~60=3 大于60=4
	受教育程度（X3）	未上过学=1 小学=2 初中=3 高中（含职高）或中专=4 大专、大学及以上=5
	健康状况（X4）	非常差=1 较差=2 一般=3 良好=4 非常好=5
	是否为党员（X5）	是=1 否=2
家庭特征	家庭外出务工人数（X6）	0人=1 1~2人=2 3~4人=3 5~6人=4 7人以上=5
	家庭年人均收入（X7）	1000元以下=1 1000元~3000元=2 3000元~5000元=3 5000元~8000元=4 8000元以上=5
	家庭收入主要来源（X8）	农业=1 非农业=2
	家庭土地总面积（X9）	1亩以下=1 1~3亩=2 3~5亩=3 5~8亩=4 8亩以上=5
地貌特征	本村基本地貌（X10）	平原=1 丘陵=2 山区=3 湖区=4
社会保障	新农保（城乡居民基本养老保险）的参保时间（X11）	还没有参保=1 1年=2 2年=3 3年=4 4年=5 5年=6 5年以上=7
	家中是否有人领取养老金（X12）	有=1 没有=2
	新农合（城乡居民基本医疗保险）的参保时间（X13）	还没有参保=1 1年=2 2年=3 3年=4 4年=5 5年=6 5年以上=7
	了解农村低保政策的程度（X14）	很不了解=1 不太了解=2 一般=3 比较了解=4 非常了解=5

续表

变量赋值情况		
公共卫生服务	村里有无公共卫生室或医院（X15）	有=1　没有=2
	村里有无固定处理垃圾的地点（X16）	有=1　没有=2
义务教育	对免除义务教育学杂费的评价（X17）	很不满意=1　不太满意=2　一般=3　比较满意=4　很满意=5
	本地学校是否存在巧立名目乱收费现象（X18）	普遍存在=1　个别学校存在此现象=2　不存在此现象=3　不太清楚=4
	本地的好学校与差学校之间是否差距很大（X19）	不了解=1　差距很大=2　差不多=3　没什么差别=4
科技推广	农技部门是否进行农技培训（X20）	基本不开展培训=1　偶尔进行培训=2　经常进行培训=3
	农技部门是否提供农业科技和市场信息（X21）	基本不提供=1　偶尔=2　经常=3
公共基础设施建设	本村供电情况（X22）	不好，经常跳闸停电=1　一般，偶尔跳闸停电，对生活有所影响=2　很好，生活几乎不受影响=3
	本村交通便利程度（X23）	很不便利=1　不太便利=2　一般=3　比较便利=4　非常便利=5
	农户家离县城的距离（X24）	5公里以下=1　5~10公里=2　10~15公里=3　15公里以上=4
	本村农田水利基础设施能否满足农业生产需要（X25）	不能满足=1　基本满足=2　能大部分满足=3　能满足=4
	家中是否可以上网（X26）	是=1　否=2

续表

变量赋值情况		
扶贫开发	精准扶贫政策的了解程度（X27）	不了解=1　听说，没关注过=2　一般了解=3　比较了解=4　非常了解=5
	正在开展的扶贫项目了解程度（X28）	完全没听说过=1　不太清楚=2　一般了解=3　比较了解=4　非常了解=5
	政府的重视程度（X29）	很不重视=1　不重视=2　一般=3　重视=4　非常重视=5
	扶贫信息公示情况（X30）	不知道=1　从没有=2　偶尔有=3　经常有=4
总满意度	对农村公共产品与服务总满意度（Y）	不满意=0　满意=1

（三）模型设定

农户对农村公共产品与服务的满意度是一个不连续的离散型变量，一般的线性回归模型并不可以进行测算，因此，本书将采用二元 Logistic 回归模型，利用极大似然估计方法，得出因变量农村公共产品与服务满意度与影响该满意度的各个自变量之间的关系。

由二元 Logistic 回归模型可得，影响因变量的 30 个自变量 X1，X2，…，X30 的回归模型可表示为：

$$Y* = b0 + b1X1i + b2X2i + \cdots + b30X30i + u* \quad (i=1, 2, \cdots, n) \quad (5\text{-}5)$$

式（5-5）中，常数 b0 指的是，在没有其他因素影响的前提下，农村公共产品与服务满意度"满意"与"不满意"的概率之比的对数值。回归系数 bi 的含义是，自变量每变化一个单位，因变量满意度"满意"与"不满意"的概率之比的对数值。由上述定义我们可以做出如下假设：

当 Y*>0 时，则 Y=1；相反，则 Y=0。

Y=1 的概率为：

$$P(Yi=1 | Xij) = P(Y*>0) = 1 - F\left[-b0 + \sum_{j=1}^{30} bjXij\right] \quad (i=1, 2, \cdots, n)$$

$$(5\text{-}6)$$

又根据二元 Logistic 模型，对应 u*的分布函数为 F（X）= $\dfrac{e^x}{1+e^x}$，则当 Y=1 时，概率函数为

$$\Pi ij（Y \leqslant j）= \frac{e^{b0-(b1Xi2+\cdots+b1Xij)}}{1+e^{b0-(b1Xi2+\cdots+b1Xij)}} （j=1,2,\cdots,j） \qquad (5-7)$$

式（5-7）和常规二元 Logistic 回归类似，式（5-7）中回归系数 bi 表示，其他自变量保持不变时的优势比，也就是当任一自变量 Xi 每增长一个单位时，则 Y>j 的优势将会变化 e^{bi} 倍。

四、农村公共产品与服务满意度影响因素实证分析

（一）调查数据获取及基本情况

1. 调查样本基本情况

本书所用数据来源于国家社科基金项目"基于双层效率评价的农村公共产品与服务供给模式研究"课题组对全国 31 个省（区、市）的居民所做的调查问卷。调查对象主要是 16 周岁以上的农户，共发放问卷 11000 份，回收问卷 10923 份，回收率 99.3%。在经过严格筛选后，共计得到有效样本 9141 份，有效率 83.7%。本次调查中自变量和因变量的分布情况如表 5-7 所示：

表 5-7 变量基本分布情况

	变量	选项	频数	百分比
总满意度	总体评价（Y）	不满意	2916	31.9%
		满意	6225	68.1%
个体特征	性别（X1）	男	5456	59.7%
		女	3685	40.3%
	年龄（X2）	18~35	2706	29.6%
		36~45	2519	27.6%
		46~60	2937	32.1%
		大于 60	979	10.7%

续表

	变量	选项	频数	百分比
个体特征	受教育程度（X3）	未上过学	242	2.6%
		小学	2112	23.1%
		初中	3212	35.1%
		高中（含职高）或中专	1815	19.9%
		大专、大学及以上	1760	19.3%
	健康状况（X4）	非常差	231	2.5%
		较差	726	7.9%
		一般	3135	34.3%
		良好	4026	44.1%
		非常好	1023	11.2%
	是否为党员（X5）	是	1397	15.3%
		否	7744	84.7%
家庭特征	家庭外出务工人数（X6）	0 人	385	4.2%
		1~2 人	7337	80.3%
		3~4 人	1165	12.7%
		5~6 人	209	2.3%
		7 人以上	45	0.5%
	家庭年人均收入（X7）	1000 元以下	670	7.3%
		1000 元~3000 元	2386	26.1%
		3000 元~5000 元	2024	22.2%
		5000 元~8000 元	1585	17.3%
		8000 元以上	2476	27.1%
	家庭收入主要来源（X8）	农业	3840	42.0%
		非农业	5301	58.0%
	家庭土地总面积（X9）	1 亩以下 = 1	2190	23.9%
		1~3 亩 = 2	3265	35.7%
		3~5 亩 = 3	1891	20.7%
		5~8 亩 = 4	1002	11.0%
		8 亩以上 = 5	793	8.7

续表

	变量	选项	频数	百分比
地貌特征	本村基本地貌（X10）	平原	2002	21.9%
		丘陵	3993	43.7%
		山区	2948	32.2%
		湖区	198	2.2%
社会保障	新农保（城乡居民基本养老保险）的参保时间（X11）	还没有参保	1584	17.3%
		1年	825	9.0%
		2年	913	10.0%
		3年	1353	14.8%
		4年	1364	14.9%
		5年	1111	12.2%
		5年以上	1991	21.8%
	家中是否有人领取养老金（X12）	有	4048	44.3%
		没有	5093	55.7%
	新农合（城乡居民基本医疗保险）的参保时间（X13）	还没有参保	1353	14.8%
		1年	715	7.8%
		2年	836	9.1%
		3年	1023	11.2%
		4年	957	10.5%
		5年	594	6.5%
		5年以上	3663	40.1%
	了解农村低保政策的程度（X14）	很不了解	1199	13.1%
		不太了解	4488	49.1%
		一般	1969	21.5%
		比较了解	1276	14.0%
		非常了解	209	2.3%

续表

	变量	选项	频数	百分比
公共卫生服务	村里有无公共卫生室或医院（X15）	有	6094	66.7%
		没有	3047	33.3%
	村里有无固定处理垃圾的地点（X16）	有	5753	62.9%
		没有	3388	37.1%
义务教育	对免除义务教育学杂费的评价（X17）	很不满意	198	2.2%
		不太满意	517	5.7%
		一般	1782	19.5%
		比较满意	3971	43.4%
		很满意	2673	29.2%
	本地学校是否存在巧立名目乱收费现象（X18）	普遍存在	1441	15.8%
		个别学校存在此现象	3256	35.6%
		不存在此现象	1958	21.4%
		不太清楚	2486	27.2%
	本地的好学校与差学校之间是否差距很大（X19）	不了解	1507	16.5%
		差距很大	3872	42.4%
		差不多	2992	32.7%
		没什么差别	770	8.4%
科技推广	农技部门是否进行农技培训（X20）	基本不开展培训	5071	55.5%
		偶尔进行培训	3465	37.9%
		经常进行培训	605	6.6%
	农技部门是否提供农业科技和市场信息（X21）	基本不提供	4147	45.3%
		偶尔	4037	44.2%
		经常	957	10.5%

续表

	变量	选项	频数	百分比
公共基础设施建设	本村供电情况（X22）	不好，经常跳闸停电	311	3.4%
		一般，偶尔跳闸停电，对生活有所影响	4607	50.4%
		很好，生活几乎不受影响	4223	46.2%
	本村交通便利程度（X23）	很不便利	275	3.0%
		不太便利	847	9.3%
		一般	2651	29.0%
		比较便利	4004	43.8%
		非常便利	1364	14.9%
	农户家离县城的距离（X24）	5公里以下	1067	11.7%
		5~10公里	1661	18.1%
		10~15公里	1551	17.0%
		15公里以上	4862	53.2%
	本村农田水利基础设施能否满足农业生产需要（X25）	不能满足	1793	19.6%
		基本满足	3256	35.6%
		能大部分满足	2464	27.0%
		能满足	1628	17.8%
	家中是否可以上网（X26）	是	4070	44.5%
		否	5071	55.5%
扶贫开发	精准扶贫政策的了解程度（X27）	不了解	1221	13.4%
		听说，没关注过	3938	43.1%
		一般了解	2508	27.4%
		比较了解	1177	12.9%
		非常了解	297	3.2%

续表

变量		选项	频数	百分比
扶贫开发	正在开展的扶贫项目了解程度（X28）	完全没听说过	209	2.3%
		不太清楚	2244	24.5%
		一般了解	3388	37.1%
		比较了解	2750	30.1%
		非常了解	550	6.0%
	政府的重视程度（X29）	很不重视	176	1.9%
		不重视	682	7.4%
		一般	3927	43.0%
		重视	3179	34.8%
		非常重视	1177	12.9%
	扶贫信息公示情况（X30）	不知道	1914	20.9%
		从没有	1188	13.0%
		偶尔有	2904	31.8%
		经常有	3135	34.3%

2. 样本的描述性统计结果

通过应用 SPSS 软件对自变量和因变量进行描述性统计，结果如表 5-8 所示。

表 5-8 变量描述性统计

变量	N	最小值	最大值	平均值	标准偏差
总体评价（Y）	9141	0	1	0.68	0.466
性别（X1）	9141	1	2	1.4	0.491
年龄（X2）	9141	1	4	2.24	0.995
受教育程度（X3）	9141	1	5	3.3	1.103
健康状况（X4）	9141	1	2	1.85	0.36
是否为党员（X5）	9141	1	5	2.15	0.533

续表

变量	N	最小值	最大值	平均值	标准偏差
家庭外出务工人数（X6）	9141	1	5	3.31	1.311
家庭年人均收入（X7）	9141	1	2	1.58	0.494
家庭收入主要来源（X8）	9141	1	5	2.45	1.211
家庭土地总面积（X9）	9141	1	5	3.53	0.885
本村基本地貌（X10）	9141	1	4	2.15	0.779
新农保（城乡居民基本养老保险）的参保时间（X11）	9141	1	7	4.25	2.136
家中是否有人领取养老金（X12）	9141	1	2	1.56	0.497
新农合（城乡居民基本医疗保险）的参保时间（X13）	9141	1	7	4.74	2.271
了解农村低保政策的程度（X14）	9141	1	5	2.43	0.962
村里有无公共卫生室或医院（X15）	9141	1	2	1.33	0.472
村里有无固定处理垃圾的地点（X16）	9141	1	2	1.37	0.483
对免除义务教育学杂费的评价（X17）	9141	1	5	3.92	0.95
本地学校是否存在巧立名目乱收费现象（X18）	9141	1	4	2.6	1.049
本地的好学校与差学校之间是否差距很大（X19）	9141	1	4	2.33	0.849
农技部门是否进行农技培训（X20）	9141	1	3	1.51	0.619
农技部门是否提供农业科技和市场信息（X21）	9141	1	3	1.65	0.661
本村供电情况（X22）	9141	1	3	2.43	0.559
本村交通便利程度（X23）	9141	1	5	3.58	0.953
农户家离县城的距离（X24）	9141	1	4	3.12	1.081
本村农田水利基础设施能否满足农业生产需要（X25）	9141	1	4	2.43	0.997
家中是否可以上网（X26）	9141	1	2	1.55	0.497
精准扶贫政策的了解程度（X27）	9141	1	5	2.5	0.985
正在开展的扶贫项目了解程度（X28）	9141	1	5	3.13	0.929
政府的重视程度（X29）	9141	1	5	3.49	0.879

续表

变量	N	最小值	最大值	平均值	标准偏差
扶贫信息公示情况（X30）	9141	1	4	2.79	1.127
有效的 N（list wise）	9141				

3. 各省农村公共产品与服务制度 CSI 分析

如表 5-9 所示，本次调查中被调查者一共有 9141 人，选择不满意的有 2916 人，占总人数的 31.9%；选择满意的有 6225 人，占总人数的 68.1%。由此可看出农户对农村公共产品与服务满意远高于不满意，说明目前的农村公共产品与服务做得还不错，需要继续保持和提升，让更多农户满意。

表 5-9 农村公共产品与服务总体满意度百分比

		频数	百分比	有效百分比
有效	不满意	2916	31.9%	31.9%
	满意	6225	68.1%	68.1%
	总计	9141	100.0%	100.0%

由于各省 CSI 是相对于其自身内部评价农村公共产品与服务"不满意"的群体而言，给予"满意"评价的相对频数。虽然不能简单地用 A 省与 B 省的 CSI 进行"数值"对比，当 A 省的 CSI 大于 B 省的 CSI 时，就简单地断定 A 省农村公共产品与服务 CSI 高于 B 省。但是，我们至少可以说，相对于 B 省而言，A 省农户对农村公共产品与服务的满意评价频数比 B 省大，也就是说，A 省居民比 B 省农户对农村公共产品与服务更满意。正是由于我们在进行 A、B 两个省 CSI 测算时，选择了同一种制度，以同一指标体系为评价标准，制定了同一种评价方法。因此，本书对各省居民 CSI 进行了统计，统计结果如表 5-10 所示。

表 5-10 各省 CSI 值

省份	安徽	北京	福建	甘肃	广东	广西	贵州	海南	河北	河南	黑龙江
不满意	110	67	0	67	64	47	69	89	34	187	143
满意	209	241	275	109	112	103	57	102	243	154	132

续表

省份	安徽	北京	福建	甘肃	广东	广西	贵州	海南	河北	河南	黑龙江
总计	319	319	275	176	179	150	126	191	277	341	275
相对频数	0.66	0.79	1.00	0.63	0.63	0.69	0.45	0.53	0.88	0.45	0.48
省份	湖北	湖南	吉林	江苏	江西	辽宁	内蒙古	宁夏	青海	山东	山西
不满意	102	332	38	128	167	0	147	219	32	166	61
满意	218	593	240	229	338	161	273	247	235	352	378
总计	320	925	278	357	505	161	420	466	267	518	439
相对频数	0.68	0.64	0.86	0.64	0.67	1.00	0.65	0.53	0.88	0.68	0.86
省份	陕西	上海	四川	天津	西藏	新疆	云南	浙江	重庆		
不满意	63	72	0	21	9	67	88	77	110		
满意	213	108	192	231	0	23	154	275	154		
总计	276	180	192	252	9	90	242	352	264		
相对频数	0.77	0.60	1.00	0.92	0.00	0.25	0.64	0.78	0.58		

本书将根据世界银行确立的公共服务满意度评价方法，以国际标尺水平 0.4 为标准，从我国实际情况出发，将各省农村公共产品与服务满意度差异分为较高型、中等型、偏低型。如表 5-11 所示。

表 5-11 各省 CSI 分类排序比较表

偏低型 CSI<0.4		中等型 0.4≤CSI<0.6		较高型 0.6≤CSI	
省份	CSI 值	省份	CSI 值	省份	CSI 值
西藏	0.00	贵州	0.45	上海	0.60
新疆	0.25	河南	0.45	甘肃	0.63
		黑龙江	0.48	广东	0.63
		海南	0.53	湖南	0.64
		宁夏	0.53	江苏	0.64
		重庆	0.58	云南	0.64
				内蒙古	0.65

续表

偏低型 CSI<0.4		中等型 0.4≤CSI<0.6		较高型 0.6≤CSI	
省份	CSI 值	省份	CSI 值	省份	CSI 值
				安徽	0.66
				江西	0.67
				湖北	0.68
				山东	0.68
				广西	0.69
				陕西	0.77
				浙江	0.78
				北京	0.79
				吉林	0.86
				山西	0.86
				河北	0.88
				青海	0.88
				天津	0.92
				福建	1.00
				辽宁	1.00
				四川	1.00

由表5-11可以看出，甘肃、广东、湖南、江苏、云南、内蒙古、安徽、江西、湖北、山东、广西、陕西、浙江、北京、吉林、山西、河北、青海、天津、福建、辽宁、四川、上海23个省市区的农村公共产品与服务满意度为较高型；贵州、河南、黑龙江、海南、宁夏、重庆6个省份的农村公共产品与服务满意度为中等型；西藏、新疆2个省区的农村公共产品与服务满意度为偏低型。总体来看，我国大部分省份的农户对农村公共产品与服务满意度较高。

（二）模型检验

本书主要采用强行进入策略进行逻辑回归。如表5-12所示，Cox&Snell R

平方和 Nagelkerke R 平方的值较高，说明模型拟合度较好。模型显著性检验 P<0.05，可见，模型自变量整体上与因变量具有显著的线性关系。同时，模型的预测准确率为 83.6%，总体来看，模型拟合度较为合理。

表 5-12 模型检验结果

-2 对数概似值	Cox&Snell R 平方	Nagelkerke R 平方	卡方值	自由度	P 值	预测准确率
573.289	0.430	0.602	467.177	30	0.000	83.6%

（三）模型结果分析

1. 影响显著的变量分析

从表 5-13 的实证研究结果，我们可看出，性别（X1）、家中是否有人领取养老金（X12）、村里有无固定处理垃圾的地点（X16）、对免除义务教育学杂费的评价（X17）、本地学校是否存在巧立名目乱收费现象（X18）、农技部门是否提供农业科技和市场信息（X21）、本村供电情况（X22）、本村交通便利程度（X23）、农户家离县城的距离（X24）、本村农田水利基础设施能否满足农业生产需要（X25）、精准扶贫政策的了解程度（X27）、正在开展的扶贫项目了解程度（X28）、政府的重视程度（X29）、扶贫信息公示情况（X30）14 个自变量通过假设检验（P 值<0.05），这 14 个自变量显著影响农村公共产品与服务满意度。笔者也将在表 5-13 回归分析表的基础上，详细分析这 14 个指标对于农村公共产品与服务满意度的影响。

表 5-13 影响农户对农村公共产品与服务满意度的回归分析表

变量	B	S.E.	Wald	df	显著性	Exp(B)	95%信赖区间 下限	95%信赖区间 上限
性别（X1）	0.471	0.224	4.405	1	0.036	1.601	1.032	2.484
年龄（X2）	0.015	0.145	0.010	1	0.919	1.015	0.764	1.347
受教育程度（X3）	0.165	0.128	1.643	1	0.200	1.179	0.917	1.516
健康状况（X4）	-0.542	0.368	2.171	1	0.141	0.582	0.283	1.196
是否为党员（X5）	0.396	0.214	3.416	1	0.065	1.485	0.976	2.260
家庭外出务工人数（X6）	-0.090	0.094	0.900	1	0.343	0.914	0.760	1.100

续表

变量	B	S.E.	Wald	df	显著性	Exp(B)	95%信赖区间 下限	上限
家庭年人均收入（X7）	-0.010	0.246	0.002	1	0.968	0.990	0.611	1.605
家庭收入主要来源（X8）	-0.077	0.096	0.636	1	0.425	0.926	0.767	1.118
家庭土地总面积（X9）	-0.044	0.131	0.113	1	0.737	0.957	0.740	1.238
本村基本地貌（X10）	-0.282	0.150	3.556	1	0.059	0.754	0.562	1.011
新农保（城乡居民基本养老保险）的参保时间（X11）	0.099	0.063	2.441	1	0.118	1.104	0.975	1.250
家中是否有人领取养老金（X12）	0.476	0.226	4.451	1	0.035	1.610	1.034	2.505
新农合（城乡居民基本医疗保险）的参保时间（X13）	0.034	0.058	0.347	1	0.556	1.035	0.923	1.160
了解农村低保政策的程度（X14）	0.157	0.128	1.523	1	0.217	1.170	0.912	1.503
村里有无公共卫生室或医院（X15）	-0.305	0.229	1.772	1	0.183	0.737	0.470	1.155
村里有无固定处理垃圾的地点（X16）	-0.821	0.234	12.281	1	0.000	0.440	0.278	0.696
对免除义务教育学杂费的评价（X17）	0.456	0.120	14.502	1	0.000	1.578	1.248	1.995
本地学校是否存在巧立名目乱收费现象（X18）	0.290	0.105	7.612	1	0.006	1.337	1.088	1.643
本地的好学校与差学校之间是否差距很大（X19）	-0.100	0.142	0.498	1	0.481	0.905	0.685	1.195
农技部门是否进行农技培训（X20）	0.190	0.240	0.625	1	0.429	1.209	0.755	1.935
农技部门是否提供农业科技和市场信息（X21）	0.803	0.214	14.119	1	0.000	2.231	1.468	3.391
本村供电情况（X22）	0.987	0.212	21.781	1	0.000	2.684	1.773	4.063
本村交通便利程度（X23）	0.762	0.142	28.847	1	0.000	2.142	1.622	2.828
农户家离县城的距离（X24）	0.290	0.109	7.093	1	0.008	1.337	1.080	1.655

续表

变量	B	S.E.	Wald	df	显著性	Exp(B)	95%信赖区间 下限	95%信赖区间 上限
本村农田水利基础设施能否满足农业生产需要（X25）	0.544	0.124	19.115	1	0.000	1.723	1.350	2.199
家中是否可以上网（X26）	0.080	0.243	0.108	1	0.742	1.083	0.672	1.745
精准扶贫政策的了解程度（X27）	-0.607	0.125	23.424	1	0.000	0.545	0.426	0.697
正在开展的扶贫项目了解程度（X28）	0.670	0.146	21.145	1	0.000	1.954	1.469	2.600
政府的重视程度（X29）	0.291	0.138	4.453	1	0.035	1.338	1.021	1.754
扶贫信息公示情况（X30）	0.340	0.099	11.705	1	0.001	1.405	1.156	1.707
常数	-12.438	2.112	34.680	1	0.000	0.000		

（1）个人特征

根据回归结果，农户的性别（X1）回归系数 B = 0.471，为正值，表明女性农户选择满意的可能性更高。从发生比来看，性别对提高满意度作用的优势比为 1.601，即女性农户对农村公共产品与服务满意度的优势，是男性农户的 1.601 倍。

可能的原因是，女性的性格更加柔和，对事物的接受度和满意度更高，其次，男性农户相较于女性农户更直接接触到农村公共产品与服务，更容易发现其中存在的不足，切实感受十分强烈，因此满意度不高。

（2）社会保障

根据回归结果，家中是否有人领取养老金（X12）回归系数 B = 0.476，为正值，表明家中没有人领取养老金的农户选择满意的可能性较高。从发生比来看，家中是否有人领取养老金对提高满意度作用的优势比为 1.610，即家中没有人领取养老金的农户对农村公共产品与服务满意度的优势，是家中有人领取养老金农户的 1.610 倍。

可能的原因是，我国新农保（城乡居民基本养老保险）的待遇水平偏低，因此家中有人领取养老金的农户认为养老金金额不够，不足以满足老年人的基本生活。另外，领取养老金的老人可能是有过缴费经历的，而没有领取养老金的老人肯定是未缴费的，当缴费与待遇之间有差距时更容易对公共产品与服务不满意。

(3) 公共卫生服务

根据回归结果，村里有无固定处理垃圾的地点（X16）回归系数 B = -0.821，为负值，表明村里有固定处理垃圾的地点，农户选择满意的可能性较高。从发生比来看，村里有无固定处理垃圾的地点对提高满意度作用的优势比为 0.440，即村里没有固定处理垃圾地点的农户对农村公共产品与服务满意度的优势，是村里有固定处理垃圾地点农户的 0.440 倍。

可能的原因是，村里有固定处理垃圾的地点对农户而言，直接改善了他们的生活环境，为他们的生活带来了便利，使得他们对农村公共产品与服务的满意度偏高。而村里没有固定处理垃圾的地点对农户产生了负向影响，他们因这项工作的落实不到位，对总体的农村公共产品与服务感到不满意。

(4) 义务教育

根据回归结果，对免除义务教育学杂费的评价（X17）回归系数 B = 0.456，为正值，表明对免除义务教育学杂费评价较高的农户选择满意的可能性更高。从发生比来看，对免除义务教育学杂费的评价对提高满意度作用的优势比为 1.578，即对免除义务教育学杂费的评价较高的农户对农村公共产品与服务满意度的优势，是评价较低农户的 1.578 倍。

可能的原因是，教育是农村公共产品与服务中重要的部分，免除义务教育学杂费对农户来说，极大地减轻了他们生活的负担。因此对免除义务教育学杂费的评价越高，说明农户对这项服务的满意度越高，从而对整体的农村公共产品与服务的满意度也会偏高。

根据回归结果，本地学校是否存在巧立名目乱收费现象（X18）回归系数 B = 0.290，为正值，表明本地学校不存在巧立名目乱收费现象，农户选择满意的可能性更高。从发生比来看，本地学校是否存在巧立名目乱收费现象对提高满意度作用的优势比为 1.337，即本地学校不存在巧立名目乱收费现象的农户对农村公共产品与服务满意度的优势，是存在此现象农户的 1.337 倍。

可能的原因是，学校本应是纯洁的教书育人之地，当本地学校存在巧立名目乱收费现象时，农户便会产生对农村公共产品与服务的不信任，导致他们满意度不高。此外，学校乱收费会给农户带来较大的经济压力，使得农户心生不满。

(5) 科技推广

根据回归结果，农技部门是否提供农业科技和市场信息（X21）回归系数 B=0.803，为正值，表明所在地方农技部门经常提供农业科技和市场信息，农户选择满意的可能性较高。从发生比来看，农技部门是否提供农业科技和市场信息对提高满意度作用的优势比为2.231，即农技部门提供农业科技和市场信息的农户对农村公共产品与服务满意度的优势，是农技部门不提供农业科技和市场信息农户的2.231倍。

可能的原因是，农技部门经常提供农业科技和市场信息，有利于农户获取和使用最新的技术，以减轻人力负担，提高农业效率，同时，有利于农户掌握最新的市场信息，从而及时将农产品卖出好价格，获得更高的收益。农技部门经常提供农业科技和市场信息，能为农户带来更多的收益，从而改善他们的生活条件，因此他们对于农村公共产品与服务会更加满意。

(6) 公共基础设施建设

根据回归结果，本村供电情况（X22）回归系数 B=0.987，为正值，说明本村供电情况越好，农户选择满意的可能性越高。从发生比来看，本村供电情况对满意度作用的优势比为2.684，即本村供电情况较好的农户对农村公共产品与服务满意度的优势，是供电情况不好农户的2.684倍。

可能的原因是，用电对农户的生活影响重大，若村里经常跳闸停电，将会给农户的日常生活造成不便，同时也会阻碍他们的农作活动，最终导致他们不满意村里的公共产品和服务。反之，当村里供电情况很好，生活几乎不受影响时，农户的生活也不会被打断，心情也会十分舒畅，对于公共产品与服务的满意度自然而然也会提高。

根据回归结果，本村交通便利程度（X23）回归系数 B=0.762，为正值，说明本村交通便利程度越高，农户选择满意的可能性更高。从发生比来看，本村交通便利程度对满意度作用的优势比为2.142，即本村交通便利程度较高的农户对农村公共产品与服务满意度的优势，是交通便利程度较低农户的

2.142倍。

可能的原因是,本村的交通便利有助于农户外出活动和工作,给他们日常通行带来极大的好处,同时也是拉近本村邻里关系的重要推动力,有利于村里关系和谐团结。此外,交通便利有利于经济发展,能够为农户创造更大的经济价值,因此农户对农村公共产品与服务会做出积极的评价。

根据回归结果,农户家离县城的距离(X24)回归系数 B=0.290,为正值,说明农户家离县城的距离越远,农户选择满意的可能性越高。从发生比来看,农户家离县城的距离对满意度作用的优势比为1.337,即家离县城距离较远的农户对农村公共产品与服务满意度的优势,是离县城距离较近农户的1.337倍。

可能的原因是,一方面,距离县城较远的农户,所需要的农村公共产品与服务更少,更容易得到满足。另一方面,离县城越远,就能尽可能避免与县城进行比较,农户内心的不平衡感会降低,从而对公共产品与服务的满意度会提高。

根据回归结果,本村农田水利基础设施能否满足农业生产需要(X25)回归系数 B=0.544,为正值,说明本村农田水利基础设施能满足农业生产需要的农户选择满意的可能性更高。从发生比来看,本村农田水利基础设施能否满足农业生产需要对满意度作用的优势比为1.723,即本村农田水利基础设施能满足农业生产需要的农户对农村公共产品与服务满意度的优势,是农田水利基础设施不能满足农业生产需要农户的1.723倍。

可能的原因是,农田水利基础设施对农业生产十分重要,关系着农户经济来源,因而当农田水利基础设施不能满足农业生产需要时,会给农户带来诸多不便,耽误农业生产进程,降低农业生产效率,导致农户的收成不好,使得农户内心有较多不满。

(7)扶贫开发

根据回归结果,精准扶贫政策的了解程度(X27)回归系数 B=-0.607,为负值,说明对精准扶贫政策的了解程度较低,农户选择满意的可能性较高。从发生比来看,精准扶贫政策的了解程度对满意度作用的优势比为0.545,即对精准扶贫政策了解程度较高的农户对农村公共产品与服务满意度的优势,

第五章 "以人民为中心"的农村公共产品与服务供给模式的双侧效率分析

是了解程度较低农户的 0.545 倍。

可能的原因是,对精准扶贫政策了解越多的农户,越会发现政策存在的不足,不能真正满足贫困户的需求,或者是发现政策本意是好的,但地方落实不到位,无法达到政策的预期效果,因而对公共产品与服务失望。

根据回归结果,正在开展的扶贫项目了解程度(X28)回归系数 B = 0.670,为正值,说明对正在开展的扶贫项目了解程度较高,农户选择满意的可能性也较高。从发生比来看,正在开展的扶贫项目了解程度对满意度作用的优势比为 1.954,即对正在开展的扶贫项目较了解的农户对农村公共产品与服务满意度的优势,是对正在开展的扶贫项目较不了解农户的 1.954 倍。

可能的原因是,农户对于正在开展的扶贫项目了解越多,感受也会越真实,而不像发布的政策那样束之高阁,扶贫项目是农户能够看得见摸得着的。此外,随着对扶贫项目的深入了解,农户能够看到农村公共产品与服务的不断完善,以及政府在执行过程中的初心和艰辛,因此会更加满意农村公共服务与产品。

根据回归结果,政府的重视程度(X29)回归系数 B = 0.291,为正值,说明政府对扶贫开发重视程度越高,农户选择满意的可能性也越高。从发生比来看,政府的重视程度对满意度作用的优势比为 1.338,即当地政府对扶贫开发越重视的农户,对农村公共产品与服务满意度的优势,是政府不重视扶贫开发农户的 1.338 倍。

可能的原因是,政府对扶贫开发的重视程度体现了对扶贫开发的决心,代表了扶贫开发成功的可能性,当农户感受到政府的重视,便会增加对公共产品与服务的信心。同时,政府的重视程度越高也就意味着政府的投入越高,对当地经济的促进作用也越大,也自然而然会给农户的生产生活带来好处,他们就会感到满足。

根据回归结果,扶贫信息公示情况(X30)回归系数 B = 0.340,为正值,说明扶贫信息公示越频繁,农户选择满意的可能性越高。从发生比来看,扶贫信息公示情况对满意度作用的优势比为 1.405,即当地扶贫信息公示较频繁的农户,对农村公共产品与服务满意度作用的优势,是扶贫信息公示较少农户的 1.405 倍。

可能的原因是，政府及相关部门对扶贫资金、物资、项目等相关扶贫信息进行公示的频率越高，表明扶贫开发项目越公开透明，让农户能清晰明了地掌握扶贫开发的情况，提高了他们对公共产品与服务的信任。扶贫信息公示越频繁，农户就越能充分发挥监督作用，从而对农村公共产品与服务也会更有包容性，评价也会更高。

2.影响不显著的变量

由于年龄（X2）、受教育程度（X3）、健康状况（X4）、是否为党员（X5）、家庭外出务工人数（X6）、家庭年人均收入（X8）、家庭收入主要来源（X9）、家庭土地总面积（X9）、本村基本地貌（X10）、新农保（城乡居民基本养老保险）的参保时间（X11）、新农合（城乡居民基本医疗保险）的参保时间（X13）、了解农村低保政策的程度（X14）、村里有无公共卫生室或医院（X15）、本地的好学校与差学校之间是否差距很大（X19）、农技部门是否进行农技培训（X20）、家中是否可以上网（X26）的P值均大于0.05，所以上述16项指标没有统计学意义。

五、政策建议

通过以上分析可知，性别（X1）、家中是否有人领取养老金（X12）、村里有无固定处理垃圾的地点（X16）、对免除义务教育学杂费的评价（X17）、本地学校是否存在巧立名目乱收费现象（X18）、农技部门是否提供农业科技和市场信息（X21）、本村供电情况（X22）、本村交通便利程度（X23）、农户家离县城的距离（X24）、本村农田水利基础设施能否满足农业生产需要（X25）、精准扶贫政策的了解程度（X27）、正在开展的扶贫项目了解程度（X28）、政府的重视程度（X29）、扶贫信息公示情况（X30）是农村公共产品与服务满意度的主要影响因素。但农户的性别属于客观因素，无法进行有效的改善。为此，本书主要从社会保障、公共卫生服务、义务教育、科技推广、公共基础设施、扶贫开发六个方面，结合具体实施情况，为促进农村公共产品与服务的发展以及提高农户满意度提出几点建议。

（一）提高养老金待遇水平，实现养老保险全国统筹

农村基础养老金待遇水平远低于城市，无法满足农村老人的基本生活需

要,因此各级政府需要增加对农村养老的投入,不断提高农村养老金给付水平,以缩小与城市之间的差距,尽快实现养老保险全国统筹。养老金支出主要来源于养老保险基金,因此鼓励农户参加养老保险并延长缴费年限,能够有效提高养老保险基金水平,从源头增加农村养老金支出,实现代际互济。同时,政府还可以增加对农村特殊老人,如失能半失能、经济贫困、空巢高龄等老人的津贴补助,实现农村养老金的差异化管理。

(二)注重农村公共卫生服务,设置固定垃圾处理地点

农村公共卫生服务对农户的健康以及农村的可持续发展极其重要,因此要重视农村公共卫生服务。首先,从制度上完善各级公共卫生服务体系,实现分级诊疗制度;从观念上转变农户对村级卫生室的不信任,卫生室加强上门宣传以及下乡义诊;从能力上增强村级卫生室的就诊能力,定期对医护人员进行培训,引进先进医疗设备。其次,村集体根据村里住房密集程度,设置固定的垃圾处理地点,引导农户将垃圾放入处理地点,并安排人员将垃圾站的垃圾,定期进行转移处理,共同维护村庄的干净整洁。

(三)严格管理义务教育收费,保证义务教育的纯洁性

义务教育的本质就是让更多孩子能正常上学,免除义务教育学杂费是义务教育中的重要举措,对农村而言更是极大地减轻了农户经济压力,显著提高农村地区的受教育水平,在我国已取得不错的效果。然而,有的学校却存在巧立名目乱收费现象,违背我国义务教育的初衷,需要严厉制止,以保障义务教育的纯洁性。首先,出台义务教育合理的收费标准,规范学校的收费行为。其次,严格监管学校收费情况,对乱收费的学校进行严厉处罚。最后,教育部门开放举报渠道,鼓励社会各界进行监督,及时对举报的情况进行核实。

(四)提供农业科技和市场信息,有效助力农村科技推广

农村科技推广有助于农户掌握最新农业技术,提高农业生产效率,创造更高的经济效益。农村科技推广离不开农技部门提供的农业科技和市场信息,一方面,农户要关注农技部门发布的信息,获取自己所需的信息,并为自己所用;另一方面,农技部门要及时发布最新的农业科技和市场信息,同时要确保信息的真实性,还可以将信息在网站上分门别类,以方便农户快速查阅,

也可以利用微信公众号将信息推送给农户。

（五）改善农村公共基础设施，促进农村高质量发展

农村公共基础设施中影响农户满意度的因素主要包括供电、交通、农田水利设施，说明这些对农户而言很重要。第一，供电部门定期对村里的电线和电线杆进行检查维修，保障村庄用电的稳定，此外，为住得偏僻的农户增加线路，满足他们的用电需求。第二，村委会申请资金将村里破损的道路进行修理，根据实际情况发动村民集资修建更多便利的道路，打通村里以及外出的道路。第三，安排专业人员定期对农田水利设施进行检测，为需要的地方增设农田水利设施。

（六）发挥农户主人翁精神，稳固扶贫开发成果

农户作为扶贫开发的对象，接受政府的帮助，同时也可以作为扶贫开发主体，发挥自身能动性，参与扶贫开发的执行和监督。农户可以尽可能了解国家精准扶贫的政策，寻找适合自己或者本村情况的政策支持，从而实现精准脱贫。另外，积极配合政府的扶贫开发项目，为扶贫开发做出力所能及的贡献，如劝导其他农户参与。最后，监督政府扶贫开发的全过程，关注政府的信息公示，对存在疑问的地方向有关部门反映，巩固扶贫开发的成果。

第三节 双侧效率综合分析

本章前两部分在宏观上基于改进的面板三阶段 DEA 模型对农村公共产品与服务的供给侧效率进行了评价，在微观上基于 Logistic 模型根据农户对农村公共产品与服务的满意度进行了需求侧效率评价。本节将根据系统论中系统协调原理，通过计算我国 31 个省农村公共产品与服务供给效率在宏观与微观两个层次上的效率协调度，来更加准确地分析农村公共产品与服务的供给效率。

系统论中系统协调原理在农村公共产品与服务供给效率的实际应用中，是指农村公共产品与服务的供给效率并不只是纯粹的供给系统，它将效率作

<<< 第五章 "以人民为中心"的农村公共产品与服务供给模式的双侧效率分析

为系统的目标,包括投入与产出两个子系统,投入效率是指农村公共产品与服务的供给侧效率,也就是宏观方面;产出效率是指农村公共产品与服务的需求侧效率,也就是微观方面。效率不仅会因为系统内部结构各种元素的变化而改变,而且会随着投入与产出的协调程度而变化,因而系统中各种要素之间的协调程度越高,效率也会越高,反之会越低。因此,要提高农村公共产品与服务供给效率必须从系统论的原理出发,结合宏观角度和微观角度、政府主体和农村居民主体以及内部因素和外部因素等各方面,来实现农村公共产品与服务供给结构的优化和促进效率水平的提高。

在计算各省农村公共产品与服务供给效率在宏观层面与微观层面上的效率协调程度时,第一,要分别计算各省宏观效率与微观效率的Z分数:Z宏、Z微;第二,计算Z宏、Z微的分数差绝对值;第三,根据Z分数差绝对值的高低来进行协调性判断。Z分数计算公式如下:

$$Z_i = \frac{X_i - \overline{X}}{\sigma} \quad (5-9)$$

式(5-9)中,Z_i是每个省的Z分数($i=1, 2, \cdots, 31$),X_i是各省的宏观或微观效率,$\overline{X}$是平均值,σ是标准差,σ的计算如公式(5-10)所示:

$$\sigma = \sqrt{\frac{\sum (x - \overline{x})^2}{n}} \quad (5-10)$$

式(5-10)中,n表示省的个数。

表5-14 各省农村公共产品与服务供给效率宏观与微观协调性判断结果

地区	宏观效率(θ_i)	Z宏	微观效率CSI_i	Z微	Z分数差绝对值	协调性判断
浙江	0.976	0.491568	0.781	0.523162	0.031594	平衡型
上海	0.910	-0.474191	0.600	-0.331412	0.142779	平衡型
吉林	0.984	0.603189	0.857	0.881989	0.278801	平衡型
湖北	0.967	0.353256	0.684	0.065186	0.288070	平衡型
河北	0.990	0.690544	0.880	0.990582	0.300038	平衡型
江苏	0.911	-0.459632	0.640	-0.142556	0.317076	平衡型

续表

地区	宏观效率（θi）	Z宏	微观效率CSIi	Z微	Z分数差绝对值	协调性判断
甘肃	0.900	-0.622210	0.625	-0.213377	0.408832	平衡型
山西	0.966	0.345976	0.857	0.881989	0.536013	平衡型
广西	0.903	-0.566399	0.692	0.102957	0.669356	平衡型
山东	0.995	0.770619	0.680	0.046300	0.724319	平衡型
江西	0.992	0.717236	0.667	-0.015078	0.732314	平衡型
云南	0.982	0.576497	0.636	-0.161442	0.737939	平衡型
重庆	0.969	0.382374	0.583	-0.411676	0.794051	平衡型
广东	0.985	0.615321	0.625	-0.213377	0.828699	平衡型
湖南	0.991	0.709956	0.645	-0.118949	0.828905	平衡型
宁夏	0.837	-1.527306	0.526	-0.680796	0.846509	平衡型
安徽	0.998	0.804591	0.655	-0.071735	0.876326	平衡型
四川	0.982	0.578923	1.000	1.557151	0.978227	平衡型
内蒙古	0.864	-1.134208	0.654	-0.076456	1.057751	近平衡型
福建	0.971	0.423625	1.000	1.557151	1.133525	近平衡型
陕西	0.897	-0.653754	0.772	0.480670	1.134424	近平衡型
贵州	0.953	0.156707	0.455	-1.016016	1.172723	近平衡型
海南	0.978	0.523113	0.529	-0.666632	1.189745	近平衡型
辽宁	0.948	0.088764	1.000	1.557151	1.468387	近平衡型
黑龙江	0.995	0.770619	0.480	-0.897981	1.668601	近平衡型
河南	1.000	0.833709	0.452	-1.030181	1.863890	近平衡型
天津	0.884	-0.843024	0.917	1.165274	2.008298	非平衡型
北京	0.787	-2.260118	0.759	0.419291	2.679410	非平衡型
新疆	1.000	0.840989	0.250	-1.983905	2.824894	非平衡型
西藏	0.994	0.751207	0.000	-3.164257	3.915464	非平衡型
青海	0.703	-3.487943	0.875	0.966975	4.454918	非平衡型
东部地区	0.940	-0.032562	0.768	0.461784	0.494347	平衡型

续表

地区	宏观效率（θi）	Z宏	微观效率CSIi	Z微	Z分数差绝对值	协调性判断
中部地区	0.986	0.637160	0.663	-0.033964	0.671124	平衡型
西部地区	0.915	-0.396542	0.589	-0.383348	0.013194	平衡型
全国	0.942	-0.003444	0.670	-0.000914	0.002530	平衡型

根据统计原理可以得出，当宏观与微观效率的Z分数差绝对值越小，宏观效率和微观效率的差距越小，反之则越大。根据系统协调性原理，Z分数差绝对值的大小反映了宏观与微观两个系统、宏观效率与微观效率两种效率之间的协调程度。本书根据Z分数差绝对值的大小对我国31个省农村公共产品与服务供给效率系统协调性判断结果如表5-14所示。通常来说，当Z分数差绝对值小于1时，宏观效率与微观效率的差异较小，此时宏观效率与微观效率之间的匹配称作平衡型，也就是协调性强；当Z分数差绝对值大于1且小于2时，宏观效率与微观效率之间的匹配称作近平衡型，也就是协调性一般；当Z分数差绝对值大于2时，宏观效率与微观效率的差异较为明显，此时宏观效率与微观效率之间的匹配称作非平衡型，也就是协调性弱。

在宏观效率与微观效率的协调程度上，浙江、上海、吉林等18个省份属于平衡型；其中大部分属于东部以及中部地区，究其原因可能在于地区经济发展水平高，政府在民生事业上有更大的投入总量，因而对于投入农村公共产品与服务的财政支出水平也更高。此外，发达的市场经济也为各类社会组织参与供给公共产品与服务提供了条件。社会组织的参与不仅可以减轻政府的负担，还能凭借其具有的"利他性"为农村提供多样化、多层次的农村公共产品与服务。

内蒙古、福建、陕西等8个省份属于近平衡型；仅天津、北京、新疆、西藏、青海5个省份属于非平衡。近平衡地区以及非平衡型地区的农村公共产品与服务的投入供给效率较低，系统协调性较弱，可能原因在于：第一，地区发展水平低，"两欠"地区由于生产力发展水平，经济制度以及体制设置各方面存在缺陷，限制了民生事业的发展，且目前我国农村支持体系弱，仍然存在的城乡发展不平衡会加剧协调性的减弱。第二，农村公共产品与服务供给与农村居民需求不匹配，目前我国农村公共产品与服务的供给为"政府主导"，单就供给方面来说虽然提高了效率，但由于缺乏对农民需求意愿的考量，导致当前供需的失衡甚至"无效供给"的发生。

从全国均值来看，宏观效率与微观效率的匹配属于平衡型。从总体上看，我国31个省份中只有5个省份的协调性比较弱，其余26个省份的协调性均在一般及以上水平。我国农村公共产品与服务宏观效率与微观效率的协调水平总体处于较高水平，但仍然具有一定的上升空间。从地域分布来看，我国东部地区、中部地区和西部地区在农村公共产品与服务宏观效率与微观效率的匹配上都属于平衡型，说明我国在实现区域经济均衡发展以及完善各地区农村公共产品与服务供给上已取得了初步成果。此外，西部地区整体供给效率与满意度偏低，还需进一步完善市场结构，实现农村公共产品与服务适配农民需求。

第六章

"以人民为中心"的农村公共产品与服务供给模式优化路径研究

第一节 优化"以人民为中心"的农村公共产品与服务供给模式的路径：供给侧改革

一、农村公共产品与服务供给侧改革的价值追求：满足人民美好生活需要

（一）满足人民美好生活需要是"以人民为中心"发展思想的本质要求

党的十九大明确指出我国经济社会发展已经进入一个崭新的阶段，社会主要矛盾已经转化为人民日益增长的美好生活需要和不平衡不充分的发展之间的矛盾。坚持人民主体地位，坚守人民利益至上是中国共产党人一贯的价值追求。习近平总书记指出"人民对美好生活的向往，就是我们的奋斗目标"[①]。人民是实现中华民族伟大复兴中国梦的主体，是促进我们事业兴旺发达的根本动力，坚持"以人民为中心"的发展思想是中国共产党的基本价值理念。"满足人民美好生活需要"指明了执政党及政府奋斗的目标和工作的主线，充分体现了中国共产党的初心和使命，是"以人民为中心"发展思想的落脚点和归宿，也是当前和今后农村公共产品与服务供给的中心工作。

（二）农村公共产品与服务供给侧改革是农村居民美好生活的重要保障

广大农村居民是人民群众的重要组成部分，也是中国共产党领导的革命

---

① 习近平. 必须坚持人民至上［J］. 奋斗，2024（7）：4-13.

与建设事业的重要依靠力量。在长期的经济与社会发展过程中，广大农村居民"奉献多，索取少"，与城镇居民相比，享受到的公共产品与服务数量少、质量低、项目少、范围窄。农村公共产品与服务供给的不平衡不充分状态极大地制约了农村居民的生产生活，影响了农村经济社会的发展进程，也影响了整个社会的整体进步。满足农村居民美好生活需要，是城乡居民共享经济社会发展成果，实现共同富裕的必然要求，也是实现人的全面发展的必由之路。

充足的公共产品与服务是广大农村居民获得感、幸福感和安全感的重要保障。促进农村公共产品与服务供给侧改革是加快建构惠及全民的公共产品与服务供给体系的必然要求。加强农村公共产品与服务供给侧改革，优化供给主体结构，扩大公共产品与服务收益范围，增加供给数量和提高供给质量，切实解决好农村公共产品与服务发展不平衡不充分问题，在幼有所育、学有所教、劳有所得、病有所医、老有所养、住有所居、弱有所扶上不断取得新进展，为农村居民美好生活提供坚实有力的保障。

（三）以需求导向促进供给侧改革，推进农村公共产品与服务供给模式创新

"民之所呼，政之所向"。农村公共产品与服务供给侧改革一定要聚焦广大农村居民的现实需求。长期以来，在农村公共产品与服务供给中实行的是"自上而下"的决策机制，以政府及官员的主观偏好作为决策依据，忽视了广大农村居民的真实需求，造成了有限公共资源的浪费，更谈不上保障人民美好生活需要。推进农村公共产品与服务供给侧改革，一定要规范群众咨询制度，开展需求调查研究，回应农村居民的需求，精准对接其公共产品与服务需求，探索建立起需求导向的"以人民为中心"的农村公共产品与服务供给模式，实现供需双侧精准匹配。

二、农村公共产品与服务供给侧改革的行动逻辑：抓重点、补短板、强弱项

农村公共产品与服务是满足农村居民生活性需求和农村经济生产性需求及农村社会发展的重要保障。随着经济社会的发展，农村居民的个人消费能力和消费水平与城镇居民的差距日渐缩小，但是在公共产品与服务的消费方

面，如社会保障、基本公共卫生服务、公共基础设施等方面的差距依然很大，甚至在某些方面有扩大的趋势。尽管党和政府日益重视"三农"发展，也不断增加在农村公共产品与服务领域的投入，供给水平不断提高，但仍然远远落后于城市公共产品与服务的供给规模和水平，也严重落后于"三农"发展的实际需求，农村居民"行路难、就医难、上学难"等民生问题依然存在。农村公共产品与服务的供给总量不足、结构不优和效率低下等已成为制约我国全面建成小康社会和实现中华民族伟大复兴中国梦的短板和弱项。

党的十九大报告指出："民生领域还有不少短板，脱贫攻坚任务艰巨，城乡区域发展和收入分配差距依然较大，群众在就业、教育、医疗、居住、养老等方面面临不少难题。"李克强总理曾多次提出要改造传统引擎，重点是扩大公共产品和公共服务供给。2019中央1号文件也明确提出要"扎实推进乡村建设，加快补齐农村人居环境和公共服务短板"。当前我国城乡差距主要表现为公共产品与服务上的差距，"抓重点、补短板、强弱项"是当前加强农村公共产品与服务供给侧改革的行动逻辑，也是全面落实乡村振兴战略，促进城乡统筹发展的必然要求和必由之路。

2019中央1号文件提出"必须坚持把解决好'三农'问题作为全党工作重中之重不动摇"，"坚持农业农村优先发展总方针"。在新形势下，应当把农村公共产品与服务作为农村农业优先发展的重要基础和支撑条件。适时推进农村公共产品与服务供给侧改革，一方面，要改变非均衡的城乡公共产品与服务供给制度，改变过去重城市轻农村的供给政策，在当前和今后一段时间内要将公共资源重点分配到农村地区，逐步建立公共产品与服务城乡均衡供给的机制；另一方面，大力推进精准扶贫，着力满足"重点少数"公共产品与服务的需求，加大农村公共产品与服务需求调查，确定供给优先序，重点满足最紧迫、最基础、最普遍的公共产品与服务需求。加强农村公共产品与服务供给侧改革，要着力补齐基本公共服务短板，加快实现义务教育、医疗卫生、妇幼健康、公共就业创业等基本公共服务均等化。补强非基本公共服务弱项，聚焦托育服务、城乡普惠性学前教育、养老服务市场等，着力增强人民群众公共服务供给。

加强农村公共产品与服务供给侧改革，要通过抓重点、补短板、强弱项，抓住农村公共产品与服务供给的"牛鼻子",向广大农村居民提供丰富和高质量的公共产品和服务,不断满足其美好生活需要,使广大农村居民的获得感、幸福感和安全感更加充实、更有保障、更可持续。

三、农村公共产品与服务供给侧改革的基本内容:主体、内容与方式创新

(一)丰富供给主体结构:形成"一主多元"的政府主导多主体协同供给格局

随着社会不断向前发展,人们的需求日益丰富,但是当前的供应状况却无法充分地满足这些需求。近年来,政府试图通过推行供给侧改革来有效地解决传统产业产能严重过剩与需求短缺的结构性难题。这一难题同样在农村公共产品与服务供给领域有所体现:在高度行政化的管理体制的影响之下,我国农村地区公共产品与服务一直以来便是由政府单一提供,然而,随着改革开放的推进,我国的社会结构逐步呈现出多元化的趋势,村民对于公共产品与服务的渴望已不再具有以往同质性的特征,是以,当前这种单一的、过于刚性而缺乏弹性的供给无法满足村民日渐多样化、层次化的需要。① 因此,优化农村公共产品与服务供给作为供给侧改革的重点之一,要有效地处理好农村公共产品与服务同农村需求之间的结构性问题,必须从供给主体入手。

农村地区公共产品与服务具备一般公共产品与服务的非排他性与非竞争性两大特性,它也同样易导致"外部效应"以及"搭便车"行为的发生。在这种情形之下,农村公共服务只能由政府部门负责提供。由政府供给,不仅可以代表公众的整体利益,从整体的、长远的视角出发实现供给的有效,而且,作为统治阶级的政府,具备雄厚的财力,能够快速且有针对性地为广大农村地区提供各类公共产品与服务;同时,政府的经济职能能够弥补因市场失灵而产生的一系列问题,维护社会经济的平稳运行。② 然而,政府在具体的供应过程之中也存在许多不足。首先,它在供给过程当中采取的是垄断的形

---

① 宋艳波. 提高农村社区公共产品供给水平的路径探析 [J]. 经济研究参考, 2014 (47): 35-37, 74.
② 龙兴海, 曾伏秋, 等. 农村公共服务研究 [M]. 长沙: 湖南人民出版社, 2009: 50-51; 顾晓焱. 农村公共品供给模式研究 [M]. 武汉: 武汉出版社, 2012: 110-111.

式,竞争机制的匮乏致使农村地区公共产品与服务供给的低效、无效。其次,有许多作为经济人的政府很可能存在权力腐败的现象,再加上政府与公民在政治上的不平等,使得农民无法对政府实施有效的监督。最后,政府所拥有的资源是有限的,但是其职责范围非常广,在实际的供给当中,一般供给的是与社会长远发展紧密相关的公共产品与服务,而关于差异化、层次化的公共需求,政府无法悉数掌握也无法全面实现。①

由此可见,单纯的以政府作为主体,不能化解供给单一性与需求多元化的结构困境,更无法推动农村公共产品与服务领域的供给侧改革。因此,只有将政府和社会各方力量有效地结合起来,形成多元主体供给的态势,才能实现农村地区公共产品的充分供应。在这一供给过程中,这些主体并不是完全分割独立的,它们依据各自的独特优势,各取所长、协同合作、共同供给。②

但是,在这些供给主体之中,它们的地位并不是完全平等的。由于政府本身是公共利益的代表者,它的主要职能之一便是为社会公众提供公共产品与服务。再加上公共产品与服务本身具备强烈的公共属性,当前发育程度尚不成熟的市场组织、社会组织以及乡村社区在为农村地区提供公共服务时无力扮演主导角色。因此,在这些供给主体当中,应以政府为主导。③这种政府主导也并非由政府完全垄断供给,它理应充当"掌舵者"的角色。首先,中央政府应注重那些关乎社会整体、长远发展、与"三农"息息相关、受益群体普遍、因强外部性其他主体无法配置的农村纯公共产品,而地方政府要负责供给受益群体的仅仅只是某一区域的纯公共产品与服务,而关于外溢明显的跨地区的公共产品与服务,理应在中央指导和一定比例的拨款之下,由相

---

① 龙兴海,曾伏秋,等.农村公共服务研究[M].长沙:湖南人民出版社,2009:50-51;董明涛.农村公共产品供给机制创新研究[M].长春:吉林人民出版社,2013:117-119.

② 董明涛,孙钰.我国农村公共产品供给主体合作模式研究[J].经济问题探索,2010(11):33-38.

③ 曲延春.四维框架下的"多元协作供给":农村公共产品供给模式创新研究[J].理论探讨,2014(4):164-167.

关收益区域的政府一起分摊与供给。① 同时，在有限政府的理念下，政府需通过采取各种鼓励措施来吸引社会各方资源的加入，为这些多元供给主体搭建互相沟通交流、协同供给的平台，并且还应当完善相关的法律规章以对多元主体在供给过程中的行为、职责进行有力的监管。②

其余非政府主体有市场组织、社会组织以及农民群体，它们在供给之中扮演着辅助者的角色，具有补充政府供给的功能。企业主要是利用市场机制来向农村地区提供公共产品与服务，以此在一定程度上弥补政府供给的缺陷。市场组织具备聚集资源的作用，能够充分地吸纳民间闲散资金与先进技术人才，并且它贴近居民，在价格机制和竞争激励机制的作用下，能够及时快速地对农民不断变化的公共需求进行反馈，实现资源的有效利用。③ 因此，针对部分外溢效应不显著、容易向使用者收取费用又具有一定利润的农村准公共服务，政府可以交由市场组织经营管理。④ 但是，由于市场逐利的目标，市场组织会存在不顾及农民群体利益的行为。政府对此应制定相应的办法，在保证市场组织合法利益的前提下，培养市场组织的社会责任感，并且加强对这一主体的监管力度。另外，社会组织明显不同于政府与市场，它具备显著的公益性，更关注农民这一弱势群体，不仅明白村民的真实意愿，还是政府与农民沟通的纽带，能够弥补因政府失灵、市场失灵而带来的不足，可以为农民灵活地提供一些政府与市场组织均不能供应的公共服务。⑤ 当前我国社会组织的力量仍然十分薄弱，政府应当加大对其的政策支持，为社会组织的发展创造良好的制度氛围，同时在其提供农村公共产品与服务时，政府也要承担

---

① 张浩. 农村公共产品多元化供给模式构建［J］. 长春工业大学学报（社会科学版），2013，25（3）：56-57，62.

② 周卫卫. 农村公共产品供给的现状及其方式转换探析［J］. 怀化学院学报，2016，35（1）：57-60.

③ 吕新发. 农村基本公共服务制度创新：基于均等化目标下的研究［M］. 北京：光明日报出版社，2012：191-193；顾晓焱. 农村公共品供给模式研究［M］. 武汉：武汉出版社，2012：110-111.

④ 张浩. 农村公共产品多元化供给模式构建［J］. 长春工业大学学报（社会科学版），2013，25（3）：56-57，62.

⑤ 谢娴若. 农村公共产品多元供给面临的困境及其破解［D］. 金华：浙江师范大学，2014：19.

起监管者的角色。不同于其他主体,农民作为供给者的同时,还是供给的受益方。其他主体所了解并提供的只是村民所需的一角,对于更深层次的、明显个性化的需求,只有通过他们本身的力量才能实现。

由此可见,在农村公共产品与服务的多元供给主体当中,各个主体的地位与功能均有所不同,政府不但是多个主体的主导者,更兼具了监督者的角色。是以,现阶段,为了大力推进农村公共产品与服务供给侧改革,必须构建"一核多元"的以政府为主导多主体协同的供给机制。这种供给主体结构不仅可以充分体现各主体的长处,实现农民的多重需求,而且为农村公共产品与服务的供给注入了活力,能够极大地提高供给的效率。[1]

(二)优化供给内容结构:以需求为导向优化供给内容结构

供给侧改革就是在不断地探索供给驱动与需求引导相结合的过程。按照政府的意识形态以及理性追求,我国农村地区公共产品与服务供给结构一直以来便是政府部门作为单一的主体而进行的。[2] 但是,随着人民公社的解体,以及社会的不断前进,农村居民的公共需求不再具备以往高同质性的特征,这种单纯由政府自上而下的供给主导型结构已然不再适用,农村地区公共产品与服务面临着效率欠佳、供需错位[3]以及内生机制缺失等困境[4],这些困境推动着农村公共产品与服务领域的供给侧改革[5]。近年来,以需求为导向的公共服务供给结构受到了越来越多学者的重视。需求导向是指在为村民提供公共产品与服务之时,把农村居民的实际意愿、对现有公共产品与服务的评价、公众表达参与决策的途径等作为供给机制的中心,并且整合资源明确如何供给以及供给何种公共产品与服务。[6] 判断公共产品与服务供给是否真实有效,是以其供给内容是否以村民需求为导向作为标准的。因此,构建以需求为导

---

[1] 董明涛. 农村公共产品供给机制创新研究[M]. 长春:吉林人民出版社,2013:184.
[2] 吕新发. 农村基本公共服务制度创新:基于均等化目标下的研究[M]. 北京:光明日报出版社,2012:183.
[3] 饶蕊,耿达. 文化扶贫的内涵、困境与进路[J]. 图书馆,2017(10):13-17.
[4] 杨阳. "四位一体"格局下农村公共文化资源整合初探:以吴江区图书馆为例[J]. 上海文化,2013(12):39-44.
[5] 闫小斌,段小虎,贾守军,等. 超越结构性失衡:农村公共文化服务供给驱动与需求引导的结合[J]. 图书馆论坛,2018,38(6):31-36.
[6] 董明涛. 农村公共产品供给机制创新研究[M]. 长春:吉林人民出版社,2013:162.

向的供给内容结构,是实现农村地区公共产品与服务有效供给的关键,也是加快农村地区公共服务领域供给侧结构性改革的一大助力。①

以需求为主导的农村公共产品与服务供给内容,不仅要求供给主体在横向上提供的公共产品与服务的总量同农民群体所需的规模大体一致,还要保证其供给结构的均衡。

1. 横向上:农村公共产品供给与需求总量均衡

自改革开放之后,乡村社会向前迈进了一大步,农民生活水平的提升使得其关于公共产品与服务的需求规模也在不断上升,并且其需求的种类也表现出多样化的特征。这需要政府部门加大对三农的支持力度,关注并丰富农村地区公共产品与服务的供给规模与类别,以实现农民的公共需求。但是,这些公共产品与服务在农村地区的规模十分小,如现有的农业水利设施大部分修建于20世纪五六十年代,这些基础设施经过多年的使用,其抵抗自然灾害的能力不复从前,甚至有一部分已经达到限用的时间;甚至会存在部分村庄没有电力设施、通信设备和公路的现象。②

在乡村社会,农业是其经济支柱,农村居民依靠从事农业活动而生存,是以,在村民的公共需求之中,与农业生产相关的公共产品与服务需求占据了大部分。与此同时,随着农村市场的逐步完善与发展,农产品在市场环境当中的竞争十分激烈。因此,为了提高农产品的市场竞争力,达到农户增收的目的,农户对于农业科技推广服务、公共信息服务等公共产品与服务具有明显的渴望。另外,农村劳动力存在明显剩余的现象,他们对于相关的非农业就业信息的公共需求也逐步出现。③ 因此,供给主体应当结合农民的公共需求,随着需求的变化,其具体的供应内容也随之做出相应的改变,不断地扩大其为农村地区供应公共产品与服务的范围,丰富各类农民所需公共项目的内容,实现公共产品与服务供应总量与农民需求的均衡。

---

① 熊兴,余兴厚,王宇昕. 推进基本公共服务领域供给侧结构性改革的路径择定[J]. 当代经济管理,2019,41(1):44-53.

② 王国华. 农村公共产品供给与农村和谐社会建设[M]. 北京:经济科学出版社,2014:201.

③ 王国华. 农村公共产品供给与农村和谐社会建设[M]. 北京:经济科学出版社,2014:200.

2. 纵向上：农村公共产品供给与需求结构均衡

由于我国疆域辽阔，各地域之间的自然地理条件、农民思想观念、发展程度均具有显著的差距，从而造成了各区域农民的公共需求同样具有差距。在经济高速发展、地方企业数量多、财力雄厚的东部地区，不仅能够实现村民基本生产生活的需要，而且基本上可以满足村民对更高层次公共服务的需求。[①] 中西部地区由于历史、自然等条件的制约，其经济发展程度相对而言较为缓慢，无论是地方政府的财力还是民间组织的发展程度均无法同东部地区相提并论，其农村公共产品与服务的供给水平自然也无法与东部地区相提并论，农民对于公共产品与服务的需求仍然停留在维持其生产生活阶段，甚至现有的生产与生活性公共产品与服务的供给仍然面临缺乏的困境，各地区农民对公共产品需求具有显著的层次性。另外，不同的风土人情也对公共需求有所影响，我国是一个由众多民族组成的国家，不同民族有不同的风俗，在衣食住行等方面的需求也各具特色。此外，不同的收入水平、文化素养，甚至是不同性别的农村居民，他们的公共服务意愿也各不相同。因此，在为农民群体供应公共产品的过程中，要综合考察这些因素，面对差异性、层次性和个性化的需求，尽可能有针对性地供给。与此同时，还应该了解乡村社会的发展程度与村民公共需求的差异，明确公共产品与服务的先后供给顺序，分阶段、分区域实现农村公共产品与服务供给结构的均衡，在保证有限资源最大化利用的同时，有效地实现农民的个体偏好。[②]

按照需求层次理论来说，人的需求呈现出金字塔型，当他们的基本需要得到满足之后，开始产生更高层次的需求。现阶段，我国社会恰巧面临转型阶段，整个国家的经济结构正在发生翻天覆地的改变，农村居民对于公共产品与服务的需求水平也在加速变化。尽管，从整体角度而言，生产性公共产品与服务仍然是村民的主要公共需求，但是，随着村民生活状况的不断改善，他们对于更高层次的生活性、发展性公共产品与服务的需求同样在飞速上升。这一需求状态在今后的一段时间里不会改变，因此，各个供给主体应该集中所有能够集中的资源，优先为农民提供生产性公共产品与服务，以实现农业

---

① 龙兴海，曾伏秋，等. 农村公共服务研究 [M]. 长沙：湖南人民出版社，2009：63-65.
② 董明涛. 农村公共产品供给机制创新研究 [M]. 长春：吉林人民出版社，2013：165.

生产、增产以及农户基本生存的需要。在此基础上,按照供给主体的经济实力以及农户的公共意愿,对部分急需的生活性、发展性公共产品与服务进行供给,从而在满足农户偏好的同时,保证农村地区的稳步持续发展,防止无效供给、资源浪费的行为。[1]

(三) 创新供给方式结构:实现农村公共产品与服务供给方式多样化

根据前文所述,农村居民关于公共产品与服务需求表现出显著的多元化、个性化以及供给主体多元化,因此,农村地区公共产品与服务供给势必要采取多种供给方式才能达到有效供给的目的。[2]

1. 政府直接供给

政府部门直接供给,是传统的公共产品生产与管理方式,是指政府及相关的部门按照社会发展的实际程度,明确为农村地区供应公共产品与服务的规模、种类、方式以及资金的来源,且完全由政府负责提供以及监管。[3] 由政府直接供应,能够及时地避免因公共产品与服务作用的扭曲而带来的不良影响。一般而言,这种供给方式针对需求普遍且个体差异不大、无法向使用者进行收费、外部效应十分显著的纯公共产品与服务。现阶段,我国的经济实力已经能够有效地反哺"三农",政府要扩大对农村地区公共产品与服务的财政投资规模,将全国性的公共产品与服务纳入公共财政的范畴,采取政府直接供应的方式,如义务教育、道路桥梁设施等。[4]

2. 公私合作供给

公私合作供给,即所谓的 PPP 供给,其实质是政府部门同民营机构以合同的形式规范两者的行为,对部分公共产品与服务进行协同供应,从而保证供给目标的充分完成。[5] PPP 供给方式充分地突出了政府部门和民营机构的长处,不仅通过引入社会力量和市场机制为公共产品与服务带来了活力,增

---

[1] 王国华. 农村公共产品供给与农村和谐社会建设 [M]. 北京:经济科学出版社,2014:201.
[2] 董明涛. 农村公共产品供给机制创新研究 [M]. 长春:吉林人民出版社,2013:165.
[3] 顾晓焱. 农村公共品供给模式研究 [M]. 武汉:武汉出版社,2012:109-110.
[4] 欧利仁. 论我国农村公共产品供给模式创新 [J]. 法制与社会,2015 (33):139-140.
[5] 张应良,王晓芳,官永彬,等. 农村社区公共产品有效供给与制度创新 [M]. 北京:中国农业出版社,2013:277.

强了其供应的效率,还建立起了利益共享、风险共担的机制①,这种供给形式依据政府部门所发挥的具体功效的差异而进一步划分成公办民助以及民办公助两种方式。

(1) 公办民助供给

公办民助供给,即所谓的政府投资、市场供给,以政府财政拨款为主,通过购买服务的形式将公共产品与服务交由市场或者社会组织以商业模式经营管理。② 政府将市场机制引入其中,发挥了政府直接投资和商业经营两种手段的优势,并且政府通过购买的手段把公共产品与服务的经营管理职责转移至其他主体,在政府职能简化的同时,民营组织同样承担了所有市场风险。③ 这一供给方式不以获得利润为目标,不局限于私人资金的规模以及投资回报的大小,能够以税收的方式获得稳定的物质支持。但是,在这一方式当中,竞争机制明显欠缺。因此,政府在与民营组织签署合同时,还需将公共产品与服务供给绩效的标准归纳其中,必要时还应当同多个机构合作,提高其竞争性,督促这些民营组织提升供给质量。④ 这种供给方式主要针对那些强自然垄断性、投资力度大且带有一定私人性质的公共产品。

(2) 民办公助供给

民办公助,是指按照"谁受益,谁负担"以及"量力而行"的规则,由民营组织负责投资以及生产管理,而政府在一定程度上赋予其各种形式的支持。⑤ 这种方式是政府财政投资与社会筹资的结合体,一方面,有利于减轻社会投资的风险,提升其投资的积极性;另一方面,在一定程度上缓解了政府财政的困境,有助于"三农"的发展。⑥ 根据政府所给予支持的不同,又可以具体表现为政府管控下的私人投资经营管理以及政府补助下的私人投资经营管理。

---

① 查向丽. PPP 模式在城乡公共服务均等化中的应用 [D]. 杭州:浙江大学,2012.
② 龙兴海,曾伏秋,等. 农村公共服务研究 [M]. 长沙:湖南人民出版社,2009:54.
③ 张应良,王晓芳,官永彬,等. 农村社区公共产品有效供给与制度创新 [M]. 北京:中国农业出版社,2013:278.
④ 王再兴. 农村公共服务概论 [M]. 成都:四川大学出版社,2008:36.
⑤ 龙兴海,曾伏秋,等. 农村公共服务研究 [M]. 长沙:湖南人民出版社,2009:54.
⑥ 王再兴. 农村公共服务概论 [M]. 成都:四川大学出版社,2008:38.

政府管控下的私人投资经营管理，主要针对投资力度不大、具备自然垄断特征又容易向使用者收取费用的公共产品与服务。通过这种方式，社会资本成了主要的投资者，政府只具备监督作用，市场机制在其中起到了决定性作用。因此，在民营机构具备较大自主经营权以及公共产品与服务的使用者选择范围扩大的同时，民营机构还要应对各种潜在的风险。[①] 而政府补助下的私人投资经营管理，主要针对的是低利润、高风险而外部性又十分显著、不存在直接收费困难的公共产品与服务。在这种方式当中，政府除了是管控者，也要根据其外部性的程度，向生产经营公共产品与服务的民营机构提供一定比例的经济支持。政府还应该适当地降低民营机构进入的标准，尽可能地吸引更多社会力量加入，并且公平公正地对待每一个民营组织。[②]

3. 社区俱乐部供给

社区俱乐部形式，顾名思义就是指该村庄内部的成员自我投资、自我生产、自我管理、自我消费。这种供给方式产生的理论来源于，存在部分产品的使用具有一定的公共属性，并且它们仅限于在某一个组织内部发挥作用。因此，该组织内部的成员按照受益原则，在自愿、互助、互惠的前提下，一起投资生产该公共产品与服务，并且承担相应的职责。在这一供给方式中，组织内部的成员具备投资者与使用者双重角色[③]，其提供的公共产品与服务也只为内部人员消费[④]。社区俱乐部供给对象是受益范围仅限于某一类规模不大的群体且以政府的能力还无法包揽的公共产品与服务。

4. 私人供给

私人供给，即在政府没有干预的形势下，个体自愿地供应公共产品与服务或者悉数交由一些私人性质的机构生产经营。其供给的范围主要是那些排他性非常强的农村公共产品与服务。以这种方式供给公共产品，一方面，缓解了政府监管和财政困境的难题；另一方面，有效地提高了供给效率，满足了

[①] 顾晓焱. 农村公共品供给模式研究 [M]. 武汉：武汉出版社，2012：75；王再兴. 农村公共服务概论 [M]. 成都：四川大学出版社，2008：35-37.
[②] 黄东阳. 城镇化进程中农村公共服务供给研究：以福建省为例 [M]. 长春：吉林人民出版社，2016：331.
[③] 龙兴海，曾伏秋，等. 农村公共服务研究 [M]. 长沙：湖南人民出版社，2009：54-55.
[④] 顾晓焱. 农村公共品供给模式研究 [M]. 武汉：武汉出版社，2012：75.

村民逐渐上升的公共需求。我国日渐雄厚的经济实力为农村公共产品与服务的私人供给方式奠定了物质基础，同时，政府要通过各种手段积极地吸纳引导个体以及私人组织向农村地区供应公共产品与服务，同时又应该对私人提供的公共产品进行合理定价。

5. 农民自愿供给

农民自愿供给，其实质是村民为了增强供应的效率与满意度，从而通过自愿捐助等方式筹集资金直接实现农村公共产品的供应，这种供给方式还分为农民完全自我供给和农户团队供给两种形式。农民完全自我供给是指由村民个体单独进行的公共产品与服务生产管理；而农户团队供给方式是指由多个农村家庭共同参与，并由农业合作组织作为主体的公共产品与服务生产管理。这种自愿供给方式在一定程度上有效地弥补了因市场失灵、政府失灵和社区失灵而产生的困境，在政府、市场和社区供给无法涉及的领域，发挥出独特的功效，从而实现农村公共产品与服务个体化、差异化的需求。因此，政府要大力注重"三农"的发展，提高农村居民的收入水平，培养他们的社会责任感，为这一供给方式奠定基础。

第二节 深化"以人民为中心"的农村公共产品与服务供给侧改革的具体措施

一、加强农村公共产品与服务供给顶层设计

长期以来，我国农村公共产品与服务供给呈现出非常突出的碎片化供给状态，主要表现为供给主体、供给决策、供给监督和供给内容等全方位的碎片化，这严重影响和制约着农村公共产品与服务供给水平和效率的提高。在中国特色社会主义新时代，加强"以人民为中心"的农村公共产品与服务供给模式建设，必须对农村公共产品与服务供给进行统筹规划，直面农村公共产品与服务供给过程中存在的根本矛盾，敢于碰硬和突破瓶颈，这需要从观念转变、战略调整和路线规划等方面进行系统性的整合治理。

(一)牢固树立农村公共产品与服务供给新观念

观念是行为的先导,行为是观念的体现。着力建构和优化满足人民美好生活需要"以人民为中心"的农村公共产品与服务供给模式需要在观念上进行一场深刻的革命,必须转变长期以来形成并固化的"重工轻农""重城轻乡"以及在农村公共产品与服务供给实践中形成的"重政绩轻实绩"的扭曲观念。只有在观念上深刻变化,才有可能形成恰当的行为。政府在主导建构和完善"以人民为中心"的农村公共产品与服务供给模式过程中,要树立以下几种观念。

一是系统观念。系统论告诉我们要把城乡公共产品与服务供给看成一个整体系统。在全面建成小康社会,实现中华民族伟大复兴中国梦的进程中,要保证公共产品与服务供给"全覆盖","一个也不能少"。在城乡公共产品与服务供给过程中,要坚决破除"重城市,轻农村"的观念,竭力避免城乡发展的"跛脚鸭"现象。在加强农村公共产品与服务供给侧改革过程中,必须树立起系统观念,加强统筹规划和整体协调,做到全国"一盘棋"和城乡"一锅菜"。在系统协调,通盘考虑的基础上,加强城乡公共产品与服务供给制度的有机衔接,落实农业农村优先发展政策和"城市反哺农村"机制,推进农村公共产品与服务抓重点、补短板、强弱项,最终实现城乡公共产品与服务统筹供给和一体化发展。

二是共享观念。公共产品与服务供给水平是现代社会文明程度的重要标志。为全体居民提供充足的公共产品与服务是现代政府最基本的职能。建构和完善"以人民为中心"的农村公共产品与服务供给模式是保障广大农村居民平等地、无差别地享有公共财政供给的公共产品与服务,共享经济社会发展成果的必然要求,也是建立起城乡共享、全民共享的普惠式公共产品与服务体系的必由之路。在城市化、逆城市化及城乡一体化的发展进程中,推进农村公共产品与服务供给侧改革,完善农村公共产品与服务供给,从根本上改变农村环境"脏、乱、差"、基础设施落后、"出行难、就医难、读书难"等公共产品与服务供给水平低的现象,既能满足广大农村居民对美好生活的需要,促进农村产业兴旺和社会进步,又可以吸引城市工商资本下乡助力乡村振兴,吸引城镇居民下乡创新创业、休闲旅游等,促进城乡交融,进而实现城乡一体化发展。

三是协同观念。农村公共产品与服务供给侧改革是一项复杂的系统工程，具有规模大、范围广、层次多、类型杂等特点，需要全社会协同推进。在建构和完善"以人民为中心"的农村公共产品与服务供给模式过程中，必须破除传统的政府"全能""包打天下"的理念，打破政府单一主体、"垄断式"供给的格局，充分发挥市场在资源配置中的决定性作用，吸引市场主体在遵循市场规则的前提下参与农村公共产品与服务供给，发挥各种社会组织的专业优势，调动包括广大农村居民在内的社会公众的积极性，激发其内生动力，建立起政府主导、市场有效、社会协力、公众参与的农村公共产品与服务协同供给模式，形成多元社会主体互联、互补、互动的协同供给格局。

(二) 深刻调整农村公共产品与服务供给新战略

保障公共产品与服务供给是现代国家和政府的核心职能。在我国，公共产品与服务供给状况是由国家经济、社会发展战略所决定的。在新中国成立初期，为了尽快建立起完整的工业和国民经济体系，巩固新生政权，在公共财政总量不足，公共资源极为稀缺的情况下，在经济上实行"工业优先"的经济发展战略，公共产品与服务供给格局也相应地优先供给有利于工业发展的基础设施、城镇职工社会保障及各类城市公共产品与服务等，在客观上衍生和形成了"城市优先"的社会发展战略，由此形成并固化了"城乡二元"经济社会发展体制。随着改革开放的实施和推进，党和政府工作重心由强调"阶级斗争"转向"经济建设"，"以经济为中心"的发展战略得以确立，城乡经济社会均获得了巨大进步，但城乡不平衡发展态势继续延伸，进一步扩大了城乡差距。在"重工轻农""重城轻乡"的"工业优先""城市优先"的经济社会发展战略下，农村公共产品与服务供给严重滞后于经济社会发展形势。

经过70年的发展，尤其是近40年的经济持续增长，我国已经跃升为世界第二大经济体。我国国民也经历了由普遍贫穷到解决温饱问题的发展阶段，现正朝着全面建成小康社会迈进。新形势下，广大人民对美好生活产生了更高期待和更多需要，竭力满足人民的美好生活需要正是政府工作的重心。"重农固本，国之大纲"。历史证明，国家经济发展之所以能大步向前，是因为始终有农业农村这个稳固的基础，能够不断从中汲取力量。而现实不断提醒，我国发展最大的不平衡是城乡发展不平衡，最大的不充分是农村发展不充分，"一条腿长一条腿短"还比较突出。在全面建成小康社会的征程上，作为最基础的产业、最广阔的区域、数量最多的群体，农业不能拖后腿、农村不能掉队、农民不能缺席。[1]公共产品与服务供给状况关乎人民的获得感、幸福感、安全感，也是衡量我国城乡发展差距的主要指标。农村公共产品与服务供给不充分是乡村发展的主要困境。要实现乡村全面振兴，促进城乡融合，最终实现一体化发展，必须对经济社会发展战略进行重大调整，实施农业农村优先发展战略，加速推进农村公共产品与服务供给侧改革，在农村公共产品与服务上优先安排，通过抓重点、补短板、强弱项，最终建立起城乡一体化的公共产品与服务体系，实现全体人民"学有所教""病有所医""老有所养""住有所居"。

（三）统筹规划农村公共产品与服务供给新路线

落实农业农村优先发展战略，加强农村公共产品与服务供给的统筹规划，优先安排农村公共产品与服务，是最终实现全体国民无差别享受公共产品与服务的必由之路。

首先，要制定新时代农村公共产品与服务供给的一揽子总体战略方案。主要涉及各级政府在农村公共产品与服务供给中责权利的划分，加强公共财政体制改革，落实公共财政向农村公共产品与服务领域倾斜的战略，加大财政转移支付体制等。完善农村公共产品与服务供给主体协同供给机制，拓宽筹资渠道等。

其次，结合国家"两个一百年"发展战略，实施农村公共产品与服务供给三步走战略，逐步提升农村公共产品与服务供给水平。第一步（到2021年），争取到建党一百周年之际，明确农村公共产品与服务供给范围和根据人民的现实需求紧迫程度确定供给的优先顺序。在本阶段主要是实施"抓重点、补短板、强弱项"战略，着力加大贫困地区和特困人群帮扶等一系列措施，着力缩小城乡、区域、人群间的服务水平差距，推动基本公共产品与服务全

---

[1] 经济日报评论员. 推进农业农村发展重在"优先"[EB/OL]. 中国政府网，2019-02-20.

覆盖，提高区域服务均等化水平，保障基本公共产品与服务的公平性和普惠性。

第二步（到2035年），实施标准化战略，建立健全城乡基本公共服务标准体系，统筹城乡公共产品与服务供给制度，实现城乡基本公共产品与服务均等化。建立健全城乡基本公共服务标准体系，规范中央与地方支出责任分担方式，推进城乡区域基本公共服务制度统一，促进各地区各部门基本公共服务质量水平有效衔接，以标准化手段优化资源配置、规范服务流程、提升服务质量、明确权责关系、创新治理方式，确保基本公共服务覆盖全民、兜住底线、均等享有，使人民获得感、幸福感、安全感更加充实、更有保障、更可持续。力争到2035年，城乡基本公共服务均等化基本实现。

第三步（到2049年），实施城乡公共产品与服务一体化供给战略，到建国一百周年之际，实现高水平的基本公共产品与服务均等化。主要表现为：城乡公共产品与服务融合发展，不同区域全面可及，基本公共产品与服务体系全方位、多层次综合衔接，人民的美好生活需要得到充分保障。

二、着力理顺农村公共产品与服务供给关系

（一）理顺农村公共产品与服务供需关系

"供给"与"需求"原是经济学领域的名词。其中，"供给"是指由市场作为主体所提供的所有物品或者服务的规模，而"需求"则是使用者在其能力范围之内所能够支付这些物品或服务的总量。在经济学当中，市场的供给和需求是对立统一的关系，供给者为了在市场机制中追求一定的利润，从而以使用者的真实意愿入手生产与提供各类物品；同时，使用者同样能够在市场环境下购买合适的物品，从而形成双赢的局面，这种局面致使供需双方一直处于一种相对而言较为固定安稳的态势。[1] 然而，这一局面只是理想状态，在实际生活当中，供需双方往往很难达到这种态势，两者之间或多或少存在矛盾。这种矛盾是因供需双方存在不对称的行为而造成的，具体来说，即供给者所提供物品的规模、类别、质量等同使用者实际渴望拥有的物品存在错

---

[1] 郑丽，张勇. 农村公共体育服务供给侧改革协同治理路径研究[J]. 沈阳体育学院学报，2016，35(3)：19-23.

位、缺位的现象。① 由于小农经济的束缚，我国农村居民自身所拥有的能力十分有限，他们对于由其他主体所供应的公共产品与服务的需求十分渴望，特别是，随着农民生活的日新月异，他们对于生活性、发展性公共产品与服务同样有了一定的追求。② 然而，政府为农村地区所供应的公共产品与服务一直以来是由政府部门通过行政指令的方式下放的，其实际供应的内容完全是以政府自身的意愿为核心，严重偏离了广大农村居民的真实需要。③ 再加上城乡公共资源分配同样存在二元分割的现象，致使农村公共产品与服务供给规模小、效率低下，无法充分满足村民的公共需求。因此，现阶段，我国农村地区公共产品与服务存在明显的供需矛盾。

由此可见，理顺供需关系、按照农村居民的实际意愿供应相应的公共产品与服务，是优化"以人民为中心"的农村公共产品与服务供给模式的关键环节。需求引发供给，农村公共产品与服务的供给应当把广大农民的公共需求放在首位，而不是首先考虑政府部门的偏好，同时以政府的指导意见作为参考。农民群体作为农村地区公共产品与服务的直接使用者与受益者，只有他们才完全明白自身所迫切渴望什么类别、多大规模的公共产品与服务。是以，各个供给者务必要加快改变自身思想观念，正视自身不再是公众的管理者，而是大众的服务者；加快乡村社会发展的步伐，促使更高层次的需求出现；同时，提倡农村居民表达自身的偏好，建立有效的需求表达与决策渠道，真实地反馈农民的意愿，从根本上处理好农村公共产品与服务的供给和需求的结构性错位。④

(二) 理顺农村公共产品与服务供给主体间的关系

1. 理顺各级政府间的关系

政府作为农村公共产品与服务最重要的供给主体，其内部各级部门间的

---

① 熊禄全，张玲燕，孔庆波．农村公共体育服务供给侧改革治理的内在需求与路径导向[J]．体育科学，2018，38 (4)：22-36.
② 姚林香，车文军．农村公共产品供给方式单一化的成因及改进措施[J]．农业经济，2004 (6)：14-15；曲延春．供给侧改革视域下的农村公共产品供给[J]．行政论坛，2017，24 (3)：114-118.
③ 马砚堤．农村公共产品供给模式问题与对策[J]．合作经济与科技，2011 (10)：102-103.
④ 周卫卫．农村公共产品供给的现状及其方式转换探析[J]．怀化学院学报，2016，35 (1)：57-60.

<<< 第六章 "以人民为中心"的农村公共产品与服务供给模式优化路径研究

关系十分复杂,只有明确它们各自的权责,才能保证政府供给是有效供给。政府间关系,即所谓的府际关系,陈振明教授认为,它的实质是中央政府和各级地方政府间错综复杂的网络关系,一方面,包含了纵向的上下级政府间的关系;另一方面,包含了级别相同的各个地方政府间以及不具备直接隶属关系的级别不同的政府部门间的关系。①

首先,从纵向上来说,我国政府共有中央、省、市、县、乡五个层级,各级别的政府部门所拥有的职责和财政收入均有所不同,它们各自所供应农村公共产品与服务的职责和内容也存在差别。② 然而,现阶段,不同级别的政府之间所具备的事权和财权存在显著的不相匹配的难题,造成了政府无法充分完成为农村地区供应公共产品与服务的责任。是以,理顺上下级政府间的关系至关重要。其一,明确地、科学地界定中央和地方政府各自的供应责任。对于那些受益者遍及全国、涉及人民基本利益的整体性长远性公共产品与服务要交由中央悉数提供,如国防、外交、航空、铁路、能源等;而各级地方政府则要负责供应受益者基本上在其管辖范围之内的公共产品与服务,如社会治安、消防、供水、供电等;而部分跨地区的、大型的、强外部效应的公共产品,必须由中央统一组织、协调,按照受益的原则,各个地方政府分比例承担其成本,如公共教育、社会保障等。③ 其二,完善同事权相对称的财权分配机制。在各级政府职责明确的前提之下,它们所拥有的财权应当与事权对称。一方面,要构建财政分担体制,在中央的掌控之下,赋予各级政府相应的财权,保证在一定程度上税收的自主性④,从而使得各级政府在不影响全

---

① 普永贵.民族自治地方政府合作研究:以公共产品供给为视角[M].昆明:云南民族出版社,2008:35.
② 黄东阳.城镇化进程中农村公共服务供给研究:以福建省为例[M].长春:吉林人民出版社,2016:323-324.
③ 樊继达.统筹城乡发展中的基本公共服务均等化[M].北京:中国财政经济出版社,2008:248-251;中国(海南)改革发展研究院.中国公共服务体制:中央与地方[M].北京:中国经济出版社,2006:102-104.
④ 孔玉梅.供给侧改革视角下我国公共文化服务供给问题研究[D].武汉:湖北大学,2018.

局的基础上,因时、因地征税,提高其经济实力[1]。另一方面,应当利用科学的计算方法以及健全的、相关的法律制度,加强规范财政转移支付机制,提高其运行的透明度。[2] 针对当前国家财政方面存在的转移支付不足,要尽快实现以一般性转移支付为主导,以专项转移支付为辅的机制,使得基层政府可以因地、因时合理有序地提供相应的公共产品与服务,形成政府内部纵向转移和横向转移共存的局面。[3] 其三,构建由中央和地方共同参与的监管体制,一方面,有助于监督各级政府部门在供应过程当中具体的履职状况,以防止主体存在缺位、越位的情况;另一方面,可以有效地掌控公共财政支出的具体情况,保证有限的公共资源实现最优化利用。[4]

其次,从横向上来说,不仅要理顺地方政府与相邻政府之间的关系,同时还要明确政府内部多个管理部门之间的权责界限。地方政府之间的合作是相邻地方区域治理方式之一,是一种为了解决跨地区的公共事务而形成的协同合作的组织方式,这些公共事务大体上包含了各地区面临的阻碍它们社会经济稳步向前发展的难题,以及为了实现产业经济的快速转变与发展而投资的互惠项目。[5] 因此,各地方政府间的协同合作可以有力地处理好一些跨区域的公共产品与服务。除此之外,也要在横向上理顺政府内部各管理部门间的具体职责,明确各自的权力与相应的责任,尽可能地整合相似的职能部门,避免多头管理的出现;针对那些必须由多个部门负责的农村公共产品与服务,要构建有效的信息交流桥梁,根据共同管理以及分级、分部门管理结合的规则,使得各部门相互配合,从而实现充分供给。[6]

---

[1] 樊继达. 统筹城乡发展中的基本公共服务均等化 [M]. 北京:中国财政经济出版社,2008:248-251.

[2] 金峰. 优化我国农村公共产品供给模式的对策建议 [J]. 扬州大学学报(人文社会科学版), 2010, 14 (3):45-49.

[3] 吕新发. 农村基本公共服务制度创新:基于均等化目标下的研究 [M]. 北京:光明日报出版社, 2012:187-188.

[4] 中国(海南)改革发展研究院. 中国公共服务体制:中央与地方 [M]. 北京:中国经济出版社, 2006:155-156.

[5] 普永贵. 民族自治地方政府合作研究:以公共产品供给为视角 [M]. 昆明:云南民族出版社, 2008:165-166.

[6] 杨琇涵. 迈向服务型政府:从公共服务供给改革出发 [D]. 北京:中共中央党校, 2016:75.

2. 理顺政府与其他供给主体的关系

在"以人民为中心"的农村公共产品与服务供给模式当中,除政府以外,还存在多个其他的供给者。这些主体在农村地区公共产品与服务供给当中起到了至关重要的作用,可以有效地实现农村居民多元化、层次化的公共需求。因此,为了进一步优化供给效率,必须明确政府、市场、社会以及农民各自在农村地区公共产品供给中的分工。①

第一,理顺政府部门和市场的关系。前文已经提到,政府负责供应全国性、跨地区的农村纯公共服务,而市场负责提供部分和农业生产有关的农村准公共产品和服务。市场作为供给者参与农村地区公共产品的供应,它所带来的市场机制以及私人资金在很大程度上缓解了政府失灵的困境,因而,市场可以在"谁投资,谁受益"的原则之下,有效地为农民供应部分具有排他性的准公共服务。② 在这一过程当中,市场应当发挥其有效配置资源的功能,而政府首先要为其提供宏观的管理指导与支持,为市场的进一步发展提供良好的政策环境,帮助市场摆脱行政控制,成为真正的掌握自主权的法人代表③。其次,由于市场的逐利动机,导致可能存在不正当竞争或供应质量欠佳的现象,是以,政府需对这一主体进行有力的监管,严格控制其所提供的公共产品与服务的质量标准,构建一个开放的、充满竞争性的市场体系,避免垄断现象的出现。然后,还需要防止政府因市场的加入而推卸责任导致农村地区公共产品与服务供应的过度市场化。④

第二,理顺政府部门和社会组织的关系。在农村地区公共产品与服务供给领域,由于社会组织所具备的公益性特征,它能够提供那些政府以及市场无法顾及的农村公益性公共服务,它作为供给者起到了重要的补充作用。因此,政府应当在政策上支持与鼓励第三方力量的壮大,降低其加入供给的准

---

① 赵强社. 城乡基本公共服务均等化制度创新研究 [M]. 北京:中国农业出版社,2015:248.
② 冯华艳. 农村公共服务供给研究 [M]. 北京:中国政法大学出版社,2015:202.
③ 杨琇涵. 迈向服务型政府:从公共服务供给改革出发 [D]. 北京:中共中央党校,2016:74-75.
④ 吴春梅. 中国农村公共产品供给体制改革研究 [M]. 太原:山西经济出版社,2008:139.

入标准，加强立法规范其供给行为，不断增强社会组织的自我调节与管理功能，尽可能地做到社会事业社会办、社会管，从而在简化政府职能的同时，提升供给效率。与其他主体相同，政府同样要对其具体的供给行为、供给过程进行完善的监管，以便更好地实现第三方力量的供给优势。①

第三，理顺政府部门和村民之间的关系。农村居民具备农村公共产品与服务受益者和供给者双重角色，他们主要负责供应的是那些受益范围不大的、其他主体在现有的能力范围内无法全面顾及的小型准公共服务。村民委员会作为代表农村居民并维护其合法利益的机构，本应是农村小型准公共服务供应的主导者，但由于我国一直以来的高度行政化管理，导致村民委员会成为基层政府的准下属单位，一味地执行上级政府的各项指令，其自治功能形同虚设。因此，理顺政府与村民关系的前提是必须完善村民自治制度，使村委会认准自身的定位，它是农村居民的组织机构，而不是受乡镇政府领导的行政下属机构，使其真正意义上成为农村居民的权益代表者，从而在农村地区公共产品与服务供应之时起到组织、协调的作用。② 其次，在公共财政领域，也要提高对村民委员会的拨款额度，激发农村集体组织的积极性，并且在政策上改善"一事一议"制度，增强它的实际操作性，尽可能地为村集体提供稳定的经济支持。③ 然后，要明确集体所提供的公共产品与服务的归属权，防止政府借机收取不合理的费用，造成村民的重担。最后，政府可以通过各种激励手段提倡农村集体自身供应公共产品与服务，使其发挥出更大的功效。④

三、建立健全农村公共产品与服务供给机制

(一) 建立健全农村公共产品与服务需求表达机制

需求表达机制是农村居民向公共产品与服务供给主体表达其需求的制度安排。完善的需求表达机制是农村居民表达其真实需求的重要途径，也是新

---

① 李薇. 论我国农村公共产品的多中心供给模式 [J]. 学理论，2012 (31)：59-60.
② 汪旭，刘桂芝. 农户参与农村公共产品供给：方式、前提条件与实现路径 [J]. 湖湘论坛，2014，28 (5)：61-66.
③ 吕新发. 农村基本公共服务制度创新：基于均等化目标下的研究 [M]. 北京：光明日报出版社，2012：189.
④ 冯华艳. 农村公共服务供给研究 [M]. 北京：中国政法大学出版社，2015：203.

时代"以人民为中心"的农村公共产品与服务供给模式的重要内容，是实现供给与需求精准匹配的重要保障。

第一，提高农民需求表达意识，扩大农民表达参与度。首先，政府通过切实的宣传方式，让更多农民意识到自己拥有需求表达的合法权利，以及他们在推进农村公共产品与服务供给方面处于主体地位。其次，农民自身需要不断提升科学文化知识和政治素质，学习新时期新思想，保持住建设农村的热情和信心，在参与需求表达的同时对邻里乡亲进行宣传，扩大影响辐射面。再者，有所作为的农村精英在"反哺"农村的过程中，在改善农村经济条件之外，还应注重自身作为农村、农民对外联系的重要载体的作用，将我国城市甚至国外先进的公民观念向农民传递，以持续提高农民参与度。

第二，建立需求表达平台，拓展需求表达渠道。尽管政府门户网站在政务信息公开、业务查询与办理等方面为群众提供了便捷化办事平台，但其存在群众意见处理不及时、信息滞后等缺点，对不善于使用电脑的农民而言仍然不方便。因此，一方面，政府需投入必要且适当的财力、物力和人力资源，建立便捷的需求表达平台，完善目前流行的新媒体交流平台。同时，村委会可组织村民开展讨论会等集体活动，选出村民信任度高的代表，整合村民们不同的需求并以代表的身份提交相关文件资料。另一方面，在法律法规允许范围内，在可开放领域，引入必要的社会力量，运用社会资源进行渠道的开拓与创新。

第三，完善需求反馈制度和信息公开制度。农民所表达的需求是否得到政府相关部门处理，会影响到他们今后的表达积极性，进而影响农民对农村公共产品与服务供给的满意程度。因而，完善农民对农村公共产品与服务供给的需求反馈制度，包括村民对公共产品与服务需求信息的反馈、公共产品与服务供给效果的反馈、反馈纠偏机制等内容。另外，通过完善信息公开制度，保障农民的知情权，为农村公共产品与服务供给政策的有效贯通提供民众基础。

（二）继续完善农村公共产品与服务供给决策机制

传统的农村公共产品与服务的供给模式是"自上而下"进行的，政府往往考虑的是想提供、能提供和如何提供公共产品与服务，而忽略了基层农民真正需要和想要获得的是哪些公共产品与服务,长期如此,会造成公共资源低效配置、群众满意度下降等问题。因此,在优化供给决策机制层面,可从以下方面寻找突破。

一是扩大供给决策主体范围。乡村振兴战略的推行,将农村、农业和农民的发展提到了新高度,也意味着农村公共产品与服务供给需要提质、提量。第一,扩大农村决策主体范围。在农村、农业建设过程中,有诸多参与者,如农民、农村企业法人、村干部、基层人大代表等,他们在实践中能选择出有助于实现乡村振兴的公共产品与服务。第二,扩大外部供给决策主体范围。既要允许有丰富经验的非政府组织加入,又要给予这些组织供给的决策权,以保证某些领域公共产品的有效供给。政府不再是所有公共产品与服务供给的唯一主体,而是作为关键主体参与供给决策,有的放矢地利用来自政府、社会和个人的供给资源。

二是加强决策信息沟通。首先,各级政府以及政府各部门之间的决策信息保持沟通。政府是供给决策中的关键主体,内部的决策意见需保持一致,决策行动的落实需通力合作。其次,政府与农民在决策过程中加强联系。不仅农民有需求表达的需要,政府也需要向农民表达关于农村公共产品供给的相关政策与措施。政府与农民在农村公共产品供给方面的交流,既可以提高农民对农村公共产品的认知,又有助于政府听取农民的意见与建议,促进政策的完善,提高决策的民主程度。再次,政府与非政府组织保持决策信息沟通。政府在与非政府组织进行决策信息交流过程中,要对非政府组织在公共产品供给中的努力给予肯定与支持,并合理采纳他们在提高公共产品供给效率、拓展供给渠道等方面的优势经验,进而提高决策的科学度。最后,农民与非政府组织保持决策信息交流。一方面,农民要对非政府组织在公共产品供给方面的参与行动给予信任与支持;另一方面,非政府组织要充分理解农民的需求与参与决策的出发点。政府、农民和非政府组织在农村公共产品与服务供给中要有机结合,通过多种途径展开充分交流,保障决策信息在纵向与横向上的有效传递,保证决策的科学性与民主性。

(三)深化改革农村公共产品与服务财政投入机制

优化"以人民为中心"的农村公共产品与服务供给模式,需要建立完善财政投入机制。财政投入可以通过对收入和各种资源的再分配，为农村居民供给农村公共产品与服务，促使农村居民的生活生产需要、社会经济发展需要得到满足。因此，财政投入在改进农村公共产品与服务方面发挥着重要作用，需要建立完善的财政投入机制，包括公共财政投入机制和社会筹资机制。

一是继续深化改革农村公共产品与服务公共财政投入机制。农村公共产品与服务的资金大部分来自公共财政。由于我国在过去较长时期内都属于城乡二元经济结构，在很大程度上阻碍了农村公共产品与服务的供给，随着国家对"三农"的不断重视，实现城乡统筹发展是社会发展的客观规律。一方面，各级政府特别是中央政府要加大对农村公共产品与服务的财政投入，完善公共财政投入体制，优化公共财政收入与支出结构，将更多的公共财政投放到农村社会保障、农村教育、农村文化服务、农村卫生服务以及农村公共基础设施建设等领域，来尽快达到农村公共产品与服务供给均等化目的。转变城乡二元结构意识，逐渐构建与改进城乡一体化公共财政体系，为农业农村建设提供更加公平的发展空间。另一方面，农村公共产品与服务供给的资金结构与供给主体密切相关，并且有利于农村公共产品与服务供给效率的最大化，因此要厘清公共财政投入的事权与财责。从农村公共产品与服务供给事权来看，也就是谁来决定做这件事情；从农村公共产品与服务供给财责来看，也就是谁对这种公共产品和服务的资金来源负责。同时，基于各级政府事权与财责范围的划分，可以通过转移支付机制，促进公共财政结构的横向和纵向平衡，来实现在全国各地区供给相对均等的农村公共产品与服务。

二是逐步建立完善的农村公共产品与服务社会筹资机制。在以往的概念和实践当中，一贯觉得农村公共产品与服务筹资中有外部性与搭便车的现象，个人筹资通常是没有效率或者是效率很低的，由于政府代表着广大人民群众的公共利益，自然担当着供给农村公共产品与服务的责任。但是在现实情况下，政府的财政能力往往是不够的，也存在着筹资效率的局限，所以，要依据农村公共产品与服务的层次和特性，以及每个地区农村的经济发展状况来促进社会筹资机制的发展。除政府筹资主体之外，还要构建多元化的筹资主体，如农村社区筹资主体、民间组织筹资主体、市场筹资主体以及个人筹资主体等。在市场经济中，可以让个人或者企业提供资金来供给那些需要收费来达到排他目的的农村公共产品与服务，还可以通过银行等金融机构来进行融资。最大限度地发挥市场作用，在农村居民意愿的基础上进行筹资，构建以政府筹资为主，多元筹资主体共同发展的筹资机制。

（四）着力强化农村公共产品与服务供给激励机制

优化"以人民为中心"的农村公共产品与服务供给模式，需要创设和强化农村公共服务供给激励机制。必须引入选择性激励机制，这是为解决公共服务"搭便车"难题，唯一有效的动力机制。一方面，可以将物质奖励和精神奖励结合起来，鼓励公司企业和农村居民加入农村公共产品与服务的供给；另一方面，政府可以利用财政补贴、税收优惠、奖励、财政转移支付以及结构性调控等措施，来支持非营利性组织参与农村公共产品与服务供给。除此之外，政府还可以利用特许经营、签订合同等方法和私营部门共同协作供给农村公共产品与服务，由政府来制定农村公共产品与服务的具体标准，并担任监督者的角色。农村公共产品与服务的选择性激励机制在调动多方供给主体的主动性，扩大农村公共产品与服务的覆盖面积以及提升其供给质量的同时，还要着力缓解在此进程中出现的结构性失衡问题，并且还要通过更新决策模式来鼓励农村公共产品与服务供给主体积极参与，进而全方面促进农村公共产品与服务供给的正常运行。

在激发各公共产品供给主体的积极性和内在驱动力方面，要坚定地方政府特别是乡镇政府在农村公共产品与服务供给中的核心地位，进一步厘清乡镇政府与农村居民自治组织在提供农村公共产品与服务时的协作关系。乡镇政府在明确自身地位的基础上应主动承担提供农村公共产品与服务的责任，努力获得上一级政府的公共财政投入，与此同时，还要充分调动该地区农村居民自治组织供给农村公共产品与服务的积极性。对于供给结构性失调问题，这与改革开放以来计划经济转为市场经济、中央政府对地方政府的让利放权密不可分，地方政府一味追求经济发展速度是造成农村公共产品与服务供给结构性失调的重要因素。在新时代的背景下，实现城乡统筹发展、区域协调发展必须建立各级政府的选择性激励机制，也就是要通过建立农村公共产品与服务绩效考核体系，细化对农村公共产品与服务各方面的指标设置，将农村公共产品与服务供给作为对各级政府及其工作人员考核的重要指标。同时，还要完善各级政府对农村公共产品与服务供给的问责机制,完善问责方式,明确问责内容,做到问责程序化、规范化、制度化。在农村公共产品与服务决策模式方面,由于现在农村公共产品与服务的供给主要是由政府决定的,农村居民并不能完全按照自身意愿来选择农村公共产品与服务的供给,这也在很大程度上造成了农村公共产品与服务供给效率的低下和社会资源的浪费。因此,政府部门尤其是基层政府部门在进行农村公共产品与服务项目的选择时,要构建以农村居民需求为导向的农村公共产品与服务供给决策模式,扩大农村居民的参与权和决策权,实行农村公共产品与服务项目听证制度。

(五)加速改进农村公共产品与服务供给监督机制

优化"以人民为中心"的农村公共产品与服务供给模式,需要理顺农村公共服务供给监督机制。农村公共产品与服务供给主体逐渐显现出多元化发展趋势,在此过程中为最大程度发挥各供给主体的作用,不但需要确定每个主体对应的职责,而且要进行对应的监督。为保障广大农村居民的根本利益,建立一个内容缜密、程序合理、分工明确的监督机制是必要的,要将体制内部的监督力量和体制外部的监督力量统一起来,创造一个既全面、又立体的供给监督网络。广泛发挥公民监督、媒体监督等社会监督的作用,逐步构建互相合作、高效率的农村公共产品与服务供给监督体系。

首先,在农村公共产品与服务供给主体的监督上,政府部门作为农村公共产品与服务最重要的供给主体,在体制内部,要改进其内部系统各方面的监督机制,提高其内部审计职能水平,来促进公共财政利用效率最大化以及促使政府部门工作人员严格根据规章制度来做事。另外,还需要将信息公开制度落到实处,建立一个阳光型政府。在体制外部,完善第三方组织监督机制和公众监督机制。第三方组织和公众作为单独的监督主体,在一定程度上可以使农村公共产品与服务对象的相关利益得到保障,并且可以填补体制内部监督的不足之处。非营利组织作为农村公共产品与服务供给主体之一,虽然数量很多,但是大部分都呈现半成熟状态,导致其在运营时会出现违规操作、追求利益的行为。因此,不仅要加强政府监管,还要借助媒体、社会组织、人民群众等外部力量来监督农村公共产品与服务供给的各个方面,提高其整个过程的透明程度。

其次，农村公共产品与服务供给资金的充裕程度是影响农村公共产品与服务供给的关键因素，因此，必须要加强对供给资金筹集和投入的监督。政府应当设立特定的农村公共产品与服务资金监督管理部门，优化资金的供给结构，改良供给资金的委托管理方式，加强审计部门特别是第三方独立审计组织对供给资金的获取、运行和投放等各个步骤的严格审核。

最后，构建并完善包含公众与媒体在内的社会监督机制。一方面，公众作为农村公共产品与服务的直接受益对象，对涉及其切身利益的农村公共产品与服务本来就十分关注，对于农村公共产品与服务供给的监督最有发言权和可信度，因此要扩宽公众监督渠道，满足民意表达需求。另一方面，随着新媒体功能的逐渐强化，公众舆论监督的方式得到扩展，在一定程度上强化了社会监督功能。

四、优先重点领域农村公共产品与服务供给

（一）完善农村社会保障体系建设

优化"以人民为中心"的农村公共产品与服务供给模式需要完善农村社会保障体系建设。自新中国成立以来，我国农村社会保障逐渐取得一定的成就，但随着新时代我国社会主要矛盾发生转变，农村社会保障体系建设也需要不断完善。

1. 加快构建城乡社保制度一体化

乡村振兴战略提到，到2022年城乡统一的社会保障制度体系基本建立。目前，我国部分地区的新型农村合作医疗与城镇居民基本医疗保险制度已统一为城乡居民基本医疗保险制度，为其他尚未展开城乡社保统一化工作的地区提供了可借鉴的经验，推动了全国的城乡社保制度一体化建设。由于我国农村与城镇在经济、人口、资源等方面有着不同程度的发展差异，实现城乡社保制度一体化的目标需要循序渐进。

首先，完善农村社会保障制度体系。完善农村社会保险、社会救助和社会福利的基本内容，以养老、医疗、社会救助这些重点方面为突破，提高新型农村社会养老保险、新型农村合作医疗和农村最低生活保障的覆盖率和保障水平。根据农村人口流动的特点，有针对性地完善失地农民保险、进城务

工人员保险、留守儿童保险等多种特殊社会保险，推进社会保障资源的均衡配置。

其次，加大农村社保资金投入。近几年，尽管农村社会保障资金投入有所提高，但与城镇相比仍有差距，且农村居民整体的支付能力与水平要低于城镇居民。同时，由于农村居民的自我保障意识不强、参保行为多为被动选择，容易出现中断缴费、骗保等问题，这会导致农村社保基金出现不稳定、难以持续发挥保障功能的情况。因而，需要财政部门在可承担范围内，加大对农村社会保障的资金投入。

最后，开展区域帮扶行动。各地区的农村社会保障具体实施情况会略有差别，同时也具备地区特点。通过区域间的帮扶行动，使得经济发达地区的技术资源、管理资源等优势资源向农村地区流入，农村地区特色农产品、旅游资源向外传播，带动农村经济发展，增加农民收入，进而带动农民参保积极性。除此之外，由于城镇人口持续增加，城镇地区的社会保障压力越加明显，城镇居民返乡养老、抱团养老等新选择的出现，对构建城乡社保一体化提出新期望、新要求，加快开展区域间的资源互惠、信息交流需发挥更大的作用。

2. 完善农村社保法治化建设

农村社会保障法治建设是我国农村居民参保权益、社保基金统筹运用、社保水平有效提高的重要保障，是我国农村社会保障长久高效发展的关键组成部分。当前，我国农村社会保障法律体系并不完善，导致相关犯罪行为时有发生，对我国农村社会保障平稳有序发展造成了不利影响。因而，完善农村社保法治化建设可从以下两方面着手。

一方面，完善农村社会保障法律制度。全国人民代表大会和各级人民代表大会加快与农村社会保障相关的立法行动，并继续细化已有法律法规，不断提高社会保障法律制度质量水平。同时，可借鉴国外的成功经验，并结合我国国情和农村社会保障发展的具体情况，推动立法工作的进一步开展。在此基础上，政府还需完善法律执行的监督制度与反馈制度。法律制度的推行需要一定的时间和过程，且农村社会保障在实践中易形成复杂情况，法律法规难以达到立竿见影的效果，需要在农村社会保障法律法规实施过程中加强监督,加以必要的反馈制度进行辅助,不断完善农村社会保障法律制度。

另一方面,要提高农村社保参与者的守法意识。首先是政府相关工作人员要提高守法意识。政府相关工作人员作为国家社保政策的一线宣传者及执行者,除熟知农村社会保障制度之外,还需严格遵守相关法律法规,保证在法律范围内为农民提供更好的社会保障服务。同时,农村参保者也要提升法律素质。农村的文化教育水平相对落后,部分农村居民对农村社会保障法律制度的认识不到位,他们需要学习相关法律知识,以便更好地维护自身的合法社保权益。

3. 优化农村社会保障治理模式

随着多中心治理理论研究的深入与实践运用,农村社会保障可优化为多元化治理模式。农村社会保障多元化治理不再是以政府为核心,而是强调政府、农民和社会组织三方协力合作,推动农村社会保障整体平稳发展,提升农村社会保障现代化水平。

农村社会保障治理坚持"以人民为中心"的理念,以农村居民的社会保障需求为出发点,政府、农民和社会组织三方根据各自的优势资源,推动治理的民主化和科学化。政府作为农村社会保障政策的制定者和主要执行者,提高政策的合法性和合理性,加强社会保障资源的宏观调控,强化政策执行过程中的有效监督及相关奖惩处理。农民作为农村社会保障制度的受益者,既有获得相关保障的权利,又必须履行维护农村社会保障制度的义务。农民首先要肯定农村社会保障所取得的成就,并对今后农村社会保障的发展保持信心。与此同时,农民可以通过合法途径,表达对于农村社会保障实施过程中的意见和建议,参与农村社会保障治理。社会组织作为多元治理的一大组成部分,在治理能力、资金供给等方面有其优势。社会组织要依法参与农村社会保障治理,在法律规定范围内开展资金投入、监督反馈等活动,弥补"政府失灵",激发农民参与治理的积极性。

农村社会保障在不同时期的不同阶段存在动态发展,政府、农民和社会组织在参与治理的过程中要提升灵活应变的能力、增强防范社会保障风险的能力、提高整合多方资源的能力,在实践中优化农村社会保障治理模式。

(二)提升农村公共卫生服务水平

优化"以人民为中心"的农村公共产品与服务供给模式需要提升农村公

共卫生服务水平。随着医疗科学技术的进步、国民生活水平的提高，农村公共卫生服务在增加医务人员数量、降低农村5岁以下儿童死亡率和孕产妇死亡率、改善农村卫生厕所情况等方面成效显著，农村公共卫生服务供给水平得到提升，农民的身心健康情况得到大幅度改善。但农村公共卫生服务存在的医疗设备落后、医护人才难留、疾病预防不全面等问题亟须解决，笔者从以下几个方面提出相关建议。

1. 更新农村医疗设备与技术

农村卫生室是农村居民就近就医的重要医疗场所，是农村开展健康教育与疾病预防工作的首要载体。我国农村地区的卫生费用和人均卫生费用逐年递增，说明农村公共卫生水平也得到了相应提高。但城乡医疗设备与技术存在着非常大的差距，农村卫生室基础设施缺乏，医疗器械不足，医疗技术落后。受农村医疗条件的限制，许多农村居民更倾向于到城镇医疗机构看病就医。这样会导致农民就医成本上升，病人难以得到及时有效的治疗。所以，政府与社会组织可以通过更新农村医疗设备与技术，缓解农村居民就医需求提高与农村医疗硬件设施落后的矛盾

一方面，加大农村医疗资金投入，更新医疗硬件设施。政府在财政实力可承担范围内，增加农村专项医疗资金投入，淘汰落后设施，购置适合农村地区使用的便携式医疗包，改善农村卫生室环境卫生情况。经济条件允许的社会组织，引进国外先进医疗设备，不断研发创新型、性价比高的医疗产品，同时向农村提供可移动医疗设备。另一方面，加强农村与城市的医疗技术交流。我国的三甲级医院主要集中在一线城市和各省会级城市，三甲级医院集中了高端专业医护人员和先进技术，在医疗资源上占据绝对优势。加强农村向城市医疗机构学习技术，目的在于降低农村居民的就医成本，同时在一定程度上减轻城市医院的就医压力。

2. 完善农村医疗人才薪酬与培训制度

各行政村的构成情况差异大，各村卫生水平参差不齐，农村疾病复杂多样，农村医务人员面临着工作压力大、薪酬待遇差、人才流动受限等困难，这不利于农村医务人员的稳定发展和农村公共卫生事业的建设。农村医务人员是农村公共卫生服务供给的主要人员，他们在诊治病患、宣传卫生知识、

疾病预防等农村公共卫生服务工作上发挥关键作用。政府和相关部门需要完善农村医疗人才的薪酬和培训制度，才能更好地留住医疗人才。

第一，提高农村医务人员的薪酬水平，根据国家经济实力和通货膨胀情况及时调整，补助、福利按时发放，改善农村医务人员工作环境，切实保障他们的合法权益。第二，积极开展农村医务人员培训活动。在不影响农村卫生室有序工作和不随意占用医务人员法定休息时间的情况下，对他们展开医疗知识培训，尤其可向先进地区学习专业知识，以不断提高农村医务人员的专业素质和技术水平。第三，完善农村医务人员考核制度。对农村医务人员的考核，除坚持考核制度的公平、差别、结合奖惩等原则以外，还需结合农村医务工作的特殊性，适当调整考核的标准，提高农村医务人员对农村公共卫生服务的重视程度。

3. 加强农村健康教育

受经济水平和文化教育水平的影响，农村青壮年劳动力进入城市务工，农村人口以老年人、妇女和儿童为主，他们对卫生健康的认识和重视程度不足，导致农村居民的卫生行为习惯还存在很大的改进空间。农村健康教育是一个长期的过程，需要每一个工作者耐心细致地完成，也离不开每位村民的积极配合。

以宣传卫生知识为主，以开展模拟救护行动、健康知识竞赛等参与式活动为辅。一是加大农村卫生知识宣传。农村卫生室和志愿者可以在人员聚集地、主要出入口、宣传栏等张贴言简意赅的与卫生知识相关的宣传海报；通过村广播室定时播放疾病预防知识、紧急救助知识等；通过手机短信、微信等通信工具及时将外界卫生信息传达到每家每户。二是定期开展"浸入式"模拟活动。由于农村医疗资源有限，展开"浸入式"模拟活动时不是追求完全真实，而是在活动中有所侧重。通过模拟紧急救护活动，让农村居民们运用所掌握的紧急救护知识，在活动中巩固和提高医疗知识。三是入户进行健康教育。农村居民的家庭情况各不相同，每位农村居民的生理与心理状态也会发生变化。农村医务人员和志愿者通过走访入户，了解并记录村民的身体健康状况，尤其是心理健康问题需要及时治疗、疏导，定期回访。四是扩大村民免费体检项目。目前农村地区的免费体检项目主要有针对农村妇女的

"两癌"普查普治项目、为 65 周岁以上老人开展免费体检等项目。现有的农村免费体检项目针对的人群相对集中,项目种类单一、数量少,与农村居民实际需求差距还很大。因此,将更多体检项目纳入免费行列,是政府及相关部门需密切关注之处。

(三)健全农村科技公共服务体系

优化"以人民为中心"的农村公共产品与服务供给模式离不开农村科技公共服务体系的建立与健全。健全农村科技公共服务体系是一项繁杂的系统性工作,要从各个方面、各个环节入手来采取更加直接和更有效率的手段予以推动。目前和以后一段时间内应当加强如下几方面的工作。

1. 加大财政投入的支持力度

当前地方政府对农村科技公共服务体系建设的投入主要是在农技推广体系的运作方面,在构建农村科技公共服务体系方面没有特定的财政支出。但是,就农村科技公共服务来说,不管是公共部门还是私人企业,抑或是农村科技服务组织和农业科研院校等,要想开展农村科技公共服务,都面临着资金筹集的难题。虽然农村居民之间可以在资金上互帮互助,但是对民间筹资来说,其能力是很有限的。与此同时,民间筹资还会受到政府相关政策的约束,农村科技公共服务组织偿还贷款的能力也是有限的。因此,农村科技公共服务组织十分需要政府公共财政的支持。

一是要制定专门针对支持农村科技公共服务组织的惠农政策。对于那些惠及农村专业合作化组织的政策,也应当惠及农村科技公共服务组织。同时,对于农村科技公共服务组织在运行过程中获得的经营性服务收入,政府应当减少甚至免征相关税收。二是要增加公共财政对农村科技公共服务体系构建的投入力度。设立农村科技公共服务特定资金项目,可以通过直接拨款的方式来防止行政方面的干涉,以保证资金能够准确到位。三是要增加政策借贷。对于农村信用社、农业银行等农村金融平台,应当适宜降低借贷准入门槛,扩充信贷收入,将农村居民自行建立的农村科技公共服务组织作为重点扶持对象,吸引更多的农民加入农村科技公共服务组织。

2. 优化农技推广体系建设

构建和完善市、县、乡(镇)、村四个层级农村科技推广服务网络,加强对每一层级农技推广中心站的建设。引进专业科学技术人员，增加基层农技人员数量。对农技推广人员进行定期的知识培训，培养农技人员的服务意识，提升他们的服务能力和服务水平。与此同时，为深入推进村级农村科技推广公共服务工作，县、乡（镇）层级的农业部门可以根据每个村的实际情况选聘相应数量的农民技术员，再按照相关政策给予补贴。大力支持基层农村科技推广公共服务组织采用各种形式为新加入的经营主体以及服务主体提供全方位、个性化的服务指导，探寻农技推广人员通过增值服务获得相应待遇的新机制。

3. 建立健全部门协调机制

农村科技公共服务体系的构建需要农业、教育、科技等多个部门的协调配合，但是目前我国农村科技公共服务体系的建设尚处于开始阶段，各个部门之间并没有建立协调机制，多方建设、多方管理的情况比较严重，在很大程度上造成了人力、物力资源的流失，也在一定程度上提高了管理成本，使得工作效能有所降低。近年来，国家虽然实施了农业、科技、教育相结合的措施来实现农业科技成果向生产力转化，但是从总体来看效果并不明显，并且越发浮于表面，很难达到真正意义上的结合。这一现象产生的原因就是缺乏部门协调机制。因此，建议各级政府设立以农村工作办公室为首，农业、科技、工商、财政等部门共同参与的农村科技公共服务体系构建与发展协调领导小组，以充分发挥各部门的资源和能力优势，促进资源的优化配置，进而使得政府为农村科技公共服务体系的构建与发展提供更全面的服务。

4. 加强农技人员的再教育

为加快解决目前农村科技公共服务体系所面对的人员问题和服务能力问题，加强对基层农村科技推广人员的再教育势在必行。一是要增加对基层农技人员再教育的资金投入，使得再教育具备充足的经费和完备的设施条件。二是要出台相关优惠政策，鼓励农业大学、科研机构的专业人员、教授到农村进行农技推广公共服务宣传教育。三是开展多层次的成人教育。不仅是向全部农技人员进行普及式教育，讲授与时俱进的基础科学文化知识、新型农业科学技术、农村科技推广公共服务策略以及相关法律知识等，而且要对比较出色的农技人员进行提高式教育，对这些人开展系统化的农业农村科技推广知识培训，进一步提高他们的专业化水平，以适应农村现代化发展的需要。与此同时，不仅要有集中学习与专门指导的短期式教育，而且要有自考、推广硕士等学历式教育。总而言之，要采取多样化的教育方式促进再教育的开展，提升农村科技推广人员的能力和水平，不断完善农村科技公共服务体系。

5. 强化组织的规范化管理

健全农村科技公共服务体系还需要强化农村科技公共服务组织的规范化管理，坚持"放""扶"共同推进原则。一方面，政府部门应当放松行政管制，在进行行政干预时，要以不会对农村科技公共服务组织产生不利作用，不会造成农村科技公共服务组织对政府扶持产生依赖心理为条件。要让农村科技公共服务组织自主发展，保障其运行、管理方面的自主性。另一方面，政府要大力扶持和引导农村科技公共服务组织。一是要在形式上扶新，尤其是要关注那些有推广价值、有特点、能持续发展的农村科技公共服务模式。二是要在政策上扶优，政府应当制定完善农村科技公共服务体系建设的相关政策，鼓励更多的农民参与农村科技公共服务。三是要在规模上扶大，农村科技公共服务组织数量的多少并不是发展农村科技公共服务体系的关键所在，而是在于组织规模的大小。根据"马太效应"，规模优势越明显发展就越快，反过来发展越快，规模优势也会越明显，农村科技公共服务体系的发展也是如此。因此，要促进大规模服务组织的发展，具备大的规模，才能覆盖大的区域，才能开展大服务。

（四）加强农村公共基础设施建设

优化"以人民为中心"的农村公共产品与服务供给模式需要加快农村公共基础设施建设的进程。2018年中央一号文件的公布，标志着农村公共基础设施建设进入了一个新的发展时期，文件深刻指出要促进农村公共基础设施建设优化升级，将农村作为公共基础设施建设的重点关注对象。自改革开放以来，我国农村公共基础设施建设已经取得了很大成就，农村公共基础设施的配备不断完善，农民的生活水平也在不断提高，但还有可提升的空间，可以从以下几方面加以完善。

1. 实现供给主体多元化

要实现农村公共基础设施建设供给主体多元化必须调整供给主体的结构，

要逐步构建以政府为主体、非营利组织和私人机构等多方主体共同参与的农村公共基础设施供给主体体系。首先，各级政府特别是基层政府要在明确自身主体地位的基础上主动承担主要的农村公共基础设施供给责任，并且要积极承担指导其他供给主体供给农村公共基础设施的义务。适当放松供给农村公共基础设施的准入门槛，给其他供给主体创造机会。政府要完善宣传方式，运用各种措施如补贴、奖励、优惠政策来鼓励其他供给主体积极加入农村公共基础设施的供给队伍。与此同时，还要采取相关措施保护好农村公共基础设施的产权，是私人的就应该属于私人所有，是集体的就应该属于集体所有，是企业的就应该属于企业所有，在明确界定农村公共基础设施产权的基础上保障农村公共基础设施供给的合法性。除此之外，政府还应当更新观念，意识到民间自治组织在农村公共基础设施供给中的重要性，因为如果要为农村居民提供既稳定又低成本的农村公共基础设施，是离不开建立在民主基础上的民间自治组织的。可以通过培育和支持民间组织来优化私人自愿进行农村公共基础设施供给，改良自愿供给机制。

2. 转变农村基础设施投资机制

资金是农村公共基础设施建设的一个关键问题，目前农村公共基础设施建设没有完全满足农村居民需要的主要原因之一是资金不足导致建设不能顺利进行。一方面，要主动争取中央财政以及地方财政的各项支农专项资金，并加以充分利用，坚持将各项支农专项资金整合起来，集中财力做大事。另一方面，要注重创新资金投入方式，厘清这些投资当中哪部分是"政府之手"，哪部分是"市场之手"，明确投资种类再确定资金投入方式，以增加投资效益。通过优化农村公共基础设施供给主体结构，进一步优化农村公共基础设施投资主体结构，将农村公共基础设施投资主体结构由政府单一投资方式转化为以政府为主导，农民、民间组织以及企业共同投资的方式，逐渐形成多元化的农村公共基础设施投资主体。

在农村公共基础设施建设的资金投入上，政府可根据地区的实际情况采用PPP模式，也就是建立公共部门和私人部门的合作伙伴关系。政府担任农村公共基础设施建设的主要管理者和宏观调控者角色，对农村公共基础设施建设的总体规划和具体操作进行设计，与此同时通过契约关系等形式建立与私人部门之间的合作伙伴关系,并且开展合理的监督活动来确保农村公共基础设施建设的正常运行。

3. 完善法律法规和政策措施

目前我国下发了许多关于农村、农业方面的中央一号文件,但是具体针对农村公共基础设施方面的文件非常少,并且已经制定的相关法律法规对农村公共基础设施建设过程中政府责任和权力的界限也不明确,对于市场经济机制方面的政策措施也不完善,在农村公共基础设施建设的过程当中,这些因素导致了政府的缺位、错位和越位,导致了市场失灵等现象的产生。要提高农村公共基础设施建设的规范程度和法治程度,最重要的环节是建立和完善相关法律法规、采取相关政策措施,形成一整套完备的规范来推动农村公共基础设施建设,满足农民的真实诉求。

我们可以借鉴外国关于明确政府责任和市场定位的有关法律法规,并且采用外国关于农村公共基础设施有效供给的相关政策措施,以完善我国农村公共基础设施供给方面的法律法规和政策措施。然后根据法制化的具体要求,推进政府有计划地开展预算工作,提高政府执行的制度性和法律性。同时,要提高农村公共基础设施建设过程的公开程度,加强政府意志的透明程度。也就是说,政府要根据程序将有关农村公共基础设施建设的大部分信息都展示给农民和立法部门,有计划地定时发布关于农村公共基础设施建设的信息,来保证农村公共基础设施的选择是基于充裕的信息之上的。否则就会导致农村居民的真实需求得不到满足,造成农村公共基础设施建设的失效。

4. 建立城乡统筹的供给决策机制

我国在新中国成立初期实行的是城乡分割、优先城市、优先工业的发展策略,是目前我国农村公共基础设施呈现城乡二元分割供给局面的根本原因,而城乡二元分割供给机制极大地阻碍了农村公共基础设施的建设。因此,必须树立城乡统筹、全面协调发展的公平发展观念,转变重视工业忽视农业、重视城市忽视农村的传统观念。

政府可以根据不同地区的经济发展水平以及各地区的不同特色,从以下三个层次入手,实现农村公共基础设施建设的统筹发展。一是从大范围的角度来看,中央政府有责任也有义务在全国范围内统一供给农村公共基础设施;

二是从区域划分的角度来看,要大力推进中部崛起和西部大开发战略,实现农村公共基础设施建设的区域协调发展;三是从城市和农村的角度来看,要坚决减少甚至消除城乡分割体制对农村公共基础设施建设带来的障碍,实现农村公共基础设施的城乡统筹。将农村公共基础设施建设的范围从点扩大到面,从小范围扩大到大范围,直到完全实现城乡公共基础设施的均等化。

(五) 促进城乡义务教育统筹发展

优化"以人民为中心"的农村公共产品与服务供给模式需要促进城乡义务教育统筹发展。随着国家对农村教育发展情况的重视,我国农村义务教育在教职工配置、教学硬件设备购置、学生住宿条件改善等方面取得不同程度的进展。但受国家城乡二元体制的影响,学校根据不同标准划分类别、等级,主要教育资源向城镇学校倾斜,造成农村教育资源锐减,城镇教育差距拉大,使得期望获得优质教育资源的农村适龄儿童陆续到城镇就读,不利于农村义务教育的持续发展。现在仍需要依靠多方的共同协作来促进城乡义务教育统筹发展。

1. 加强农村师资队伍建设

众所周知,教师处在学校教学活动的一线,与学生的成长、学校的建设紧密相连,教师队伍的素质、水平影响着学校教育教学的发展。农村义务教育阶段的教师队伍,中老年教师占多数,且整体教师的学历要求相对宽松。尽管有的农村地区与高学历的年轻教师签订了劳动合同,但由于农村教育发展限制多,这些教师中容易出现教学态度差甚至未到期违约的情况。

加强农村师资队伍建设,首先,要提高农村教师的待遇,留住优秀教师,吸引专业水平高的教师。除保证薪酬条件适当之外,也要注重对农村教师的人文关怀,对农村教师给予充分的尊重。其次,强调教师教学专而精。由于农村师资力量薄弱,许多教师身兼多职,这既分散了教师备课和教学的精力,降低了教学质量,又使得部分专业度高的教学问题难以得到恰当解决。再次,对教师定期开展教学相关培训。知识日新月异,这要求教师也要跟随时代的步伐不断更新自己的知识,提高教学素质和综合能力。除到城镇学校参加培训讲座外,有条件的农村学校还可以组织教师利用互联网学习优质网课。最后,农村教师需要提升法律素质。近些年来,关于农村教师违法犯罪的事件见诸网络，引发各界对农村教师道德与法律素质的探讨。农村留守儿童多，学生的心理成长面临着更多挑战。农村教师要在遵守法律法规的前提下，关注学生的健康发展，推动农村义务教育的进步。

2. 加快农村义务教育现代化建设

农村义务教育现代化建设包括教育设备现代化、教育内容现代化、教育管理现代化等内容，是缩小城乡义务教育差距的重要途径，是农村学生提高适应时代发展的素质的主要方式。

第一，增加农村义务教育资金投入。农村专项教育资金的投入是农村义务教育发展的物质保障，农村学校设备更新、教育现代化建设等都离不开教育资金。从1996年至2017年，农村义务教育阶段学校生均预算内教育事业费支出和生均预算内公用经费支出不断增加，但与城镇学校相比，农村义务教育发展还需更多的资金投入。第二，配置现代化教学设备。在财政部门经费支持和社会组织资助下，农村学校通过建立校园网、安装多媒体教学设施不断完善现代化教学网络，为学生接受现代化教育、教师开展现代化教学提供硬件基础。第三，更新学校教学目标。农村义务教育管理过于行政化，教学目标单一化，不利于调动一线教师的积极性，抑制了学生兴趣爱好的发展，使学校在调整、发展的过程中承受过多压力。农村义务教育作为基础教育，目的是提高学生的综合素质。农村学校可根据地方特色和已有条件，开展适合学生的特色课程或活动，激发学生的创造力，促进学生的能力发展。

3. 转变农村义务教育观念

目前，农村义务教育入学率得到快速提高，但近几年来，农村义务教育辍学率略有上升，这意味着部分学生在尚未完成基础教育的情况下就已结束学业、走入社会工作。分析出现这一现象的原因，与学生家庭及成长氛围息息相关。我国农村家庭劳动力外出务工，子女与父母缺乏必要且关键的教育交流；部分学生为了尽早改善家庭经济状况选择辍学打工；农村传统的"读书无用"观念尚未根除；心智发展不成熟的学生难以抵御外界的物质诱惑。无论是学生、家长还是农村邻里乡亲的教育观念都需要与时俱进，抛弃落后的想法。

最关键的是农村义务教育阶段学生要提高自身受教育意识，培养强烈的学习兴趣,发挥自身的特长,提高辨别是非的能力,提升自己的综合素质,树立远大的理想与抱负并为之努力。家长是学生的第一任教师,家长的教育观念是农村学生接受教育的主要影响因素。通过与家长进行深入沟通,了解家长的教育观念,转变家长的性别偏见、唯利益论等想法。对于家庭经济情况较差的学生,学校、政府和社会组织及个人可提供相应的奖助学金支持。农村居民要自发形成良好的风气,拒绝进行违法犯罪活动,积极宣传社会主义核心价值观,为农村受教育学生营造积极向上的环境。

4. 加强农村学生安全保障

农村义务教育阶段学生的安全保障涉及多个方面,如食品安全、校舍安全、饮水安全、交通安全、卫生安全等,农村学校及相关部门有义务为学生的安全保障提供服务。与城镇义务教育阶段的学校安全保障服务供给相比,农村地区还有很多需要改进的地方。

第一,改善学校安全保障条件。农村学校通过改造或重建校舍危房、更新饮水设备、规范用电、提高食品采购标准、加强管理实验用器材等方式提高校内建筑、设备设施质量。第二,提高学生安全意识和应变能力。一方面,学校和家长要及时对学生进行安全教育,在日常活动中培养学生的安全意识。另一方面,学生在生活和学习中增强安全意识,锻炼面对危险时的处理能力。第三,社会组织和个人积极参与农村学生安全保障行动。社会组织和个人在条件允许时,可向学校或学生提供安全保障设备或方法。在保障自身合法权益的同时,发现涉及农村学生安全的情况及时灵活处理,并向有关部门提出意见或建议。农村学生的安全保障离不开学校、学生及学生家庭、社会各界的慎重对待、通力合作。

(六)深入推进农村精准扶贫战略

优化"以人民为中心"的农村公共产品与服务供给模式需要深入推进农村精准扶贫战略。当前,农村精准扶贫工作已被规划到"五位一体"总体布局和"四个全面"战略布局中去,而扶贫工作的成败与小康社会的建成密切相关,离确立的2020年全面建成小康社会目标也仅剩不到2年的时间,农村扶贫开发工作进入了无比重要的攻坚阶段,因此,必须深入推进农村精准扶贫战略。

1. 完善贫困户动态识别机制

为解决农村扶贫对象也就是"为了谁"的问题，第一步要做好精准识别。根据各地区的实际情况划定贫困线，明确贫困等级，通过实地调查来确定贫困户，基于公平、公正的原则来开展贫困户建档立卡工作，为下一步精准实施政策、精准脱贫提供牢固的基础。与此同时，对于贫困户和非贫困户都要开展动态贫困跟踪，不定期识别和审核农户贫困情况；对于新出现的贫困户要重点关注，第一时间纳入贫困帮扶行列；对于成功脱贫的原贫困户要及时取消贫困帮扶措施，并且要研究分析贫困户实现脱贫、非贫困户返贫现象存在的规律，真正意义上了解贫困状况，为真正扶贫、扶真正的贫提供前提条件。

2. 培育贫困户脱贫内生动力

如果想要扶贫，必须先要扶志，也就是首先要在思想上树立脱贫意识，消除贫困意识，才能有脱贫的行动。当前，部分贫困地区存在贫困人员扶不起来，富不起来，甚至越扶持、越贫困的情况，根本原因在于这部分贫困人员思想落后，心理上认为自己怎么做也富裕不起来，同时也没有吃苦耐劳的精神和人穷志不短的信念。因此，针对这些贫困人员，首先要帮助他们树立脱贫的坚定信念，加强思想道德建设，提高广大贫困人员脱贫致富的积极性，增强自主实践的能力，帮助贫困户先从思想上脱贫，再从实质上脱贫。只有通过这种途径，才能让贫困户相信只有利用自己的双手，才能脱离贫困的境况。不然，只依赖政府"输血"，而贫困户自己不"造血"，只能出现越扶越穷的后果。与此同时，政府还要改进政策设计，制定鼓励贫困人员积极主动脱贫的政策，并将这些政策信息普及到广大人民群众中去。除普遍惠及式措施之外，还可以加入竞争机制，针对贫困户的脱贫行动，多干就多奖励，少干就少奖励，让那些想要别人将小康送上门的贫困人员行动起来，最大限度地调动他们的脱贫主动性和积极性。

3. 深度推进多途径精准脱贫

健全精准扶贫、精准脱贫工作机制，做好精准扶贫、精准脱贫的基础性工作。将大数据推广到精准扶贫工作中来，不断改良建档立卡台账，对贫困地区和贫困人员进行动态跟踪。根据不同地区的特色、不同农户的实际情况，实施不同的针对性政策措施。在实践中摸索多样化的脱贫致富之路，支持旅游脱贫、科技脱贫、特色产业脱贫、光伏脱贫、电商脱贫、教育脱贫、健康脱贫、就业转移脱贫、农村公共基础设施建设等重大工程。将贫困地区的道路建设、危房改造建设放在优先考虑的位置，提高贫困区域公共服务水平。同时，推动省际合作扶贫、区际合作扶贫、省直单位定点帮扶工作的开展，促进扶贫合作对接工作的精准化，鼓励帮扶地区的企业产业主动向被帮扶地区转移。

4. 重点关注和攻克深度贫困

重点关注深度贫困县和所有深度贫困村，深入开展脱贫攻坚行动。从强化政府领导、推进党内建设、完善监督机制等方面入手，将各类扶持政策落到实处。明确基层政府的职责，增加脱贫攻坚公共财政投入，并优先将资金和相关措施向深度贫困地区倾斜。同时，加快深度贫困地区公共基础设施建设的步伐，完善基本公共服务设备，发展具有鲜明特色的产业，加强基层自治组织建设，改善贫困地区生态环境，在实质上提高深度贫困地区居民的生活和生产水平。还可以选聘专门工作人员前往深度贫困地区开展工作，做到他们的帮扶工作能让贫困户满意。加强对深度贫困地区工作人员的培训，鼓励各领域人才向深度贫困地区转移，促使深度贫困地区的人民群众早日迈进全面小康。

（七）巩固和扩大脱贫攻坚成果

尽快建立和完善解决相对贫困的体制机制，不断促进贫困地区经济社会发展，健全贫困区域公共服务体系，强化贫困地区"造血"能力。在乡村振兴战略的指导下，深入推进生态宜居搬迁项目，巩固易地扶贫搬迁成就。增强贫困地区居民的内在驱动力，不仅要扶贫，而且要扶志，逐渐摆脱精神上的贫困状态。在贫困县、贫困村、贫困户顺利脱离贫困之后，采用"脱帽不脱政策"的方式，在脱贫后的一段时间内仍然要继续实行相关政策，以防止返贫现象的发生。要将帮扶制度和贫困人员的参与结合起来，提高贫困人员从事生产活动的能力，宣扬劳动光荣、脱贫光荣的理念。同时，要认真总结各地区的精准扶贫、精准脱贫的经验教训，构建推动贫困县、贫困村、贫困户逐步脱贫、避免返贫的长效机制。

第七章

基本结论与研究展望

第一节 基本结论

完善农村公共产品与服务供给模式，对于推进城乡公共产品与服务供给均等化、一体化，促进城乡统筹发展，实现全面建成小康社会和社会主义现代化强国的宏伟目标具有极为重要的意义。本书在系统整理国内外相关研究成果基础上提出了建构"以人民为中心"的农村公共产品与服务供给模式，从社会主要矛盾转变的视角系统梳理了我国农村公共产品与服务供给模式的历史演变，对我国农村公共产品与服务供给现状进行了深入分析，并以农村养老保险为例运用双层效率评价方法系统测算并分析了农村公共产品与服务供给绩效，提出了通过供给侧改革优化"以人民为中心"的农村公共产品与服务供给模式，得出了一系列重要的观点与结论。

一、建构"以人民为中心"的农村公共产品与服务供给模式是政府的时代性使命

提供公共产品与服务是现代政府的本质职能。现代政府的本质特征体现为公共性，社会主义国家政府组织的公共性更为突出，这使其明显区别于封建时代"普天之下，莫非王土；率土之滨，莫非王臣"的政府私有属性。政府的公共性，要求政府的产生和存在必须维护公共利益，实现公共目标。政府的公共性最直接地体现为向公众提供公共产品与服务。无论是亚当·斯密提出的政府三职能论①，还是世界银行提出的现代政府的五职能论②，政府职能均可概括为提供"公共产品与服务"。由此可见，改进农村公共产品与服务供给模式是社会主义国家政府职能的题中之义，是夯实政府合法性基础的必然要求。

社会主要矛盾决定了政府基本职能的内容。在我国历史发展长河中，不同社会发展阶段的主要矛盾决定了政府提供公共产品与服务的侧重点不同。封建时期政府的一切制度安排和政府管理都是为了维护以皇帝为代表的封建地主阶级的政治统治，是为以皇帝为核心的统治阶级提供私人服务的，广大农民都是被统治、被压迫和被剥削的对象，政府没有公共服务制度安排。当然，在实际的政府管理过程中，客观上农民享受的微弱的公共产品与服务是政府为统治阶级提供私人服务的派生品。辛亥革命推翻了我国两千多年的封建王朝统治，建立了"中华民国"政府。同时，它也终结了以往的"皇权不下县"的管理模式，在县级以下正式设立乡镇政府，并且针对农村地区采取相应的村级自治管理，至此，农村公共产品与服务供给开始有了正式的合法机构进行管理。但无论是民国政府还是各地割据的军阀力量，它们的首要目标是要维护并扩大自身统治，由于战争不断导致军事方面的开支占据了该时期政府财政支出的绝大部分，剩余的少部分财政则主要用于行政支出以及城市发展，再加上外债的压力，微薄的政府财力无力支撑农村公共产品与服务供给。自1949年新中国成立之后，社会主义政权的建立使得广大人民的社会地位大大提高，真正成了国家和社会的主人，为人民服务成了党和政府的宗旨，为广大人民群众提供公共产品和服务也就成了各级政府职能的题中之义。在新中国成立以来的不同阶段，社会主要矛盾分别由"人民大众同帝国主义、封建主义和国民党残余势力之间的矛盾""无产阶级同资产阶级的矛盾"，转变为"人民日益增长的物质文化需要同落后的社会生产之间的矛盾""人民日

---

① 亚当·斯密在《国富论》中提出政府职能体现在三个方面：一是"保护本国的社会安全，使其不受其他社会的暴行与侵略"；二是"保护人民不使社会中任何人受其他人的欺侮和压迫"；三是"建设并保护某些公共事业及某些公共设施"。

② 1997年，世界银行就在其《世界发展报告》中明确提出每个国家的政府核心使命即现代政府的五项最基本职能是确定法律基础、保持一个未被破坏的政策环境、投资于基本的社会服务和社会基础设施、保护弱势群体和保护环境。

益增长的美好生活需要和不平衡不充分的发展之间的矛盾"。与此相适应，政府职能的侧重点也有差异，农村公共产品与服务供给模式的历史演变经历了"以政治为中心""以经济为中心"和"以人民为中心"三个发展时代相应供给模式的演进。

党的十九大报告提出"我国社会主要矛盾已经转化为人民日益增长的美好生活需要和不平衡不充分的发展之间的矛盾"，这标志着中国特色社会主义进入新时代，同时也标志着中国农村公共产品与服务供给模式将转变为满足"人民日益增长的美好生活需要"的"以人民为中心"的农村公共产品与服务供给模式。"以人民为中心"的农村公共产品与服务供给模式是新中国成立后"以政治为中心"发展时代的农村公共产品与服务供给模式和"以经济为中心"发展时代的农村公共产品与服务供给模式的升级和升华，是因长期被忽视的农村居民多方面需求，促进其全面发展和推动农村社会全面进步的客观要求，是农村公共产品与服务供给"人民性"的价值回归，是新时代中国特色社会主义发展的具体内容。

二、农村公共产品与服务优先安排是新时代实现乡村全面振兴战略的重要保障

社保、教育、医疗等公共产品与服务供给水平差异是当前我国城乡差距的最突出表现。坚持农业农村优先发展，是新时代实现乡村全面振兴战略的重要举措。要坚持农业农村优先发展，就必须在农村公共产品与公共服务上优先安排，让农民共享国家经济社会发展的红利。

尽管农村公共产品与服务供给水平大大提高，但城乡公共产品与服务差距依然巨大，工业反哺农业、城市反哺农村的体制机制尚待破局，公共产品与服务的城乡统筹"均衡供给"机制还未迈出实质性步伐，农村公共产品与服务体系整体上落后于经济社会发展水平，难以满足新时代农民对美好生活的新需求。要实现全面建成小康社会和全面建设社会主义现代化国家的宏伟目标，必须采取优先之策、非常之举，在农村公共产品与服务上优先安排，包括在农村公共产品与服务上进行顶层设计，统筹规划；在公共产品与服务资金供给上要纠正公共财政的城市偏向，在数量和比例上要向农业农村倾斜，

做到新增公共事业经费主要用于农村,建立贫穷落后地区农村公共产品与服务专项转移支付机制;创新农村公共产品与服务优先安排的体制机制,着力建构和完善工业反哺农业、城市反哺农村的"长效带动"机制和城乡统筹发展的"均衡供给"机制;完善农村公共产品与服务体系,在关乎农民的获得感、幸福感、安全感的重点领域取得突破,实现"学有所教""病有所医""老有所养";强化政府在农村公共产品与服务上的主体责任,促进政府相关职能更多向乡村延伸、向农民倾斜,同时激发企业、社会组织、农村社区、社会贤达与农民自身等参与农村公共产品与服务供给的热情,逐步建构起"政府主导、多元协同"的供给格局。

三、"以人民为中心"农村公共产品与服务供给模式效率评价必须兼顾双重逻辑

农村公共产品与服务供给综合绩效是供给侧(政府)和需求侧(农户)双向互动的结果。一方面,评价农村公共产品与服务供给绩效高低要看政府农村公共产品与服务投入产出效率。农村公共产品与服务主要来源于公共财政和农村居民的自我供给,供给总量不足历来就是农村公共产品与服务供给存在的主要问题,究其原因在于公共财政投入不足及公共资源的稀缺性。同时,公共财政主要来源于广大公民。农村公共产品与服务供给绩效不能通过"撒胡椒面""大水漫灌"的方式取得,必须追求稀缺的公共资源配置效用最大化,把有限资源用于真正需要公共资源支持的农村公共产品与服务项目,即"好钢用在刀刃上"。对政府而言,农村公共产品与服务供给绩效评价遵循的是效率逻辑,要求效果精准,达到"少花钱、多办事、办好事"的目的。另一方面,评价农村公共产品与服务供给绩效必须考察农户对其效用的感知。农村公共产品与服务供给绩效高不高,不能自说自话,要让当地群众自己来评价,衡量农村公共产品与服务供给绩效需要看农户"满意不满意"。要准确评价农村公共产品与服务供给绩效必须对供给侧投入产出效率和需求侧满意度两个层面进行综合分析。

四、深化农村公共产品与服务供给侧改革是满足人民美好生活需要的战略举措

在中国特色社会主义建设的新时代，我国社会主要矛盾已经转化为人民日益增长的美好生活需要和不平衡不充分的发展之间的矛盾。随着经济与社会的发展，人们的需要已经从物质产品短缺阶段对衣、食、住、行等基本生活需要转变为更好的医疗卫生服务、更好的教育公共服务、更好的社会保障等美好生活需要，而且更为渴求在民主、法治、公平、正义、安全、环境等方面的需要，这些需要大多属于公共产品与服务范畴。作为"满足人民日益增长的美好生活需要""供给侧"的各级政府，必须深化"供给侧改革"，才能解决公共产品与服务供给"不平衡不充分"的问题，才能满足全体人民日益增长的美好生活需要。

筚路蓝缕，中国农村随着经济社会的高速发展而发生了翻天覆地的变化：惠农支农政策落地实施、脱贫攻坚取得重大进展、农村教育事业发展迅速、农村社会保障体系逐步健全等。新时代广大农村居民的生活水平大大提高，同时对美好生活的向往也更加强烈。深化"供给侧改革"着力解决农村公共产品与服务供给"不平衡不充分"问题，建构和完善"以人民为中心"的农村公共产品与服务供给模式是新时代抓重点、补短板、强弱项的战略性举措，着力丰富供给主体结构、优化供给内容结构、创新供给方式结构，逐步形成"党的领导、政府主导、多元协同、需求导向、协调发展"的供给格局，为"以人民为中心"的农村公共产品与服务供给模式的落地生根提供机制保障。

第二节　研究展望

建构与实施"以人民为中心"的农村公共产品与服务供给模式是新时代党和政府把人民利益摆在至高无上的地位，让改革发展成果更多更公平惠及全体人民，带领人民创造美好生活的一项伟大事业。加强"以人民为中心"的农村公共产品与服务供给模式理论研究正当其时，尚有相当大的理论空间亟待我们去探索，亦面临着诸多挑战有待给我们去攻克。笔者认为在"以人

民为中心"的公共产品与服务供给的相关研究方面,未来可能的研究方向和领域,主要集中在以下方面。

一、"以人民为中心"的农村公共产品与服务供给模式的丰富化研究

人民的美好生活需要是当前和今后政府工作的出发点和归宿,提供公共产品与服务是现代政府的本质职能,公共产品与服务供给必须围绕"满足人民美好生活需要"来展开。本书所研究的"以人民为中心"的农村公共产品与服务供给模式是一切满足人民美好生活需要的供给模式的统称,是一种宏观的抽象的供给模式,强调的是在社会主要矛盾转变背景下政府农村公共产品与服务供给划时代性的战略转变。

在现实中,随着经济社会的发展和时代的进步,广大农村居民的美好生活需要呈现出多层次、多样化和个性化的特点,而且不同地区的资源禀赋差异较大,社情民情不同,发展进程不同,必然要求因地制宜、因时制宜地发展"以人民为中心"价值导向下的农村公共产品与服务各种具体供给模式。探索"以人民为中心"的农村公共产品与服务供给的具体模式将是今后此领域研究的一个重要方向,包括从供给主体的角度探索农村公共产品与服务的市场化供给模式、农村公共产品与服务的社会化供给模式、农村公共产品与服务的新乡贤供给模式和农民自我供给模式、公私合作供给模式、多主体协同供给模式等;从公共产品与服务的具体领域和类型的角度探索分领域、分类型供给模式,如各种教育公共服务供给模式、社会保障供给模式、医疗卫生服务供给模式等;从政府责任和资金来源的角度探索央地合作供给模式、府际合作供给模式、转移支付专项供给模式等。通过探索和研究各种供给模式,丰富"以人民为中心"的农村公共产品与服务供给模式,真正满足广大农村居民多层次、多样化、个性化的美好生活需要。

二、"以人民为中心"的农村公共产品与服务供求匹配的精准化研究

人民日益增长的美好生活需要和不平衡不充分的发展之间的矛盾决定了新时代农村公共产品与服务供给必须"以人民为中心"满足人民美好生活需要。但是,在农村公共产品与服务供给实践中存在着一个重大现实矛盾,即

人民需求的无限扩展性和公共资源的稀缺性导致的公共产品与服务供给能力的有限性之间的矛盾。包括农村居民在内的广大人民群众的美好生活需要日益呈现出多层次、多样化、个性化和高质量等发展趋势,这就要求提高农村公共产品与服务的供给效率,尽量实现供给和需求精准匹配,避免供求缺配、错配和低效匹配等现象,增强农村公共产品与服务供给侧改革,实现精准供给,着力解决农村公共产品与服务供给的不平衡不充分问题,确保农村居民的基本公共产品与服务需求,在此基础上尽量满足发展性和改善性需求,促进供给侧与需求侧的相对平衡。因此,探索农村公共产品与服务需求的精准识别、供给主体的精准定位及供给的有效性和精准性是今后此方面研究的重要方向。

三、"以人民为中心"的公共产品与服务均等化、标准化与一体化研究

加强农村公共产品与服务供给体系建设的阶段性目标是实现城乡公共产品与服务均等化。当前,城乡公共产品与服务供给仍存在着农村公共产品与服务供给不足、城乡资源配置不均衡、区域公共产品与服务供给水平差异大等问题,这些都是城乡公共产品与服务供给不平衡不充分的体现,加强农村公共产品与服务供给侧改革的重要方向是,通过抓重点、补短板、强弱项,逐步实现城乡公共产品与服务均等化。党的十九大报告提出,从2020年到2035年,基本公共服务均等化基本实现。今后需要着力加强如下方面的研究:基本公共产品与服务均等化的影响因素、基本公共产品与服务均等化的实现路径、基本公共产品与服务均等化程度的测度及绩效评价等。

实现基本公共服务均等化的关键是推进基本公共服务的标准化。2018年中共中央办公厅、国务院办公厅印发了《关于建立健全基本公共服务标准体系的指导意见》,为加强基本公共服务标准体系建设指明了方向。加强城乡公共产品与服务标准化研究刻不容缓。今后需要着力加强如下方面的研究:一是从人民美好生活需要的层次角度,加强基本公共产品与服务供给标准化和非基本公共产品与服务供给标准化研究;二是从供给过程的角度,加强城乡公共产品与服务的最低标准、转移支付计算标准、公共产品与服务的全面质量管理标准等方面的研究;三是从供给主体的角度,加强政府主导型公共产品与服务供给标准化、市场主导型公共产品与服务供给标准化、社会组织主

导型公共产品与服务供给标准化及其他公共产品与服务供给标准化研究；四是从不同公共产品与服务的领域与类型的角度，加强城乡公共产品与服务的分领域标准化和分类型标准化研究。

加强农村公共产品与服务供给体系建设的终极目标是实现城乡公共产品与服务一体化供给，实现高水平的城乡公共产品与服务均等化，促进城乡公共产品与服务融合发展，不同区域全面可及，基本公共产品与服务体系全方位、多层次综合衔接，人民的美好生活需要得到充分保障。加强城乡公共产品与服务的一体化研究应着力加强如下方面的研究：城乡公共产品与服务一体化顶层设计研究、城乡公共产品与服务一体化体制机制研究、城乡公共产品与服务一体化平台建设、城乡公共产品与服务一体化影响因素研究、城乡公共产品与服务一体化实施路径、城乡公共产品与服务一体化绩效评价等。

四、数字技术赋能"以人民为中心"的农村公共产品与服务供给研究

以大数据、云计算、物联网、区块链和人工智能为代表的新一代数字技术推动了第四次工业革命的加速到来，万物互联、人机协同、群智开放、跨界融合、共创分享成为数字新时代的基本特征。党的十九届五中全会明确提出："加强数字社会、数字政府建设，提升公共服务、社会治理等数字化智能化水平。"当前，我国覆盖城乡的基本公共服务体系已初步建立，但随着社会主要矛盾的变化，公共产品与服务供给不平衡、不充分的问题逐步凸显。如何有效利用新兴数字技术，提升农村公共产品与服务供给的水平和效能，让广大农村居民共享现代新兴技术红利是今后此领域研究的一个重要方向，如结合大数据"5V"（Volume、Velocity、Variety、Value、Veracity）特征，运用大数据助力实现农村公共产品与服务需求的精准化识别；运用人工智能技术赋能实现以循证决策、群体智能、仿真模拟、开放透明为特征的高质量决策；运用区块链技术的泛在化、效率化、精准化、平等参与和合作共赢等优势促进农村公共产品与服务的高质量供给。大数据、人工智能和区块链技术等数字技术在农村公共产品与服务供给方面的赋能机制、路径、模式和经验是今后研究的重要方面。

主要参考文献

一、中文文献

(一) 著作

[1] 奥斯特罗姆. 公共事物的治理之道: 集体行动制度的演进 [M]. 余逊达, 陈旭东, 译. 上海: 上海译文出版社, 2012.

[2] 奥斯特罗姆, 帕克斯, 惠特克. 公共服务的制度建构 [M]. 宋全喜, 任睿, 译. 上海: 上海三联书店, 2000.

[3] 董明涛. 农村公共产品供给机制创新研究 [M]. 长春: 吉林人民出版社, 2013.

[4] 樊宝洪. 乡镇财政与农村公共产品供给研究 [M]. 北京: 中国农业出版社, 2007: 88.

[5] 樊继达. 统筹城乡发展中的基本公共服务均等化 [M]. 北京: 中国财政经济出版社, 2008.

[6] 方堃. 当代中国新型农村公共服务体系研究: 基于"服务三角"模型的分析框架 [M]. 北京: 中国社会科学出版社, 2010.

[7] 冯华艳. 农村公共服务供给研究 [M]. 北京: 中国政法大学出版社, 2015.

[8] 顾晓焱. 农村公共品供给模式研究 [M]. 武汉: 武汉出版社, 2012.

[9] 何建春. 中国农村公共产品供给制度变迁研究 [M]. 南昌: 江西人民出版社, 2011.

[10] 胡洪曙. 中国农村公共产品供给的制度分析与改革路径研究 [M]. 北京：中国财政经济出版社，2006.

[11] 黄东阳. 城镇化进程中农村公共服务供给研究：以福建省为例 [M]. 长春：吉林人民出版社，2016.

[12] 李华. 中国农村：公共品供给与财政制度创新 [M]. 北京：经济科学出版社，2005.

[13] 李燕凌. 农村公共产品供给效率论 [M]. 北京：中国社会科学出版社，2007.

[14] 刘文勇. 新农村公共产品有效供给研究 [M]. 哈尔滨：黑龙江大学出版社，2010.

[15] 龙兴海，曾伏秋，等. 农村公共服务研究 [M]. 长沙：湖南人民出版社，2009.

[16] 吕新发. 农村基本公共服务制度创新：基于均等化目标下的研究 [M]. 北京：光明日报出版社，2012.

[17] 麦金尼斯. 多中心体制与地方公共经济 [M]. 上海：上海三联书店，2000.

[18] 普永贵. 民族自治地方政府合作研究：以公共产品供给为视角 [M]. 昆明：云南民族出版社，2008.

[19] 石义霞. 中国农村公共产品供给制度研究 [M]. 北京：中国财政经济出版社，2011.

[20] 斯蒂格利茨. 经济学 [M]. 北京：中国人民大学出版社，1997.

[21] 斯密. 国富论 [M]. 富强，译. 北京：群言出版社，2015.

[22] 陶勇. 农村公共产品供给与农民负担 [M]. 上海：上海财经大学出版社，2005.

[23] 王国华. 农村公共产品供给与农村和谐社会建设 [M]. 北京：经济科学出版社，2014.

[24] 王乐夫，蔡立辉. 公共管理学 [M]. 北京：中国人民大学出版社，2008.

[25] 王再兴. 农村公共服务概论 [M]. 成都：四川大学出版社，2008.

[26] 吴春梅. 中国农村公共产品供给体制改革研究 [M]. 太原：山西经济出版社，2008.

[27] 徐小青，郭建军. 中国农村公共服务改革与发展 [M]. 北京：人民出版社，2008.

[28] 徐小青. 中国农村公共服务 [M]. 北京：中国发展出版社，2002.

[29] 许莉. 中国农村公共产品政府供给研究：基于政府和农民的分析视角 [M]. 北京：经济管理出版社，2014.

[30] 鄢奋. 农村公共产品供给的问题与对策 [M]. 北京：社会科学文献出版社，2011.

[31] 杨红. 中国农村公共产品特殊论 [M]. 北京：中国税务出版社，2006.

[32] 于水. 乡村治理与农村公共产品供给 [M]. 北京：社会科学文献出版社，2008.

[33] 张秀生. 农村公共产品供给与农民收入增长 [M]. 北京：中国农业出版社，2008.

[34] 张应良，王晓芳，官永彬，等. 农村社区公共产品有效供给与制度创新 [M]. 北京：中国农业出版社，2013.

[35] 赵春江，李江. 新农村建设中公共产品供给问题研究 [M]. 北京：中国财富出版社，2011.

[36] 赵海燕. 基于需求的农村公共产品供给体制研究 [M]. 北京：中国农业出版社，2013.

[37] 赵强社. 城乡基本公共服务均等化制度创新研究 [M]. 北京：中国农业出版社，2015：248.

[38] 朱金鹤. 中国农村公共产品供给：制度与效率研究 [M]. 北京：中国农业出版社，2009.

[39] 中共中央文献研究室. 建国以来重要文献选编：第八册 [M]. 北京：中央文献出版社，1994.

[40] 中共中央文献研究室. 建国以来重要文献选编：第六册 [M]. 北京：中央文献出版社, 1993.

[41] 中共中央宣传部. 习近平总书记系列重要讲话读本 [M]. 北京：学习出版社, 2014.

[42] 中国（海南）改革发展研究院. 中国公共服务体制：中央与地方 [M]. 北京：中国经济出版社, 2006.

（二）期刊

[1] 柏良泽."公共服务"界说 [J]. 中国行政管理, 2008（2）.

[2] 卞琦娟, 朱红根, 张宗毅. 农户新农保政策满意度影响因素分析：以江苏省为例 [J]. 农村经济, 2013（12）.

[3] 财政部财政科学研究所课题组, 赵大全. 从绩效出发确保农村公共产品高效供给 [J]. 经济研究参考, 2008（38）.

[4] 陈东, 张郁杨. 不同养老模式对我国农村老年群体幸福感的影响分析：基于CHARLS基线数据的实证检验 [J]. 农业技术经济, 2015（4）.

[5] 陈晋. 全面深入理解我国社会主要矛盾的变化 [J]. 中国政协, 2018（2）.

[6] 陈俊红, 吴敬学, 周连第. 北京财政支农现状分析及政策建议 [J]. 北京市经济管理干部学院学报, 2007（1）.

[7] 陈朋. 农村公共产品的供给模式与制度设计思考 [J]. 教学与研究, 2006（10）.

[8] 陈润羊, 德国洁. 城乡一体化视野下农村环境治理的困境与出路 [J]. 农业经济, 2018（7）.

[9] 陈巍巍, 张雷, 马铁虎, 等. 关于三阶段DEA模型的几点研究 [J]. 系统工程, 2014, 32（9）.

[10] 成志刚, 曹平. 新型农村社会养老保险满意度研究 [J]. 湘潭大学学报（哲学社会科学版）, 2014, 38（5）.

[11] 崔治文, 毛斐斐, 周毅. 我国农村公共产品供给效率研究：基于DEA和Malmquist指数的实证分析 [J]. 理论探讨, 2013（5）.

[12] 邓大松，李玉娇．制度信任、政策认知与新农保个人账户缴费档次选择困境：基于 Ordered Probit 模型的估计［J］．农村经济，2014（8）．

[13] 邓蒙芝．农村公共物品供给模式及其决定因素分析：基于100个行政村的跟踪调查数据［J］．农业技术经济，2014（3）．

[14] 邓宗兵，张俊亮，封永刚．重庆市农村公共产品供给效率评价和影响因素研究［J］．四川农业大学学报，2013，31（2）．

[15] 董明涛，孙钰．我国农村公共产品供给模式选择研究：基于地区差异的视角［J］．经济与管理研究，2010（7）．

[16] 董明涛，孙钰．我国农村公共产品供给主体合作模式研究［J］．经济问题探索，2010（11）．

[17] 杜威．农村经济发展与财政政策支持［J］．农业经济，2008（2）．

[18] 杜永奎，宋菲．基于城乡一体化的我国农村公共产品投入机制问题研究：以甘南州夏河县为例［J］．绵阳师范学院学报，2014，33（6）．

[19] 方建中．农户参与农村公共服务供给模式研究［J］．江苏行政学院学报，2011（6）．

[20] 冯海波．委托代理关系视角下的农村公共物品供给［J］．财经科学，2005（3）．

[21] 冯林雪．和谐社会视野下的农村公共产品供给机制研究［J］．南方农业，2014，8（24）．

[22] 高宁泽．农村公共产品分类视角下的供给模式探究［J］．行政事业资产与财务，2012（17）．

[23] 何精华，岳海鹰，杨瑞梅，等．农村公共服务满意度及其差距的实证分析：以长江三角洲为案例［J］．中国行政管理，2006（5）．

[24] 何况．增强农村公共产品供给主体活力的思路与对策［J］．成都行政学院学报，2017（5）．

[25] 贺雪峰．论乡村社会的秩序均衡［J］．云南社会科学，1999（3）．

[26] 贺雪峰．乡村秩序与县乡村体制：兼论农民的合作能力问题［J］．江苏行政学院学报，2003（4）．

[27] 胡鞍钢, 杭承政. 论建立"以人民为中心"的治理模式: 基于行为科学的视角 [J]. 中国行政管理, 2018 (1).

[28] 胡芳肖, 张美丽, 李蒙娜. 新型农村社会养老保险制度满意度影响因素实证 [J]. 公共管理学报, 2014, 11 (4).

[29] 胡洪曙. 农村公共产品供给体制的历史演变及对比研究 [J]. 中南财经政法大学学报, 2007 (2).

[30] 胡琴. 农村集体经济组织的法律地位与治理结构探索 [J]. 哈尔滨学院学报, 2018, 39 (12).

[31] 胡绍雨. 我国农村公共产品供给问题研究 [J]. 经济论坛, 2014 (4).

[32] 胡扬名, 罗隽, 李涛. 我国农村公共产品与服务供给效率测度及空间特征研究: 基于面板三阶段 DEA 与 ArcGIS 的实证分析 [J]. 现代农业, 2023, 48 (2).

[33] 胡扬名, 彭子璇. 城乡居民基本养老保险制度实施效果研究: 基于湖南省澧县的调查分析 [J]. 湖南财政经济学院学报, 2017, 33 (3).

[34] 黄俊辉, 李放. 农村养老保障政策的绩效考察: 基于 27 个省域的宏观数据 [J]. 人口学刊, 2013 (1).

[35] 黄薇. 中国保险机构资金运用效率研究: 基于资源型两阶段 DEA 模型 [J]. 经济研究, 2009, 44 (8).

[36] 黄宗智. 集权的简约治理: 中国以准官员和纠纷解决为主的半正式基层行政 [J]. 开放时代, 2008 (2).

[37] 季凯文. 中国生物农业全要素生产率增长特征及行业差异 [J]. 科研管理, 2016, 37 (7).

[38] 贾康, 孙洁. 农村公共产品与服务提供机制的研究 [J]. 管理世界, 2006 (12).

[39] 江必新. 以党的十九大精神为指导加强和创新社会治理 [J]. 国家行政学院学报, 2018 (1).

[40] 江晨玲. 中国农村公共产品供给研究: 基于新公共服务理论视角

[J]. 劳动保障世界, 2018 (17).

[41] 姜岩, 陈通, 窦艳芬. 政府提供农村公共服务过程中的模式选择 [J]. 中国农机化, 2009 (1).

[42] 金峰. 优化我国农村公共产品供给模式的对策建议 [J]. 扬州大学学报 (人文社会科学版), 2010, 14 (3).

[43] 孔繁斌. 多中心治理诠释: 基于承认政治的视角 [J]. 南京大学学报 (哲学·人文科学·社会科学版), 2007 (6).

[44] 孔祥智, 涂圣伟. 新农村建设中农户对公共物品的需求偏好及影响因素研究: 以农田水利设施为例 [J]. 农业经济问题, 2006 (10).

[45] 冷哲, 黄佳民, 仲昭朋. 我国农村公共产品供给效率区域差异研究 [J]. 农业技术经济, 2016 (5).

[46] 李大胜, 范文正, 洪凯. 农村生产性公共产品供需分析与供给模式研究 [J]. 农业经济问题, 2006 (5).

[47] 李放, 黄阳涛. 农民对新农保满意度影响因素的实证研究: 以江苏三县为例 [J]. 晋阳学刊, 2011 (6).

[48] 李锦伟. 论明清商人供给农村公共产品的模式和目的 [J]. 商业时代, 2011 (10).

[49] 李丽莉, 张忠根. 农村公共产品供给的影响因素与经济效应: 国内研究进展与深化 [J]. 西北农林科技大学学报 (社会科学版), 2019, 19 (1).

[50] 李羚. 公共绩效考验政府服务的质量: 从农村公共产品供给不足谈起 [J]. 经济体制改革, 2004 (6).

[51] 李明强, 王一方. 多中心治理: 内涵、逻辑和结构 [J]. 中共四川省委省级机关党校学报, 2013 (6).

[52] 李平原, 刘海潮. 探析奥斯特罗姆的多中心治理理论: 从政府、市场、社会多元共治的视角 [J]. 甘肃理论学刊, 2014 (3).

[53] 李然, 冯中朝. 环境效应和随机误差的农户家庭经营技术效率分析: 基于三阶段 DEA 模型和我国农户的微观数据 [J]. 财经研究, 2009 (9).

[54] 李圣军. 农村公共产品的政府供给模式及其演变 [J]. 江汉论坛, 2012 (5).

[55] 李抒望. 坚持人民主体地位是一种执政能力: 学习十八大精神 [J]. 决策咨询, 2013 (1).

[56] 李武, 胡振鹏. 农村公共物品供给模式及对策研究 [J]. 江西社会科学, 2012, 32 (3).

[57] 李晓楠, 孙建芳. 基于国家视角的村庄公共产品供给模式转变分析 [J]. 农村经济, 2011 (11).

[58] 李燕凌. 基于 DEA-Tobit 模型的财政支农效率分析: 以湖南省为例 [J]. 中国农村经济, 2008 (9).

[59] 李燕凌. 农村公共产品供给侧结构性改革: 模式选择与绩效提升: 基于5省93个样本村调查的实证分析 [J]. 管理世界, 2016 (11).

[60] 李燕凌. 农村公共品供给效率实证研究 [J]. 公共管理学报, 2008 (2).

[61] 李燕凌, 欧阳万福. 县乡政府财政支农支出效率的实证分析 [J]. 经济研究, 2011, 46 (10).

[62] 李燕凌, 曾福生. 农村公共品供给农民满意度及其影响因素分析 [J]. 数量经济技术经济研究, 2008 (8).

[63] 梁燕. 顾客满意度研究述评 [J]. 北京工商大学学报 (社会科学版), 2007 (2).

[64] 凌文豪. 新型农村社会养老保险参保行为的影响因素研究: 基于河南省首批21个试点的调研 [J]. 社会主义研究, 2013 (6).

[65] 刘桂瑛, 王韬. 医疗顾客满意度指数测评理论模型研究 [J]. 中国卫生质量管理, 2005 (4).

[66] 刘鸿渊. 农村税费改革与农村公共产品供给机制 [J]. 求实, 2004 (2).

[67] 刘天军, 唐娟莉, 霍学喜, 等. 农村公共物品供给效率测度及影响因素研究: 基于陕西省的面板数据 [J]. 农业技术经济, 2012 (2).

[68] 刘小利. 新形势下农村公共产品供给模式研究 [J]. 商业时代, 2009 (36).

[69] 刘晓玲, 屠堃泰. 城乡居民基本养老保险基金运行效率评价 [J]. 统计与决策, 2017 (12).

[70] 刘自敏, 张昕竹, 杨丹. 我国省级政府卫生投入效率的时空演变: 基于面板三阶段 DEA 模型的分析 [J]. 中央财经大学学报, 2014 (6).

[71] 刘祖云, 韩鹏云. 乡村社区公共品供给模式变迁: 历史断裂与接合: 基于乡村秩序演进的理论视角 [J]. 南京农业大学学报 (社会科学版), 2012, 12 (1).

[72] 吕健丞, 刘志刚, 石畅. 湖南农村公共产品供给制度存在的问题及其成因分析 [J]. 湖南农业科学, 2009 (9).

[73] 罗贝宁, 邓胜利. 用户满意度理论发展与应用研究 [J]. 图书情报工作, 2005 (4).

[74] 罗登跃. 三阶段 DEA 模型管理无效率估计注记 [J]. 统计研究, 2012, 29 (4).

[75] 马海超, 王春朝, 李浩民. 基于 Malmquist 模型的我国基本养老保险效率研究 [J]. 现代管理科学, 2017 (10).

[76] 欧阳辰晨, 王敏. 农村公共产品供求均衡化路径探析 [J]. 重庆科技学院学报 (社会科学版), 2015 (3).

[77] 彭锻炼. 财政分权与地区社会保障服务绩效: 基于空间计量的实证分析 [J]. 中央财经大学学报, 2016 (8).

[78] 彭正波, 王凡凡. 农村制度变迁、公共产品供给演变与农村社会组织发展 [J]. 农业经济, 2018 (2).

[79] 戚学祥. 组织竞争视角下农村公共产品供给的理论基础及其模式转变 [J]. 安徽农业科学, 2011, 39 (18).

[80] 秦颖. 论公共产品的本质: 兼论公共产品理论的局限性 [J]. 经济学家, 2006 (3).

[81] 邱均平, 温芳芳. 作者合作程度与科研产出的相关性分析: 基于

"图书情报档案学"高产作者的计量分析[J].科技进步与对策,2011,28(5).

[82] 邱均平.信息计量学(六)第六讲文献信息作者分布规律:洛特卡定律[J].情报理论与实践,2000(6).

[83] 曲延春.供给侧改革视域下的农村公共产品供给[J].行政论坛,2017,24(3).

[84] 曲延春.四维框架下的"多元协作供给":农村公共产品供给模式创新研究[J].理论探讨,2014(4).

[85] 饶蕊,耿达.文化扶贫的内涵、困境与进路[J].图书馆,2017(10).

[86] 任中平,张振雪.党内"一把手"体制的由来、危害与治理[J].江苏行政学院学报,2012(3).

[87] 盛荣.关于农村公共产品与服务研究现状的思考[J].中国农业大学学报(社会科学版),2004(3).

[88] 史书侠,李海亮,杨华.2005—2010年《情报科学》刊出论文作者分析[J].情报科学,2012,30(2).

[89] 宋艳波.提高农村社区公共产品供给水平的路径探析[J].经济研究参考,2014(47).

[90] 苏宗敏,王中昭.人口老龄化背景下中国基本养老保险支出水平的探析[J].宏观经济研究,2015(7).

[91] 孙涛,张佳滢,孙全胜,等.社会医疗保险公众满意度测评指标体系的构建[J].卫生经济研究,2009(4).

[92] 谭琪.我国中部地区农村公共物品供给创新模式研究:基于河北保定安新实地调研[J].云南财经大学学报,2008(5).

[93] 谭晓旭.共享发展理念下的农村公共产品供给:困境与路径[J].延边党校学报,2016,32(4).

[94] 唐晓波,叶珍芳.国内社会化媒体研究现状:基于文献计量分析[J].情报科学,2015,133(12).

[95] 陶希东. 英国大伦敦地区公共服务供给侧改革的经验与启示 [J]. 国家行政学院学报, 2018 (6).

[96] 汪杰贵, 裴志军, 张俊华. 以农民满意为导向的农村公共服务多元化协同供给模式研究 [J]. 农村经济, 2012 (1).

[97] 汪旭, 刘桂芝. 农户参与农村公共产品供给: 方式、前提条件与实现路径 [J]. 湖湘论坛, 2014, 28 (5).

[98] 王翠琴, 薛惠元, 龙小红. 新型农村社会养老保险政策绩效的评估 [J]. 统计与决策, 2014 (19).

[99] 王景新, 郭海霞. 村落公共产品供给机制的历史演变与当代创新 [J]. 农业经济问题, 2018 (8).

[100] 王俊敏. 经济学视角下的农村水环境治理 [J]. 学海, 2016 (6).

[101] 王谦, 李超. 基于三阶段DEA模型的我国财政支农支出效率评价 [J]. 财政研究, 2016 (8).

[102] 王谦, 张兴荣. 基于DEA-Tobit模型的财政支农支出效率评价与影响因素: 以山东省为例 [J]. 系统工程, 2017, 35 (4).

[103] 王夏晖, 王波, 王金南. 面向乡村振兴农村环保面临的挑战与对策 [J]. 中国农村科技, 2018 (2).

[104] 王晓洁, 王丽. 财政分权、城镇化与城乡居民养老保险全覆盖: 基于中国2009—2012年省级面板数据的分析 [J]. 财贸经济, 2015 (11).

[105] 王兴伦. 多中心治理: 一种新的公共管理理论 [J]. 江苏行政学院学报, 2005 (1).

[106] 王雪梅. 地方政府多中心治理模式探析 [J]. 人民论坛, 2011 (14).

[107] 王彦平. 我国农村公共产品供给存在的问题、成因及解决对策 [J]. 理论探讨, 2015 (6).

[108] 王悦. 农村社会保障满意度及其影响因素分析: 基于辽宁省沈阳市沈北新区306户农民家庭的调查 [J]. 社会保障研究, 2015 (2).

[109] 王增文, AOTOINETTE H. 养老保险资源的投入产出的效率评估:

来自中国31省市的数据［J］．南京财经大学学报，2013（4）．

［110］文建东，付姗姗．中国供给侧改革背景下的经济增长潜力研究［J］．学术研究，2018（10）．

［111］吴春梅，高韧．农业技术类公共品供给的等次分析与供给模式探索［J］．科学学与科学技术管理，2003（9）．

［112］吴永明，许莉．农村公共产品供给模式选择实证分析：基于经济发展阶段的判断［J］．价格月刊，2014（4）．

［113］吴玉锋，周嘉星，伍勇．期望确认度与城乡居民养老保险制度忠诚度关系实证研究［J］．西北大学学报（哲学社会科学版），2018，48（6）．

［114］肖云，刘培森．新型农村社会养老保险满意度影响因素分析［J］．经济体制改革，2011（5）．

［115］谢治菊．论风险社会下西部少数民族农村公共产品供给模式创新［J］．前沿，2010（21）．

［116］熊禄全，张玲燕，孔庆波．农村公共体育服务供给侧改革治理的内在需求与路径导向［J］．体育科学，2018，38（4）．

［117］熊巍．我国农村公共产品供给分析与模式选择［J］．中国农村经济，2002（7）．

［118］熊兴，余兴厚，王宇昕．推进基本公共服务领域供给侧结构性改革的路径择定［J］．当代经济管理，2019，41（1）．

［119］徐崇波．基于DEA的我国农村公共产品供给绩效评价研究［J］．财政研究，2010（10）．

［120］许春淑．我国养老保险制度绩效评价：基于因子分析法的实证研究［J］．经济问题，2012（6）．

［121］许莉，万春．农村公共产品供给制度的路径变迁及现实选择［J］．社会科学辑刊，2009（2）．

［122］许志龙，汪彬．基于居民满意度的城乡社会养老保险制度实施绩效评估：以浙江宁波为例［J］．农村经济，2013（5）．

［123］鄢奋．我国农村公共产品质量及其保障问题探析［J］．福建师范

大学学报（哲学社会科学版），2013（4）.

［124］闫小斌，段小虎，贾守军，等. 超越结构性失衡：农村公共文化服务供给驱动与需求引导的结合［J］. 图书馆论坛，2018，38（6）.

［125］杨辉，李翠霞. 农村公共产品供给的效率问题研究：基于黑龙江省13地市面板数据分析［J］. 云南民族大学学报（哲学社会科学版），2013，30（6）.

［126］杨小燕，申俊龙. 江苏省新型农村合作医疗补偿机制的满意度测评［J］. 中国卫生事业管理，2008，25（11）.

［127］杨晓黎. 税费改革与农村公共品供给分析［J］. 中共济南市委党校学报，2004（2）.

［128］杨秀玲，魏岩，赵文通. 我国基本养老保险制度运行绩效评价［J］经济研究参考，2014（52）.

［129］杨阳."四位一体"格局下农村公共文化资源整合初探：以吴江区图书馆为例［J］. 上海文化，2013（12）.

［130］杨志安，邱国庆. 农村公共产品供给碎片化与协同治理：以辽宁省为例［J］. 长白学刊，2016（1）.

［131］姚林香，车文军. 农村公共产品供给方式单一化的成因及改进措施［J］. 农业经济，2004（6）.

［132］姚林香，欧阳建勇. 我国农村公共文化服务财政政策绩效的实证分析：基于DEA-Tobit理论模型［J］. 财政研究，2018（4）.

［133］叶文辉，姚永秀. 新农村建设中公共产品供给模式研究：以云南为例［J］. 经济问题探索，2009（5）.

［134］叶子荣，刘鸿渊. 农村公共产品供给制度：历史、现状与重构［J］. 学术研究，2005（1）.

［135］余凌. 我国农村生产性公共产品投入效果评价及政策建议［J］. 农村经济，2012（4）.

［136］詹建芬. 农村公共产品短缺中的地方政府行为理性分析［J］. 浙江社会科学，2007（2）.

[137] 张菊梅. 美国公共服务改革及其对中国的启示 [J]. 电子科技大学学报（社会科学版），2014, 16 (2).

[138] 张倩, 蔡文伯. 基于文献计量分析的现代大学制度研究 [J]. 高教探索, 2014 (2).

[139] 张天学, 阚培佩. 我国农村公共文化产品供给制度的历史演变及其启示 [J]. 哈尔滨商业大学学报（社会科学版），2012 (4).

[140] 张婉金. 农村公共服务体系构建对策研究 [J]. 乡村科技, 2018 (25).

[141] 张文, 呼连焦. 城乡二元结构下农村公共产品的供给困境与化解 [J]. 理论与现代化, 2014 (3).

[142] 张学梅. hm 指数：对 h 指数的修正 [J]. 图书情报工作, 2007 (10).

[143] 张益丰, 刘东. 农村微观组织架构跃迁与准公共产品供给模式创新：基于山东农村综合性合作社发展经验的实证分析 [J]. 中国农村观察, 2011 (4).

[144] 张泽胜. 基于藏区农牧民满意度视角的新农保制度实施绩效研究 [J]. 地方财政研究, 2014 (12).

[145] 张志刚, 高全梅. 城市反哺农村公共物品供给模式探讨 [J]. 党政干部学刊, 2009 (11).

[146] 郑丽, 张勇. 农村公共体育服务供给侧改革协同治理路径研究 [J]. 沈阳体育学院学报, 2016, 35 (3).

[147] 周红梅, 李明贤. 基于 DEA 模型的湖南省财政支农支出效率评价 [J]. 农业现代化研究, 2016, 37 (2).

[148] 周敏. 乡村振兴背景下农村公共文化服务供给模式研究 [J]. 辽宁行政学院学报, 2019 (1).

[149] 周绍斌, 高林. 农村公共品供给演变的制度分析：基于历史制度主义的解释 [J]. 浙江师范大学学报（社会科学版），2016, 41 (1).

[150] 周卫卫. 农村公共产品供给的现状及其方式转换探析 [J]. 怀化

学院学报，2016，35（1）.

[151] 朱国锋，王齐（女奉）. 我国高等教育顾客满意度指数体系的建构［J］. 大连海事大学学报（社会科学版），2003（4）.

[152] 朱玉春，唐娟莉，罗丹. 农村公共品供给效果评估：来自农户收入差距的响应［J］. 管理世界，2011（9）.

[153] 朱玉春，唐娟莉. 农村公共品投资满意度影响因素分析：基于西北五省农户的调查［J］. 公共管理学报，2010，7（3）.

[154] 卓越. 公共部门绩效评估的主体建构［J］. 中国行政管理，2004（5）.

（三）其他

[1] 胡扬名. 协调发展是可持续发展的要求［N］. 湖南日报，2015-11-17（15）.

[2] 张晔，贾晨婧. 二十亿亩耕地一半是"望天田"：专家：大力推广节水灌溉［N］. 农业科技报，2018-09-03（2）.

[3] 陈颖，吴娜伟，王亚男. 促进城乡环保融合推动乡村振兴［N］. 中国环境报，2018-03-29（3）.

[4] 查向丽. PPP模式在城乡公共服务均等化中的应用［D］. 杭州：浙江大学，2012.

[5] 李晓宁. 基于公共产品供给的农村环境污染问题研究［D］. 郑州：河南大学，2017.

[6] 杨琦涵. 迈向服务型政府：从公共服务供给改革出发［D］. 北京：中共中央党校，2016.

[7] 何晖. 新型农村社会养老保险制度农民满意度评价［C］//湖湘公共管理研究（第四卷）. 湘潭：湘潭大学公共管理学院，2013.

[8] 取消农业税［EB/OL］. 中国政府网，2006-03-06.

[9] 经济日报评论员. 推进农业农村发展重在"优先"［EB/OL］. 中国政府网，2019-02-20.

[10] 交通运输部. 关于印发农村公路养护管理暂行办法的通知［R］. 交

公路发〔2008〕43号.

二、英文文献

期刊

[1] PRIOR D, SURROCA J. Performance Measurement and Achievable Targets for Public Hospitals [J]. Journal of Accounting, Auditing&Finance, 2010, 25 (4).

[2] WORTHINGTON A. Performance Indicators and Efficiency Measurement in Public Libraries [J]. Australian Economic Review, 1999, 32 (1).

[3] DONG X Y. Public Investment, Social Services and Productivity of Chinese Household Farms [J]. Journal of Development Studies, 2000, 36 (4).

[4] BUCHANAN J M. An Economic Theory of Clubs [J]. Economica, New Series, 1965, 32 (125).

[5] FRIED H O, LOVELL C K, SCHMIDT S S, et al. Accounting for Environmental effects and Statistical Noise in Data Envelopment Analysis [J]. Journal of Productivity Analysis, 2002, 17 (1).

[6] JOHNSON M D, GUSTAFSSON A, ANDREASSEN T W, et al. The Evdution and Future of National Customer Satisfaction Index Models [J]. Journal of Economic Psychology, 2001 (22).

[7] HIRSCH J E. An Index to Quantify an Individual's Scientific Research Output [J]. Proceedings of the National Academy of Sciences, 2005, 102 (46).

[8] JONDROW J, LOVELL C K, MATEROV I S, et al. On the Estimation of Technical Inefficiency in the Stochastic Frontier Production Function Model [J]. Journal of Econometrics, 1982, 19 (2-3).

[9] CHARNES A, COOPER W W, RHODES E. Measuring the Efficiency of Decision Making Units [J]. European Journal of Operational Research, 1979, 4 (3).

[10] DOUGHERTY K L. Public Goods Theory from Eighteenth Century

Political Philosophy to Twentieth Century Economics [J]. Public Choice, 2003, 117 (3).

[11] GEYS B, MOESEN W. Measuring Local Government Technical (in) Efficiency: An Application and Comparison of FDH, DEA, and Econometric Approaches [J]. Public Performance & Management Review, 2009, 32 (4).

[12] SLATER R, AIKEN M. Can't You Count? Public Service Delivery and Standardized Measurement Challenges The Case of Community Composting [J]. Public Management Review, 2015, 17 (8).

[13] SAMUELSON P A. The Pure Theory of Public Expenditures [J]. The Review of Economics and Statistics, 1954 (36).